【 汉译现代西方学术名著导读·政治哲学编 】

丛书主编　阎孟伟　杨　谦

QUANLI YU QUANLI WENTI YANJIU

权利与权力问题研究

杨　谦　杨晓东　主编

广西人民出版社

图书在版编目（CIP）数据

权利与权力问题研究 / 杨谦，杨晓东主编.—南宁：
广西人民出版社，2018.1
（汉译现代西方学术名著导读 / 阎孟伟，杨谦主编.
政治哲学编）
ISBN 978-7-219-09728-1

Ⅰ.①权… Ⅱ.①杨… ②杨… Ⅲ.①权力－著作－
介绍－西方国家－现代 Ⅳ.①D90

中国版本图书馆CIP数据核字（2015）第 319017 号

总 策 划　温六零
项目统筹　白竹林　罗敏超
责任编辑　周月华
责任校对　高　健　曾蔚茹　梁凤华
装帧设计　李彦媛
印前制作　麦林书装

出版发行　广西人民出版社
社　　址　广西南宁市桂春路 6 号
邮　　编　530028
印　　刷　广西民族印刷包装集团有限公司
开　　本　787mm×1092mm　1/16
印　　张　15.75
字　　数　273 千字
版　　次　2018 年 1 月　第 1 版
印　　次　2018 年 1 月　第 1 次印刷
书　　号　ISBN 978-7-219-09728-1
定　　价　32.00 元

《汉译现代西方学术名著导读·政治哲学编》

编委会成员

总　序

陈晏清

改革开放以来，中国社会经历了日新月异的深刻变化，不仅在经济发展中取得了令世人瞩目的成就，在文化建设上也取得了长足的进步，其中一个突出的表现是哲学社会科学领域里越来越多的学者本着开放包容的精神，源源不断地将国外有代表性的学术著作（包括理论著作）翻译到中国来，这对于帮助国人开阔视野、活跃思想、学会用世界的眼光观察和思考中国问题起到了十分重要的作用。这种开放包容的精神也充分体现了我们的制度自信和理论自信。摆在读者面前的这套"汉译现代西方学术名著导读"丛书就是在这样的精神鼓舞下编辑出版的。

这套丛书计 10 卷约 150 种，内容主要涉及国外的政治哲学和社会理论，涵盖了 20 世纪 20 年代以来西方马克思主义诸流派的代表性著作、法兰克福学派各个发展时期领军人物的代表作、西方当代自由主义理论的代表作、西方当代社会哲学和历史哲学的重要理论著作。每本著作的导读都包括作者简介、写作背景、中心思想、分章导读、意义与影响五个部分，最后附上原著摘录（从该著作中精选出来的一些重要章节）。读者通过阅读这套丛书可以全景式地了解当代西方政治哲学和社会理论中的主要思潮和流派，更有助于从事政治哲学和社会理论研究的学者以及高校学生开阔学术视野、把握学术前沿。由于这套丛书所选取的主要是政治哲学和社会哲学方面的著作，因而读者也可以从中了解到现代西方社会在其发展中所面对的诸多重大现实问题，如政治的合法性问题、国家与社会的关系问题、公平正义问题、权利与权力的关系问题、意识形态问题、文化发展问题、生态问题等，有助于人们深入地认识20世纪以来西方社会发展的基本状况。

在我国，就哲学学科来说，政治哲学是目前较为活跃的研究领域。社会政治哲学在我国的兴起，不是几个学者的心血来潮，而是适应了中国社会大变革的理论需要。我国由改革开放和社会主义市场经济推动的社会转型，是社会的整体性变革或结构性变迁，各种各样的社会问题会从社会生活的各个领域产生，新的问题层出不穷。对于这些问题的理论解决，急需社会哲学和政治哲学的专门研究。中国的社会哲学、政治哲学应当着重研究中国的问题，这是毫无疑义的。2017年9月29日，习近平总书记在中共中央政治局就当代世界马克思主义思潮及其影响进行第四十三次集体学习时强调，发展21世纪马克思主义、当代中国马克思主义，必须立足中国、放眼世界，保持与时俱进的理论品格，深刻认识马克思主义的时代意义和现实意义，锲而不舍推进马克思主义中国化、时代化、大众化，使马克思主义放射出更加灿烂的真理光芒。……对国外马克思主义研究新成果，我们要密切关注和研究，有分析、有鉴别，既不能采取一概排斥的态度，也不能搞全盘照搬①。

在当今的时代条件下，中国的事情同世界的事情是紧密关联的，实际上中国的许多问题已经上升为世界问题，观察和思考中国问题也必须有世界眼光。因此，我们应当学习外国的先进理论和文化，广泛地阅读当今国外的社会哲学、政治哲学著作，研究外国学者在理论探索中的经验和教训、长处和短处，有些可以引以为鉴，有些可以有选择、有批判地汲取。这对于深化我们的思考，推进我们的社会哲学、政治哲学的研究，以至推进我国的社会转型和现代化建设，都是有重要的积极意义的。当然，这套学术名著导读丛书主要是对学术名著及其作者做出概要性的介绍和评述，

---

① 习近平在中共中央政治局第四十三次集体学习时强调：深刻认识马克思主义时代意义和现实意义 继续推进马克思主义中国化时代化大众化［N］. 人民日报，2017-09-30 (1).

这些初步的、粗浅的介绍显然不能代替学者们的专门研究，"导读"的意义重在一个"导"字，它的作用只是把读者引进西方社会政治哲学的门槛，但这对于吸引和推动学界和社会各界关心社会政治哲学的研究是有重要作用的。

最后，我还想特别强调一点。这套丛书选择的著作者，除很少量的作者，例如早期西方马克思主义的代表人物外，大多数是资产阶级的思想家、著作家。他们是在资本主义的制度前提下说话，是在资产阶级统治的政治框架内说话，这是他们无法摆脱的阶级局限性。从总体上看，他们的政治哲学、社会理论著作表达的是当代资本主义的意识形态，是当代资产阶级的价值观念、社会理想和政治诉求。因为同处于市场经济的条件下，中国和西方会遇到一些共同的问题，但在对于问题实质的把握和解决问题的立场与方式上则是有原则性的区别的。这是我们在阅读西方社会政治哲学理论著作以及介绍这些著作的读物时，必须保持的最基本的辨别力或判断力。如果丧失了这种判断力，我们就会在意识形态的较量中丧失主动权，有的人甚至成为错误思想的俘虏。

2017 年 10 月

（陈晏清，1938 年出生，1962 年毕业于中国人民大学哲学系，1985 年晋升为教授，1986 年任博士生导师，1992 年起享受国务院颁发的政府特殊津贴，1985 年至 1997 年任南开大学哲学系主任，1995 年至 2000 年任南开大学人文学院院长，1997 年任南开大学社会哲学研究所所长，现任南开大学当代中国问题研究院学术委员会主任、中国辩证唯物主义研究会顾问、中国人学学会顾问、天津市哲学学会名誉会长。主要的研究领域是马克思主义哲学基础理论、社会哲学、政治哲学。独著或合著的著作主要有《论自觉的能动性》《辩证的历史决定论》《现代唯物主义导引》《陈晏清文集》等，主编有"社会哲学研究"丛书。2012 年获南开大学荣誉教授称号和特别贡献奖。）

目 录 CONTENTS

CONTENTS

一、《人的权利与人的多样性——人权哲学》

[英] A. J. M. 米尔恩　著

夏　勇，张志铭　译

中国大百科全书出版社，1995 年

———【作者简介】————————————————————

　　A. J. M. 米尔恩（1922—1998），1922 年生于英格兰，是英国著名法学家、哲学家。第二次世界大战期间，他曾任英军军官并负伤。战后，进入伦敦经济与政治学院学习，获得博士学位（1952 年），接着在美国加利福尼亚大学伯克利分校做伦理与政治哲学方面的博士后研究。米尔恩先后在英国伦敦经济学院、贝尔法斯特女王大学和美国加利福尼亚大学、圣迭戈州立大学以及英国的达勒姆大学担任过教职，他还曾一度担任英国法律与社会哲学协会主席（1983—1986）。米尔恩的主要著作包括《英国理想主义的社会哲学》（1962 年）、《自由与权利》（1968 年）、《持异议的权利——政治哲学问题》（1983 年）、《人的权利与人的多样性：人权哲学》（1986 年）等。

———【写作背景】————————————————————

　　第二次世界大战后，随着殖民地国家的纷纷独立，第三世界国家在经济文化等方面不断取得进步，国际性的人权保护成为席卷各地的世界浪潮。作者于 1978 年秋天开始构思本书。为了纪念联合国的《世界人权宣言》诞生 30周年，达勒姆大学举办了一系列演讲和讨论会，应达勒姆大学法律系弗兰克·道吕克教授邀请，米尔恩教授就人权概念做了一次专题演讲。作者结合自己以前有关权利一般性论述的著作，加以深化和拓展，经过与同事的讨论和不断修改，以最低限度道德为基础，强调在道德多样性与文化多元的大背景下实现具有普遍性的人权，从而形成本书视角独特、发人深省的论述。通过对西方先验人权根据的批判，米尔恩提出将"低度道德"作为人权的根据，并以此作为人权国际保护的逻辑起点。他否认人的权利是一种理想标准，而是一种最低标准。他借助于"人是目的，不是手段"的人道原则，建立了一种普遍的最低限度道德标准。正如康德所言："纯粹实践理性完全消除自大，因为一切发生在与德性法则相协调之前的对自我尊重的要求都是不值一提的和没有任何资格的，因为正是与这一法则相协调的某个意向的确定性才是一切个人价值的首要条件，而任何先于这种确定性的强求都是错误的和违背法则的。"①

人道原则的肯定方面即"将人当作具有自我的内在价值的人来对待"，尊重人的基本价值和尊严作为人道原则的肯定方面，也成为人权国际保护的理论基点。米尔恩的低度道德标准从社会现实中寻找人权根据，实现人权普遍性和多样性的统一，使人权的国际保护具有现实性，并着眼于具体人权的国际保护，有利于防止某些国家以抽象的、任意的人权原则去评判他国，从而防止人权的政治化趋向。

——【中心思想】————————————

普遍人权问题在今天一直占据国际及国内事务的中心地带，但是人权却始终未获得国际及国内人权界的一致定义，东西方国际政治及意识形态的差异和不同区域的文化相对性，使人权问题变得更为复杂。人权问题复杂性使人权的国际保护无论在理论上还是在现实中困难重重，米尔恩教授的人权哲学通过对西方人权观的批判，以低度道德作为其权利哲学体系的理论起点，以低限人权作为理论内核，以普遍人权作为理论诉求，为解决人权问题提供了一个崭新的理论视角。

首先，作者从道德、政治和法律哲学的角度对人权观念进行了全面深刻的探讨。人权根据是人权国际保护的逻辑起点，在西方的传统人权观中，往往以先验的"天赋人权"为人权根据，由此而创设的人权标准体现了西方的价值和文化，表现在国际人权立法中带有西方中心主义的色彩，从根本上不

---

① 康德. 实践理性批判 [M]. 邓晓芒，译. 北京：人民出版社，2003：100 - 101.

利于人权的国际保护。米尔恩认为，人权是一种道德权利，而不是政治权利，作为最低限度的人权应包括生命权、公平对待的公正权、获得帮助权、不受专横干涉的自由权、诚实对待权、礼貌权、儿童受照顾权共七项基本权利。

其次，通过对西方先验人权根据的批判，米尔恩在其人权哲学中，提出低度道德作为人权的根据，并以此作为人权国际保护的逻辑起点。他否认人的权利是一种理想标准，而是一种最低标准。他借助于"人是目的，不是手段"的人道原则，建立了一种普遍的最低限度道德标准。米尔恩的低限人权观的逻辑在于：道德是人权的基础，低度权利来自低度道德，由于它们是低度的，所以是普遍的，是一切社会、一切人都应该而且可以享有的。保障和实现这种低度人权，不一定需要西方工业社会的经济、政治和文化条件；且低度人权是共同道德和具体道德的结合，所以实践中能够运用于一切文化和文明传统，而不管它们之间有何种差异；低度人权并不以所谓超社会、超文化的人为前提，相反，它以承认并容纳社会和文化的多样性为前提，只是为社会的、文化的差异设立某种起码的道德限制，因而是一种能够与不容忽视的人的多样性相协调的人权观念。

人道原则的肯定方面即"将人当作具有自我的内在价值的人来对待"，尊重人的基本价值和尊严作为人道原则的肯定方面，也成为人权国际保护的理论基点。米尔恩的普遍人权命题建立在普遍道德原则基础之上，调和了东西方人权价值的对立，普遍人权命题对不同价值观念的调和为现代人权观念的本土化提供了可能，以现代人权观念投射传统伦理道德资源，并使传统伦理道德资源在现代性社会中得到某种程度的发扬和光大。

最后，作者通过以最低限度道德为基础的人权阐释，为当代人权的研究提供了一个独特的视野，同时也为文化和传统多元背景下的国际人权保护指出了一条现实可行的途径。在米尔恩的人权哲学体系中，当论及人权的普遍性道德基础时，与西方人权学者的观点不同，米尔恩没有把普遍性的人权标准建立在西方资本主义工业文明的价值基础之上。米尔恩指出，现实世界的实际情况是"人类的大多数没有，也从来没有生活在这样的社会里，在可以预见的将来也不可能如此"。当前的经济、文化状况更是排除了这种可能性。米尔恩注意到人的多样性的现实，在充分认识道德多样性的基础上，从为任何形式的社会结合所必需的最低限度的普遍道德原则中推导出最低限度的人权标准，提出低度道德作为其理论的逻辑起点，从而批判了过于强调理想性的先验人权观，做到了理想和历史的统一。在人权的国际立法中，以此作为人权国际保护的理论起点，使人权立法做到特殊性和普遍性的统一，可以调和东西方人权价值观念的对立。

── 【分章导读】 ──────────────

本书分为道德和权利两编。作者首先在导论部分通过对当时流行的几种无条件的普适性人权概念的批判，提出作为最低限度标准的人权概念。

上编　道德　作者主要阐释了下列一些问题：

1. **规则、原则与道德**　涵盖了三个方面的内容，在第一部分，米尔恩阐释了规则的定义和分类，他指出："法律和道德正是通过它们所包含的规则和原则而成为行为的指南。"① 继而，作者对规则进行了分类，把规则分为初级规则和次级规则。在第二部分中，米尔恩阐释了原则的定义，并论述了原则的作用。在他看来，原则并不具体规定人们应该做什么或不做什么。在各种实践场合，原则为理解性行为提供根据，它通过规定行为必须满足的一定条件来做到这一点。许多原则都以共同的观念和价值为先决条件，因此，原则的普遍性是有限的，原则所能起到的一种重要作用就是证明违反规则行为的正当性，如警察追捕逃犯时超速行驶，违反了限速规则，但符合维护社会公共利益原则能证明这种违反规则行为的正当性。在第三部分中，米尔恩介绍了美德的本质，论证了道德是法律的基础。美德是品质的优点，它常常体现在某方面的道德行为中。义务的中心思想在于做某事是正确的，不管行为人愿意与否都必须去做，因为这事在法律和道德上是正当的。没有法律可以有道德，但没有道德就不可能有法律，人们服从法律不可能从所服从的法律本身来证明其正当性，人们之所以服从法律必须以服从法律的一般义务为前提，而这种义务必须是道德性的，即规定人们行为规则的法律规范必须以作为构成性规则的道德规则为前提。

2. **道德与社会**　作者论述了三个方面的内容。首先，阐释了什么是道德。其次，论述了道德的社会基础，假如没有道德及其构成性规则，任何联合性的事业和系统合作都不可能实现。道德在逻辑上先于政府和法律，道德本身是人们遵守义务的心理动因和维系社会存在的重要因素。道德为社会成员间的信任提供了必要的基础，要成为共同体成员，除其他条件以外，还应该是

---

① A. J. M. 米尔恩. 人的权利与人的多样性：人权哲学 [M]. 夏勇，张志铭，译. 北京：中国大百科全书出版社，1995：15.

一个道德主体。最后，在共同体利益及其道德含义中，作者论述了一个共同体应该以一种使所有社会成员尽可能好的生活方式继续生活下去。一个人作为共同体一名成员的利益并不等同于他作为个人的自我利益，"共同体的每个成员所负有的一项义务就是使共同体的利益优先于他的自我利益，不论两者在什么时候发生冲突都一样。这样做是另一项原则的要求，共同体的每个成员由于其成员资格而要受这项原则的约束。这就是社会责任原则"①。这是共同体利益的要求，也是任何作为共同体成员的个人的利益所在，因而它是共同体对其成员提出的基本道德要求。

3. 道德的普遍性与道德的多样性（之一） 作者论述了任何社会或共同体的道德都是普遍性和特殊性的结合体。各个社会或共同体因生活方式不同，作为社会生活基础的观念、价值和制度不同，又各有其独特的具体道德。个别共同体特定道德之间的差异，由此产生道德的多样性（这种多样性指的是共同体各自生活方式中道德差异的幅度）。任何共同体的实际道德构成，总是共同道德和具体道德的结合。前者由一个共同体由于其本身是共同体而与其他共同体相同的道德原则组成，后者由与一个共同体具体的生活方式相关联的原则、规则和美德组成。作者指出，一种经得起理性辩驳的人权概念不是一种理想概念，而是一种最低限度标准的概念。更确切地讲，它是这样一种观念：有某些权利，尊重它们，是普遍的最低限度的道德标准的要求。尽管人类生活的共同体可以采取多种形式，而且历史上也确实如此，但有某些道德原则为各种形式的社会生活所必须，即"只要有社会生活存在，不管其具体形式如何，就必须有某些道德原则"②。这些原则包括行善、敬重生命、公平对待、伙伴关系、社会责任、不受专横干涉、诚实信用、礼貌和儿童福利。这九项道德原则为任何形式的社会结合所必须，因而是普遍的，也是最低限度，但在"最低限度"的意义上，两者完全一致，即这九项人权只是一种最低限度对任何道德情况都适用的共同体道德原则，它所赋予的权利必须在界定实际社会境况的那些特定关系的场合中才能得到合理的解释。

4. 道德的多样性（之二）宗教和意识形态 论述了宗教和意识形态的本质及其社会作用。宗教都信仰某些生活指令具有超自然的根源，据此而相信

① A. J. M. 米尔恩. 人的权利与人的多样性：人权哲学 [M]. 夏勇，张志铭，译. 北京：中国大百科全书出版社，1995：52.

② A. J. M. 米尔恩. 人的权利与人的多样性：人权哲学 [M]. 夏勇，张志铭，译. 北京：中国大百科全书出版社，1995：57.

存在着遵守这些指令的义务。每一种宗教的信徒都相信这种宗教特有的确定陈述的真实性，宗教信仰是一种绝对的无条件地被坚持的信仰。具有宗教性是要求超越理性的范围并在理念上做出飞跃。在生活方式上以某种特定的宗教为中心的社会共同体中，这种宗教生活的指令就成为社会共同体特殊道德的一部分。

作者提出所谓意识形态的东西总是为它所主张的东西进行辩护。他指出，任何作为意识形态的政治学说，都是对某个经选择的人生方面的规定性描述，而这个人生方面则是被提出来用于证明意识形态的纲领性规定。每种意识形态都"要求它的拥护者完全信奉它的纲领性规定，而且，作为这种信仰的一部分，拥护者要不加鉴别的接受它对选定人生方面的规定性描述"①。可见，宗教和意识形态从本质上看都具有超理性的性质。

5. **道德与绝对命令**　这一部分，作者首先对康德的"绝对命令"进行解释和评论。按照康德的观点，义务就是绝对命令，即人们无法使自己解脱而只能遵从它们的命令。特殊义务是康德称之为"绝对命令"的普遍义务的特殊情况。所谓普遍，是在一种直截了当的意义上讲的，"永远依照可以同时被接受为普遍法则的行为准则行事"，它适用于任何时期和每个地方的所有人类。

康德认为，可以加以普遍化的行为准则是道德标准，如果一项行为属于可以加以普遍化的准则，它就属于道德标准，人们就有义务去服从它。反之，如果一项准则属于无法加以普遍化的行为准则，就不是道德标准。作者指出，在很多场合下人们可以根据无法加以普遍化的标准行事，如不准撒谎是道德准则，但也存在"无恶意的谎言"，这种例外的存在并不妨碍"不得撒谎"作为道德准则存在。因此，道德准则的判断必须借助于实践理性原则，而实践理性原则本身不是道德原则，它使行为充满了对什么是合理的而非什么是道德的这样一种理解。

作者结合康德的"人本身只能是目的而不是手段"的论述，得出普遍的最低限度道德观点。康德认为，尊重人，把人作为一个自尊者，就是要把他作为具有自我的内在价值的人来对待。这一关于绝对命令的陈述的重要性，并不在于它产生于普遍化的标准，而在于它所包含的实在的道德原则，称之

---

① A.J.M. 米尔恩. 人的权利与人的多样性：人权哲学 [M]. 夏勇，张志铭，译. 北京：中国大百科全书出版社，1995：91.

为人道原则。把一个人仅仅作为一种手段来对待，就是把他作为缺少一切内在价值的人来对待。如果他还有什么价值，那也只是外在的和工具性的。永远把他当作一种目的来对待，就是永远把他作为具有内在价值的人来对待，而不管他可能碰巧具有的任何外在价值①。在康德看来，这项原则要求，一个人永远被尊为一个自主者，即被尊为一个能够设定和追求他自己的目的的人。然而，"康德未能认识自己曾系统阐述过的人道原则的整个意义。这就是，共同道德必定可适用于人的交往。这是普遍的、最低限度的道德标准的肯定的一面，其否定的一面则要求绝不允许把任何人只当作一种手段来对待。对于人权观念来说，共同道德的普遍适用性具有重要的蕴意"②。作为共同体的一分子，尊重包括自身在内的每个人的自主性是共同体成员生存并通过共同体得以发展的基础，是共同道德的要求，也是每个共同体成员据以共同生活的条件，因此虽然不存在可以加以普遍化的行为准则，但按照人道原则行事是共同体成员的普遍义务，是最低限度的道德标准。

下编　权利　米尔恩考察了作为权利渊源的法律、习俗和道德，进而从上述九项普遍的最低限度的道德标准中推出了七项最低限度标准的人权。下编分为四个组成部分：

6. 权利概念（之一）　作者首先对著名的霍菲尔德权利概念模式进行了分析和阐释。权利的要义是资格，作者指出每种权利都存在着相应的义务，任何人做任何阻止或妨碍、干扰别人履行义务的行为都是不正当的。

霍菲尔德认为权利包括要求、特权或自由、权利以及豁免四种情形，并用"相对"和"相关"来描述它们之间的对应关系：要求权的相对者是无权利，自由权的相对者是义务，权力权的相对者是无能力，豁免权的相对者是一项责任。要求权的相关者是义务，自由权的相关者是无权利，权力权的相关者是责任，豁免权的相关者是无能力。按照霍菲尔德的观点，权利是优势，他的相关者和相对者处于劣势，而且这种优势是压倒竞争对手的绝对优势。"权利义务关系有两个相关的方面，第一，对于每项权利来讲，必须存在由他人承担的相应的义务。第二，义务优先于权利，这是在如下意义上讲的，即如果某人负有义务，那么，他就不能对有碍他履行该项义务的东西享有权利；

---

① A. J. M. 米尔恩. 人的权利与人的多样性：人权哲学 [M]. 夏勇，张志铭，译. 北京：中国大百科全书出版社，1995：102 - 103.

② A. J. M. 米尔恩. 人的权利与人的多样性：人权哲学 [M]. 夏勇，张志铭，译. 北京：中国大百科全书出版社，1995：107.

或者，换言之，他只对不妨碍他履行义务的东西享有权利。"① 米尔恩指出，权利是一种非竞争性优势，权利意味着主体对利益享有的资格，这种利益是以相同的方式给权利人带来好处的东西，一个人享有某项权利并不排除其他人也能享有同种权利。

7. 权利概念（之二）社会权利的渊源及意义　对作为权利渊源的实在法和道德进行了考察，指出这方面权利的特征，履行与权利相对应的义务是共同体得以存在和发展的必要条件，服从法治是任何维持实在法体系的共同体特定道德的一部分，而习俗性规则在逻辑上是独立于习俗本身的，习俗对于规则本身是一种调控性规则。

继而，作者分析了作为权利渊源的习俗，得出以习俗作为渊源的权利的特殊社会作用。他认为，既然人权来源于法律、习惯和道德规范，人权基于人作为某个特定社会的成员资格，人权的保障就应该以该社会的原则和规则来规定，并以此作为法治的基本要求。作者强调符合社会传统的习惯作为权利的来源，并强调其对于社会稳定的意义。人权哲学正是强调了这一点。他指出，在那些依据有悖于优良传统的法律而生活的法律实际上个人的地位无论如何也不会得到保障，人权的法律保护也因此是微弱或无效的。而互相冲突的权利是可选择权利，因为它们中必须有一项权利被放弃。关于权利限制方面，作者认为"法律至上原则要求法定权优先于道德权利和习俗权利"②。立法可以通过废除或更改授权规则来废除或修改既存权利，如果设立新权利对于消除社会成员实定权利和他们应该享有的法定权利之间的差距是必要的，那么也就是正当的。

8. 权利概念（之三）人权　紧紧围绕作为最低限度普遍道德权利的人权进行论述。作者提出以低限人权作为他的人权哲学的理论诉求，目的在于从中推出普遍人权。他从人权的主体和内容上论证了人权的普遍性。人们之间不是经常发生单纯作为人类伙伴的交往关系。这种交往关系仅仅发生于非常状态，这时，保存生命成为至上的考虑。人们通常是在业已设立的与特定制度和角色相伴随的社会关系的场合来交往。人权从主体上来说，是人之为人必然具有的权利，是基于人的属性而享有的不可剥夺、不可转让的基本权利。

---

① A. J. M. 米尔恩. 人的权利与人的多样性：人权哲学［M］. 夏勇，张志铭，译. 北京：中国大百科全书出版社，1995：121.

② A. J. M. 米尔恩. 人的权利与人的多样性：人权哲学［M］. 夏勇，张志铭，译. 北京：中国大百科全书出版社，1995：148.

低限人权是米尔恩人权哲学体系的理论内核，它是从低度道德的概念中推导出来的，普遍道德是七项主要权利的来源，这七项权利正是严格意义上的人权。"它们是生命权、公平对待的公正权、获得帮助权、在不受专横干涉这一消极意义上的自由权、诚实对待权、礼貌权以及儿童受照顾权。"① 在他看来，这些低度权利在任何时代、任何国家都可以存在。

作者把人权看作一种最低限度的标准，"普遍人权"概念的提出为通过对话解决人权的国际保护问题提供了一个话语平台，使不同国家、不同地区在人权国际保护问题上进行合作与交流成为可能。例如，作为公平对待的公正是一项人权，但是，在实际境况中什么应算作"公平对待"，则取决于构成这种境况的特定制度和特定的利益组合。共同道德的各项原则以及其中包含的各项人权均要求在特定背景下加以解释，从而表现出人权的多样性与人类文明多样性的和谐共存。这一观点的确在一定程度上反映了人权概念的西方化特征，但也反映出在人权保护上，东西方世界价值观念的对立和西方世界人权价值观念的主导地位。

9. 人权和政治　米尔恩以实证的方式阐释人权在国内和国际政治上所能起到的作用。首先，作者介绍了政府的性质和意义，接着论证政治关系与人权，以及国内政治与人权的关系，指出人权在国内政治中作用的局限性。作者对于低限人权绝对性的论证，并不是基于抽象的人性，而是基于现实中人的客观需要和理论上严谨的逻辑推导。比如，法律下自由的权利和受法律平等保护的权利并不是人权，而是公平对待和不受专横干涉作为人权在政治方面的具体解释，并且根据伙伴原则，普遍道德不仅要求政府负有义务去竭力保护其管辖下的每个人的人权，而且要求政府负有义务，始终尊重并因此绝不以任何形式侵犯与它发生交往的任何人的人权。外国人的人权与其国民的人权得同样看待。"如果一个政府要尊重其治下的一切人所享有的受公平对待的权利和不受干涉的权利，那么它就不能将法律上人的身份限于其国家成员，而要赋予所有的进入其领土并逗留的人。"低限人权因为其绝对性，不因为人权主体的差异而产生差异，从而有利于人权的国际保护转化为国内保护。

继而，作者论述了国际关系和人权。在国际政治交往中，各国应该遵守作为最低限度道德的人权内容。作为国际共同体成员，所有的政府在相互交

---

① A. J. M. 米尔恩. 人的权利与人的多样性：人权哲学 [M]. 夏勇，张志铭，译. 北京：中国大百科全书出版社，1995：171.

往中都承担与其所享有的权利相对应的义务。国际社会虽然普遍认可人权口号和人权理想，但对人权的普遍认可隐含着同样普遍的分歧，从深层次道德的沟通与联系上讲，东方与西方、发达国家与第三世界、社会主义和资本主义之间在道德原则和社会制度上存在普遍冲突，在国际社会还不存在得到真正普遍认同的人权标准，因而，国际社会存在的人权分歧使人权成为人类社会分裂、动乱、欺骗、霸权乃至战争的新源头。一些西方国家把"促进人权"作为其对外政策的一项原则，以一国的人权状况作为与他国发展关系的前提，并打着"人权高于主权"的旗号对他国内政进行干涉，往往造成对他国主权的侵犯，以至于对他国人权的侵犯。在道德意义上，低限标准体现了人权作为人的有尊严的生活的维护机制中所体现出的伦理道德力量。人权标准的正义结构保证了人权国际保护的现代方向，同时又为不同国家因人权发展阶段的差异提供了商谈的空间，不同国家可以在人权保护的最低标准的基础上，根据本国的社会、经济发展水平实施本国人权保障的方案。

米尔恩的"低限人权"概念基于人作为人权主体的共似性，能够使不同文化观和政治观的人们和国家在人权国际保护中达到最低限度的共识，从而避免了无谓的理论争吵，而且作为人权国际保护的普遍标准，在人权国际立法中具有可操作性，从而避免了国际人权法对于人权国际保护的有限性。这是因为：第一，普遍人权的提出意味着人权主体的普遍性，人权是"人之为人"的权利，只要是作为人的存在，就应该是人权的主体，这从理论上反击了人权主体的二元化和多元化，摆脱了作为人权文化传统的"欧洲中心主义"的束缚。在人权的国际保护中，西化问题、"人权的霸道主义"、种族歧视问题均可以迎刃而解，人权主体的普遍性实质是人权主体的平等性。第二，低限人权具有绝对性，尽管不同社会、不同国家因为文化的差异，人权具有整体上的相对性，但这丝毫不能影响生命权、自由权、要求正义权作为低限人权的绝对性，这是因为无论是差异多大的文化都具有对人的尊严和价值予以尊重的共似性。

——【意义与影响】

该书共计 19 万字，中译本由中国大百科全书出版社于 1995 年 3 月、1996 年 8 月两次印刷出版。本书从对道德的分析入手，讨论了道德的普遍性和多样性，权利及人权问题，特别细致地讨论了作为最低道德权利的人权（生存权、公正权、获得援助权、不受无理干涉权等）问题。

　　米尔恩把本书称作一部人权哲学著作,在中文版序中他提到:作为理解世界和人类状况的一种尝试,哲学探究不限于任何一种文化和文明的传统。从根本上讲,它是一种人类的探究,任何人都可以投身其中。本书见解独到,发人深思,为我们了解人权问题提供了一个新思路。

　　第一,该书通过对先验人权观的批判,以低度道德作为其权利体系的理论起点,有利于消除人权国际保护中的政治化的趋向。人权根据是人权国际保护的逻辑起点,在西方的传统人权观念中,往往以先验的"天赋人权"为人权根据,由此而创设的人权标准体现了西方的价值和文化,表现在国际人权立法中带有西方中心主义的色彩,从根本上不利于人权的国际保护。低限人权概念是米尔恩人权哲学体系的理论内核,低限人权概念在人权国际立法中具有可操作性,使人权国际保护从理论必然性走向了现实可能性;普遍人权命题是米尔恩人权哲学体系的理论诉求,普遍人权命题意味着人权主体的普遍性和人权标准的普遍性,并调和了不同人权价值的对立,从而为人权国际保护对话提供了理论平台。

　　第二,该书以低限人权观否定了当今流行于西方的人权标准的所谓的必然的、合理的普适性。首先,西方的人权反映的是西方式的自由、民主工业社会的价值与制度,即使是《世界人权宣言》中所规定的理想权利标准,也仅仅"是由体现现代自由主义民主工业社会的价值和制度的权利构成的",忽视了"人类的大多数没有,也从来没有,在可预见的将来也不可能"生活在这样的社会的现实,从而使得《世界人权宣言》宣称的具有普遍性的权利与人类的大多数无关,尤其是第三世界国家,"这种理想标准无可避免地成为乌托邦"。其次,从文化和文明传统来看,西方的人权观体现的只是西方的文化与文明传统,而西方传统只不过是人类众多传统的一种,没有理由认为"西方文明在科学、技术以及工业、商业等方面卓越不凡"以及"将西方的某些价值和制度连同其一系列权利树立为普遍标准就是正当的"。再次,人的社会属性决定了每个人都是某种社会和文化环境的产物,现实的人不可能是社会和文化的中立者。不同的文化和文明传统代表不同的人类生活方式。那种在一切实践和场合都属于一切人的权利,是人类作为"超社会""超文化"的存在物享有的权利。既然人类不是也不可能是这样的存在物,那么,就不可能有这样的权利。

　　第三,该书提出的低限人权观对于我们分析和诊断社会和政治病症,促进人权从理想化为现实,从应然权利走向法定权利,也具有现实的战略意义。

诚如米尔恩所言，"现代科学技术的发展使我们所处的时代成了一个全球相互依存的时代，我们需要一种能适用于一切人类关系的道德标准"，这种人权观必须正视这一事实，即人类生活并非一律相同的，存在着不同的文化和文明传统。一种可以适用于一切人类关系的道德标准不可能建立在各种传统的任何一种的那些特殊价值的基础上，因为属于另一种传统的人毫无理由接受它。但它可以而且应该从蕴涵于多样性的文化和文明传统之中的普遍的最低限度的道德准则中安全地引出，唯其为低度要求，才会与众多的文明差异协和共存。也唯其是低限人权，才有可能为人类所有成员所享有。低限人权的意义并非在于提出救治社会和政治弊端的良药，而在于提供一种判断标准，在任何民族共同体内，任何人的任何一项人权遭到否认，都意味着这个共同体在道德上是有缺陷的，进而包括这个民族共同体的任何形式的国际共同体也是有缺陷的，它必然无法构成一个真正全球性的人类共同体。正是在这个意义上，米尔恩提出的低限人权观对缓和人权领域的纷争，从理智上促进人类合作、减少人类冲突无疑具有智识上的贡献。

【原著摘录】

导论 P1－12

对人权概念的非议 P1－6

P1　人权概念是当今西方最引人注目的政治辞藻之一。一个保护人权的制度就是好制度。一个侵犯人权甚至根本不承认人权的制度便是坏制度。人权一词是有根据的。今天，人们谈论人权，可以凭据1948年联合国的《世界人权宣言》及其后补条约，以及1953年《欧洲人权公约》之类的文件。在早期，谈论人权则通常由一些18世纪的文件来支持，著名的如1776年《弗吉尼亚人权宣言》、1790年《法国人权宣言》。这些文件采用了人权概念，但都没有对这个概念进行分析和缜密的审视。

P2　倘若着意于"人的"这个形容词，那么，人权的概念就是这样一种观念：存在某些无论被承认与否认都在一切时间和场合属于全体人类的权利。人们仅凭其作为人就享有这些权利，而不论其在国籍、宗教、性别、社会身份、职业、财富、财产或其他任何种族、文化或社会特性方面的差异。

P7　一种能适用于一切文化和文明的低限道德标准并不否认每个人在很大程度上是由其特定的文化和社会经历造成的。它不以所谓同质的无社会、无文化的人类为前提，相反，它以社会和文化的多样性为前提，并设立所有的社会和文化都要遵循的低限道德标准。这种要求为多样性的范围设立了道德限制，但决不否认多样性的存在。低限道德标准的普遍适用需要它所要求予以尊重的权利获得普遍承认。用明白易懂的话来说，它们是无论何时何地都由全体人类享有的道德权利，即普遍的道德权利。不过，这似乎与麦金太尔的非议相抵触。

P8 财产制度的某种形式为社会生活所必须。没有它，社会成员就无法占有、分配、使用和维护团体和个人的生存所必需的物质资料。承诺也是必要的。没有它，社会成员就不能签订并执行协议，就不能从事制度化合作，而这种合作正是社会生活的要素之一。这些制度和做法均由规则来构成，规则必然要授予权利，而不论有没有耽搁的词语来表达这些权利。财产规则必定授予人们获取、转让物质资料和劳动的权利。承诺规则必定授予受约人要求守约的权利。

P10 不论怎样，人权概念作为普遍的低限道德标准，减轻了论证人权的难度，或者说，我希望如此。在这一点上，一个一直被忽略的问题值得在此时稍稍提及。低限标准根植于社会生活的某种道德要求，这尚不足以说明问题。因为这只表明低限标准能够适用于每个人类社会之内，而没有表明它能够普遍适用，即适用于不同社会之间和不同社会里的各个成员之间的关系。必须指出，低限标准是能够适用于所有的人类关系的：不仅适用于同一国家的国民之间或同一信仰者之间的所有事务，而且适用于不同国家的居民之间或"虔信者"同不信教者以及异教徒之间的所有事务。我要试图论证有这样一种普遍标准。

现代科学技术已经使我们的时代成为全球性相互依存的时代，各种传统的封闭自足已一去不返，它们之间的联系持续不断，既有合作，也有冲突。一种普遍的低限道德标准，因其仅为低限要求，将会与众多的文化差异和谐共存。为证明此种标准提供充足理由，就是为增进人类合作、减少人类冲突做出至少是知识上的贡献。在核武器和自然环境的威胁与日俱增的时代，这样的贡献虽然谦微，但不可忽视。这种尝试之所以值得去做，不仅因为它固有的哲学旨趣，而且还因为它有助于我们理解一些与当今的人类休戚相关的事情。

上编 道德 P15－107

1. 规则、原则与道德 P15－37

1.1 规则 P15－21

P18 每一项规则或者是调控性的，或者是构成性的。如果规则所针对的行为在逻辑上独立于它，则是调控性的，如果规则所针对的行为在逻辑上依赖于它，则是构成性的。

P19 所有调控性规则都是初级规则，所有次级规则都是构成性规则。但是，一项初级规则可能是调控性的或构成性的，一项构成规则可能是初级的或次级的。

规则可以由具有制定规则权利的个人、机构或制定规则的实体加以制定。但是，也存在许多从来没有被制定过的规则。语言的各项规则就是例子。我们将这类规则称之为"惯例性"规则。

1.2 原则 P22—30

P23 遵守规则和依照原则的区别。遵守规则者对于要做什么毫无裁量权。规则告诉他要做的一切。依据原则行事者具有裁量权。原则虽然设定一项要求，但并没有告诉他如何满足此项要求。他必须自行决定，一个道德主体必须识别他所面临的各种邪恶，并确定哪一种是最小邪恶。

P25 规则支配的行为是一种不充分、至少是不完整的行为方式，因为它所着眼的东西被限于各种情况的共性，而不把这些情况作为个别情况考虑。这种意见包含了真理的内核。规则支配的行为是统一的行为，即在同一类的所有场合总是做同样的事，毫无选择的余地，更谈不上自动性、主动性和创新精神了。更确切地说，并非所有的行为都可以由规则支配。这一点蕴涵于规则支配的行为本身。

1.3 法律与道德 P31—37

P32—33 美德的概念最好理解为更为宽泛的优点概念的一种特殊情况。"优点"是赞赏评价的一个术语。做出某种评价所必不可少的东西应该是能够提供该评价的理由，即：能够说明在什么方面符合或不符合相应的标准。如果你说X具有某些优点或缺点，你必须能够说明优点是什么以及为什么它们是优点，缺点是什么以及它们为什么是缺点。

需要区分对人们所能做出的两类评价。一类是他们各种能力，即他们的各种才能和技能，或者他们缺乏的才能和技能。另一类是人们的品质。一个人具有好的品质，以致人们能相信他能合乎道德地行事，一个人具有坏品质，以致人们无法相信他能合乎道德地行事。因此，道德标准就是这类评价中适当的标准。正是在这类评价中，美德的概念才会被典型地运用。美德是品质的优点，恶习则是品质的缺点。一种特定的美德就是一种特定的品质或素质，这种品性或素质通常包含在某个方面的道德行为之中，或者为该方面的道德行为所必需。一种特定的恶习也是一种特定的品行或素质，这种品性或素质通常与这样的道德行为相冲突，或者是对它的妨碍。因此，评价一个人的品质，必须是对一个人在他的行为中所表现出来的各种品性和素质的评价。其中与道德相关的那些品性与素质，就是他个人的美德和恶习。

P33　要具有一种美德，就应该能够和愿意按照原则行事并遵守与某方面的道德相关的规则，而不管相反的诱惑是什么。

2. 道德与社会 P38－55

2.1 什么是道德 P38－46

P39　并非所有的原则、规则都是道德性的。既有非道德性的命令，也有道德性的命令。根据康德的观点，道德性和非道德性之间的区别相当于绝对的和假定的两种命令之间的区别。绝对命令是道德命令，即义务。假定命令是非道德命令。通过工具性行为，即达到目标的手段的行为，可以很好地说明假定命令。

2.3 共同体的利益及其道德含义 P46－55

P52　作为共同体成员，一个人对他的伙伴成员负有责任，他不仅要使共同体的利益优先于他自我的利益，而且要竭尽所能做一切有助于共同体增进共同体利益的事。假如没有一种按照社会责任原则行事的义务，一个共同体的利益在很大程度上就会因此而付之流水，它作为一个共同体的继续存在也将有危险。社会责任并不要求人们放弃对个人自我利益的追求。但他们必须用与共同体利益相一致的方式去追求。这同样也适用于共同体内每个集团和阶级的局部利益的情况。这些利益必须与共同体的利益相适应，追求他们不能以牺牲共同体的利益为代价。

3. 道德的普遍性与道德的多样性（之一）P56－76

3.3 对共同体道德原则的阐释 P67－69

P67　伙伴关系原则，如果一个集团的成员对相互的幸福漠不关心，他们就根本无法构成一个共同体。社会责任原则，每一个成员都有义务使共同体的利益优先于他个人的自我利益。每一个成员还有义务做他个人能做的事，以增进共同体利益。

P68　不受专横干涉的自由，这一原则要求，对共同体成员行动自由的任何干预，不管是来自伙伴成员还是来自代表共同体行事的代理人，都必须被证明是正当。"专横的干预"是不正当的干预。证明干预为正当的理由通常必须是道德性的。它也可能是法律性的。诚实行为要求行为和言谈者真诚。它禁止偷窃、撒谎、欺诈和任何种类的不诚实。它要求信守诺言以及在所有的事务和工作中保持正直。

P69　儿童福利，无论家庭生活形式如何，教育儿童在每个共同体中都必定是家庭的一种责任。如果一个社会共同体想要生存下去，它就不能忽视下一代的福利。作为共同体的利益所在，应该通过各种措施充分提供这种福利。

3.4 共同道德和特殊道德 P71－76

P71　我们把共同体的道德原则——即社会生活本身所必不可少的九项道德原则——称为"共同道德"。因为每个共同体都是一个个别的共同体，它拥有自己独特的生活方式、自己的成员资格条件、自己的制度和价值观。这些独特之处产生更深一层的原则、规则和美德，以及与它们相关的更深一层的义务，我们称之为"特殊道德"。任何共同体实际存在的道德总是由共同道德和特殊道德结合而成的。

P74　共同道德和特殊道德的区别，使共同体这个概念的各种含义与道德多样性的事实协调了起来。道德是原则、规则和美德的统一体，作为共同体成员，他们被要求按照原则行事，遵守规则并将美德付诸实践。

4. 道德的多样性（之二）宗教和意识形态 P77－97

4.1 宗教 P77－87

P87　对宗教信仰的认真对待是一个程度问题，在完完全全的奉献意义上的信奉之间，所有的各种立场都是可能的。这些立场反映在人们把赋予人生意义作为己任的程度上。

P88　任何完整的社会和政治学说都是一种意识形态，尤其要注意这类学说的纲领性。然而，其他方面也需要强调。被称为意识形态的东西总是包含着对他们所主张的东西的辩护。

5. 道德与绝对命令 P98－107

5.2 康德的人道原则——普遍的最低限度道德标准的基础 P102－107

P104　康德对人道原则肯定的一面的说明是正确的。把一个人尊为自主者，就是把他作为具有内在价值的人来对待。他不必为他人具有内在价值。他们可以对他漠不关心甚至厌恶他，因为对于人道原则来说，他们对他的私人感情是不相关的。人道原则的要求是，他永远被当作具有自我的内在价值的人来对待。这意味着尊他为一个自主者，并因此不干涉他设定和追求自己的目的，只要他在与其他人的一切交往中表现出同样的克制。

P113　任何人做任何阻止或妨碍、干扰别人履行义务的事情也是不正当的。任何人因履行义务而被置于不利地位或遭受困扰，也属不正当。对权利之成为权利而给予设难、阻碍、威胁或阻止，则构成不正当。享有权利和承担义务的区别究竟何在呢？当你承担某项义务时，你必须履行它，除非有一个更紧迫的义务意外发生，以致你必须履行后者。根据这一限定，对于是否履行义务，你无所选择。但是在权利的场合则不然。当你享有一项权利时，你不是必须行使它，而是可以有所选择的。有资格做某事，也有资格不做某事；有资格接受某物，也有资格拒绝它或者在被他人拒绝时予以默许而不加抗议。

P114　义务在法律上排除了选择，但不能在实际上排除选择。义务在道德上排除了选择，但不可能在实际上排除选择。

P132　为什么要有实在法呢？第一个理由是安全。第二个理由是实在法能够组织和管理共同体事务。

P133　法律面前一律平等和依法自由是共同道德的两个原则在实在法制度里的适用。这些原则就是以"公平对待"为具体形式的公正和不受专横干涉。不管怎样，以"给每人以其应得"为一般形式的公正原则，具有特殊的重要性。它是一切权利所不可或缺的基础。

P142　习俗之成为权利来源，在于它是一种制度。它的构成性规则赋予共同体的每个成员以既遵从习俗的义务，同时授予每个人以使习俗得以遵从的权利。

P144　一切成员只有义务而无权利的共同体在逻辑上是不可能的，因而是无法想象的。做一个成员，就必然既享有权利又承担义务，这是成员身份的一部分。这些权利中的许多权利是什么，取决于个别共同体的情况，如他的生活方式、特定道德、成员身份的条件、制度与价值。但是，源于共同道德的某些权利则为一切共同体的一切成员所享有。

P145　存在各种人的权利发生冲突的情况。在大多数场合，虽然不是在所有的场合，这种情况展现在某人所承担的与每一项权利相应的义务之间的冲突中。他不可能同时履行它们，这意味着他必然要不尊重其中的一项权利。

8. 权利概念（之三）人权 P153－188

8.1 作为最低限度普遍道德权利的人权：初步阐释 P153－161

P154　没有权利就不可能存在任何人类社会。无论采取何种形式，享有权利乃是成为一个社会成员的必备要素。不过，这并非完满的回答，因为它仅限于社会权利，未曾考虑到普遍道德要求。将人仅仅作为手段，否定了属于他的一切东西，也就否定了他享有任何权利。如果他不仅仅被视为手段，而是被作为一个自身具有内在价值的个人来看待，他就必须享有权利。

P156　共同道德原则里包含了每个人类成员必须享有的权利，即普遍道德权利，或者，就是严格意义上的人权。敬重人类生命的原则有两个主要要求：第一，任何人不得被任意杀戮；第二，任何人的生命不得遭受不必要的危险的威胁。

P158　否定有些人的生命，也就剥夺了他们的道德资格，他们因此不被看作人类伙伴，可以不受惩罚地被杀害。这正是我们将生命权作为人权的缘由所在。生命权是一个人之所以被当作人类伙伴所必须享有的权利。正如我们将要看到的，这正是所谓人权的底蕴所在。

P159　作为公平对待权利在实在法场合下的解释，享有法定公正权利是人权在法律和政治方面的具体运用。普遍运用"每个人得其所应得"的正义，这不仅为社会权利，而且为人权奠定了道德基础。

8.2 作为最低限度普遍道德权利的人权：进一步阐释 P161－171

P161－162　共同道德原则的第一组已经包含两项人权，即生命权利和以公平待遇为形式的公正的权利。它们是独立的，并且在逻辑上，前一项权利高于后一项。否认人的生命权，事实上就是否认了他的公平对待权。共同道德原则的第二组全部是以"给其所应得"为一般形式的正义中推论而来的。满足无时不在无处不有的共同道德原则所提出的特定要求，是每一个人类成员的义务。其中所包含的权利因此是进一步的人权。包含此类权利的每一项原则都有一项例外。这一例外就是社会责任。

P162　作为社会生活原则，社会责任要求每一个共同体成员在维持和推进共同体利益方面发挥作用。一旦发生冲突，必须让共同利益高于个人利益。为满足这一要求，每个成员对社会合作关系负有责任。

P163-164　严格意义上的人权，即包含在共同道德原则中的权利，正因为它包含在这些原理之中，所以，在其积极的方面，是普遍低限道德标准的一部分。任何拒绝将其中任何一项适用于人类的民族共同体，都存在道德上的缺陷。包括这类民族共同体在内的任何形式的国际共同体亦复如此。倘若这样，就无法构成一个纯正的世界人类共同体。在这里，否认人权的存在与侵犯人权之间的区别至为关键。事实上，是人权被否认给予某些人，而不是人权被侵犯，才会与一个纯正的世界人类共同体的存在不相适应。因为被否认享有人权的那些人因此被剥夺了成员的资格。

P164　社会责任原则能够适用于任何形式的国际共同体。国际共同体的利益在于维持不仅能够使每个成员国得以生存，而且能够使之尽可能繁荣的条件。因此，该原则要求所有的民族政府进行合作，以增进效益，并且将民族自身利益追求置于这种合作要求之下。这些要求也适用于国际共同体内的联合体。

P165　作为共同体生活的一项原则，伙伴身份要求每个成员不能对其他任何成员漠不关心，并要在其需要时提供力所能及的帮助。作为共同体生活的道德原则，"不受专横干涉的自由"包含了每个成员享有此项自由的权利。

P169　诚实行为原则要求所有的共同体成员在一切交往中，忠诚老实、信守诺言。无论何时，都要在语言和行为上保持诚实。礼貌要求一个共同体和任何形式的联合体成员在相互关系中总是彬彬有礼。

P170　作为共同体生活的一项原则，关照儿童要求共同体成员的所有儿童都必须得到照顾直至其成年并能够照顾自己。它还要求所有的组织采取不与该要求违背的方式来从事活动。

8.3 内涵和外延：第一层 P171-179

P172　尽管存在七项主要权利，但考察结果表明，这些权利中有一些涉及几种性质截然不同的权利。自由权是由一般自由权以及豁免权和权力所组成的。自由权的对立面是一项责任或义务。这在特定自由权的场合是显而易见的。倘若存在某些每个人都享有的权利，那么就必定存在另一些没有一个人能够享有的权利。

P174　不同的权利之间有可能发生冲突。冲突的根源可以定为三方面：（1）限定的局限；（2）特定道德里不同价值之间所固有的不和谐；（3）社会利益的要求与对社会成员的某些权利的尊重之间的不和谐。

P175　对共同体行使其权力权进行宪法审查，是颇为重要的。更概括地讲，这表明了人权的政治意义。法律和政府作为一个共同体里最能为人权提供有效保护的设置，也可能对人权造成危险。

8.4 内涵和外延：第二层 P179－188

P179　传统的"自然权利"说至少有某种共同基础。依自然权利的学说，自然权利是不可让渡的。依愚所见，人权在道德上是不可剥夺的。说一项权利是不可让渡的，就是说权利人无论做了什么，都不可丧失这一权利。这里面已经潜含了否认人权与侵犯人权的区分。由于人权是普遍的并且在道德上永远不可剥夺的，所以，否认某些人类成员享有人权就必然是错误的。依循并且凭靠这种否认的制度和惯例在实际上都永远是对人权的侵犯。鉴于这类制度和惯例不仅可能，而且在历史上屡见不鲜，有必要对侵犯人权和否认人权进行区分，以便了解这类制度和惯例及其侵犯人权的特点。在传统理论的每一种说法中，被宣称为自然权利的诸种权利都包括生命和自由权。这两项权利都已列入我所说的七项主要人权之中。不过，在我的论述中，自由权是不受专横干涉的权利。

P180　在传统理论的大多数解说里，私有财产所有权及其通过出售和赠予的自愿转让，是一项自然权利。某种形式的财产制度为社会生活本身所必需，但它在不同的共同体内可以采取不同的形式，至于它采取哪一种形式则取决于共同体的生活方式、经济水平和特定的道德。

9. 人权与政治 P189－211

9.1 政府的性质和意义 P189－194

P189　我们已经看到"社会责任"原则赋予共同体一种团体的权力权，该权利使共同体有资格通过其利益的代理人，在维护和增进社会利益所必需的限度内，去组织和调控其成员的活动。这些代理人就是共同体的政府。倘若一个共同体内有这样一个被正式授权行使其团体的权力权的媒介，那么即是说，这个共同体已经有了一个政府。

P190　与共同体的团体权利相关的是共同体成员所承担的使他们的活动组织化、规范化的义务，社会责任要求他们去承担这一义务，因为他要求共同体成员在维护和增进共同体利益中发挥作用，并在发生冲突时让社会利益优先于私人的和局部的利益。所以，共同体成员有义务服从政府，政府则受委托行使共同体的团体权利，拥有组织和调控其成员活动的权威。不过，作为共同体内部的一个代理机构，政府应该和共同体成员一样，服从构成共同体实际道德的共同道德与特定道德的结合体。政府受委托而行使共同体的团体权利权，并且，诚实行为原则要求它忠于这一委托。政府的权威被限制在为共同体的利益所必需的范围内，共同体利益也是共同体的成员之作为成员的利益，尽管他并不总是以私人身份形式出现。如果一些措施符合共同体的利益要求但不大受欢迎，政府也不得退缩。但是，公正原则要求政府公平地分配这些措施所涉及的牺牲和负担。不过，为了使人权能够在政治的场合下得到解释，政府的道德基础必须扩展到超出特定政治共同体的实际道德而包容普遍道德。我们已经知道，前者的要求是从属于后者要求的。每一个政府无论它是否承认普遍道德要求，都必须服从它们。普遍道德不仅要求政府负有义务去竭力保护其管辖下的每个人的人权，而且要求政府负有义务，始终尊重并因此绝不以任何形式侵犯与它发生交往的任何人的人权。外国人的人权与其国民的人权同样看待。

P190－191　共同利益有内部的和外部的两方面。在内部方面，共同体利益存在于所有那些在当前和可预见的未来环境里最可能使所有成员（而不仅仅是特定的团体和阶级）生活得尽可能好些的国内条件之中。在现代世界，这样的条件包括（在最低限度上）国内和平、秩序和足以维持所有人口的体力与智力健康的物质生活必需品，还有得以充分供应他们的生产与分配方法。在外部方面，共同体利益存在于所有那些最有利于团体安全和繁荣的外部条件之中。在现代世界，又是在最低限度上，这些条件包括不受外来侵犯的安全、获得国外市场和在国内不易得到的原材料资源。作为共同体在国内国外利益的看守人，政府必须在其国内享有最高权威，以组织和规范社会成员的行为。

P191　政府必须由宪法的次级规则来设立，并借此获得权威。在"法律之上"的意义上政府的权威是至高无上的。所以，政府要成为可能，一个共同体就必须有一个实在法体系并在道德上服从"法治"。充分研究政府制度，第一是指出立法、行政、司法权威均假设以宪法性法律来作为其来源。此后，我将使用政治权威一词去集中地描述它们。第二是强调司法独立的重要性，没有它就不能防范滥用立法和行政权威以及那些旨在增强行政权威的强制力量。

政治权威须由宪法性法律授予，严格意义上的政府就应该是立宪政府，严格来讲，革命政府根本就不算政府。至多，在有广泛的社会支持的意义上，它拥有事实上的权威。要成为合法的并获得法律上的权威，革命政府就必须制定宪法并遵循其程序。

P192　政府像它所统治的共同体那样，也要在道德上服从"法治"。监管权威和行动权威：简略辨析所谓监管权威和行动权威。这是掌握权威的两种形式。监管某物意味着有责任去保护和维护它。监管权威是一种在某种社会场合履行这一职责所必需的权威。为了尽到责任，监管权威必须去组织和规范处于某种社会场合中的人们的行为。

P193　政治权威是监管性的，不是行动性的。法律对受辖于它的人们的行为施加半强制。法律沉默时，他们则凭自己的选择和决定，得以自由行动。不过，倘若共同生活的人们要存活下去，就要满足他们的生理需求。为此，他们要组成行动组织，或者在一种简单的共同体的情况下组成一种单一的行动组织。所以，各个社会出于生存之需，必须有行动权威来支配行动组织。

P194　政治权威并不是非有不可的。没有它，也会有社会生活。只有当社会生活变得如此复杂，以致社会成员不可能作为个人自行决定怎样才能维持和增进社会利益的时候，政治权威才是必需的。没有政治权威，社会生活可能会保持在一个小的范围里，并徘徊于生存的边缘。

9.2 政治权利与人权 P194－200

P194－195　只有在以政治方式组织起来的共同体或国家里，才会有政治权利。它们是政府和受治者以各自的资格所享有的权利。其具体内容取决于一个国家的特定的政府形式。政府通过实在法来建立并借此获得权威，政府和受治者都在道德上服从"法治"。存在两种政治权利，它们是服从政治权威的每个国家成员无论政府形式如何都应该享有的权利。这就是受法律平等保护和法律下自由这两项宪法性权利。

P196　这两项宪法性权利的来源是具体运用于实在法体系里的两个共同道德原则，即"公平对待的公正"和"不受专横干涉的自由"。它们也是两项普遍的道德原则。其中所包含的受公平对待的权利和不受专横干涉的权利，是普遍的道德权利，即人权。这两项人权具体运用于政治场合，就成了上述两项宪法性权利。

9.3 国内政治与人权 P200－206

P200－201　要维护"法治"，一国之内所有拥有政治权威的人就必须服从法律。不然的话，法律上的人的地位得不到保障。不仅两项宪法性权利，而且是所有的人权，都会处在危险之中。那些高踞于法律之上的人可以侵犯这些权利，而受害者却得不到有效的法律救济。在革命政权下，所有的人都必然处在危险之中。一个革命的政府只有事实上的权威而没有法律上的权威。

独裁这种稳定的革命政府同样如此。

9.4 国际关系与人权 P206－211

P206 现代技术的全球性影响意味着，如果人类要生存下去，某种形式的国际共同体就必不可少，更不用说人类要走向繁荣了。尽管联合国是世界人类共同体的一种极不完美的体现，但它至少为把社会责任作为一项普遍道德原则来适用提供了一种场合。该原则和行善原则一起，要求各国政府采取能够使联合国成为世界人类共同体的更完美的体现方式，来解释它们作为联合国的成员国所担负的责任。联合国目前作为世界人类共同体方面的不足，不能归因于它在结构和组织上有内在的缺陷，而应该归因于某些成员国的道德缺陷以及它们中有许多不完全接受联合国作为一贯国际共同体所给予的约束。那些真正接受联合国的约束并且努力发挥联合国作为共同体的潜能的各国政府，在其国际关系行为中，作为最低限度标准的人权概念又具有什么含义？

──【参考文献】────────────────

[1] A.J.M.米尔恩.人的权利与人的多样性：人权哲学 [M].夏勇，张志铭，译.北京：中国大百科全书出版社，1995.

[2] 阿克塞尔·霍耐特.自由的权利 [M].王旭，译.北京：社会科学文献出版社，2013.

[3] 史蒂芬·霍尔姆斯，凯斯·R.桑斯坦.权利的成本：为什么自由依赖于税 [M].毕竞悦，译.北京：北京大学出版社，2011.

[4] 鲁道夫·冯·耶林.为权利而斗争 [M].郑永流，译.北京：法律出版社，2012.

[5] 格奥尔格·耶里内克.《人权与公民权利宣言》：现代宪法史论 [M].李锦辉，译.北京：商务印书馆.2013.

[6] 林·亨特.人权的发明：一部历史 [M].沈占春，译.北京：商务印书馆.2011.

[7] 康德.实践理性批判 [M].邓晓芒，译.北京：人民出版社，2003.

二、《权力论》

[英] 伯特兰·罗素　著

吴友三　译

商务印书馆，1998 年

【作者简介】

　　伯特兰·罗素（1872—1970），英国著名哲学家、数学家、逻辑学家。罗素出生于英国威尔士的一个贵族家庭，祖父约翰·罗素勋爵在 19 世纪 40 年代曾两次出任英国首相，父亲安伯雷子爵在当时是一名极端开放的无神论者，罗素是这个辉格党家庭的第二个儿子，他的教父是哲学家约翰·斯图亚特·密尔。

　　1890 年罗素进入剑桥大学三一学院学习哲学、逻辑学和数学，1908 年成为学院的研究员并获选为英国皇家学会成员。1920 年，罗素访问俄国和中国，并在北京讲学一年。1921 年，罗素与多拉·勃拉克结婚。这期间，罗素因为参与反战活动而被校方开除，他通过出版各种有关物理、伦理和教育方面的书籍谋生。1927 年，夫妇俩共同建立了一所教育实验学校——皮肯·希尔学校。

　　1931 年罗素的哥哥去世，罗素继承爵位，成为罗素勋爵三世。然而，他很少在公开场合这么称呼自己，或被别人这样称呼。

　　1936 年，罗素与一名牛津大学学生派屈西亚·斯彭斯结婚。1939 年，罗素搬到美国，在加利福尼亚大学洛杉矶分校讲学，并很快被任命为纽约城市大学教授。但是当这个消息一曝光，地方法院就取消了他的教授资格，认为他在"道德上"无法胜任教授一职。1944 年，他回到英国，重新执教于三一学院。

1960 年罗素出版了自己的三卷自传，并参与肯尼迪遇刺事件的调查。罗素的大部分著作都能把理论的深刻性和表达的通俗性结合起来，既有亚里士多德、黑格尔的思辨性，又有伏尔泰、达·芬奇作品的文采，其流畅清新的散文在英国文学中也享誉甚高。

罗素的一生著述非常多，比较有代表性的有《数学原理》（1910—1913，与怀特海合著三卷本）、《哲学问题》（1912 年）、《我们对外间世界的知识》（1914 年）、《社会重建原理》（1916 年）、《神秘主义与逻辑》（1918 年）、《自由之路》（1918 年）、《布尔什维克的理论与实践》（1920 年）、《心的分析》（1921 年）、《物的分析》（1927 年）、《婚姻与道德》（1929 年）、《教育与社会秩序》（1932 年）、《权力论——一个新的社会分析》（1938 年）、《西方哲学史》（1946 年）、《人类知识之范围及其极限》（1948 年）、《权威与个人》（1949 年）、《我的哲学发展》（1959 年）、《西方的智慧》（1959 年）、《罗素自传》（1967 年）等。

【写作背景】

人类自古代文明就开始了对政治的研究，涉及政治理念、政治行为、政治制度乃至政治操作中的技术和技能。可以说，人类对理想与美好社会的探寻在政治研究中清晰可见，特别是 19 世纪以来，政治研究秉承近代科学、理性和人文精神积累了丰富的思想成果。

权力历来被认为是一种"必要的恶"，具有积极和消极两方面的作用。从积极角度看，它是组织社会、维持秩序、实现公共政策目标不可缺少的手段；从消极方面讲，它也是谋取不正当利益、实施专制和暴政、发动战争的工具。因此，人们在认识和肯定其积极作用的同时，力图对它做出必要的规制。权力作为一种能力，是对他人和资源的支配能力。正由于此，它具有极大的魅力，引发个人、家族、王室、党派和集团之间的权力角逐，也引起学者对权力问题的广泛讨论。

罗素的《权力论》围绕上述问题展开讨论。罗素从分析权力欲入手，论述了教权、王权、革命权力、经济权力、支配舆论权力等各种权力形态，以及权力与政体、权力与道德、权力与组织和个人的关系。他认为，人对经济的需求尚可得到满足，但对权力的追求则永不满足，正是对权力的无止境的追求，引发了多种社会问题。社会科学的任务就是要探索权力欲的产生和发展规律，以便找出规制权力的方法；只有节制个人、组织和政府对权力的追求，才能真正实行民主制度，防止战争，保障个人自由和平等。

───【中心思想】───────────────────────────────

全书共分为18章，深刻阐释了权力产生的源泉，全面分析了权力的具体形态，详尽论述了对权力的看管和限制等问题。作者的思路大体如下：

第一，通过探讨权力欲的基础，回答为什么人们要追求权力。罗素在开篇就明确指出，人有众多欲望，但权力欲和荣誉欲是最主要的两种。二者虽有密切关系，却不等同。获得权力往往是获得荣誉的最便捷的途径。权力欲是人们追逐权力的根源，是产生社会变化的主要动机。他指出，想象是驱使人们在基本需要得到满足之后再继续奋斗的一种力量。在权力与荣誉都很微小的人看来，似乎只要再多一点权力和荣誉就会使他们满足，但在这一点上他们是错了，因为这些欲望是无厌的、无限的，只有在上帝的无限之中，才能休止。假如可能的话，人人都想成为上帝。社会合作不易实现，因为我们每个人都喜欢把社会合作看成是上帝和信徒之间的那样的合作，而以上帝自居。

针对正统经济学家认为经济利益是人的基本动机的观点，他认为，只有认识到爱好权力是社会事务中重要活动的起因，才能正确地解释历史——无论是古代的还是近代的历史。权力也和能一样，具有许多形态，例如财富、武装力量、民政当局以及影响舆论的势力。在这些形态当中，没有一种能被认为是从属于其他任何一种的，也没有一种形态是派生所有其他形态的根源。孤立地研究某一种形态的权力（例如财富），只能获得局部的成功，正如单研究一种形态的能，在某些方面是会有缺陷的，除非也兼顾到其他的形态。

第二，通过分析权力的表现形式，阐述权力的现实基础和构成。罗素认为，权力欲的冲动也有两种形式：成为领袖和对领袖的追随。在领袖的身上是明显的，在追随领袖的人身上是隐含的。当人们心甘情愿地追随一个领袖时，他们这样做的目的是依仗这个领袖所控制的集团来获得他们感受到领袖的胜利也就是他们自身的胜利。在每一种真正的合作事业中，追随者在心理上并不比领袖有更多的奴性。权力分配不均的现象在人类社会中一向是存在的，这可以追溯到我们了解所及的远古时代。这部分是由于客观的需要，部分是由于人类本性中的某些因素。大多数的集体事业，只有在某种管理机构的指导下才有实现的可能。即使是一个用民主方式选出的政府，也毕竟是一个政府，因此，根据与心理无关的理由，集体事业如果要取得成功，就必须有一些人发号施令，而另一些人服从命令。罗素认为，从宏观角度看，权力的大小和实施程度以及权力的来源方法，在不同的社会都有不同的表现。例如，军事专制国家、神权国家和财阀统治国家，其不同组织和集团的影响力各不相同；而教权、王权、民权以及战争等诸种权力形式，其来源方法也迥然各异。但从微观角度讲，权力服从的根源基本相同。权力分配不均的现象在人类社会一向存在，而领袖和追随者则构成了每个社会所具有的最基本的权力关系。那么，权力服从的根源是什么？罗素指出："一切服从的现象，根源都在于恐惧，不论我们所服从的领袖是人还是神。"使人服从领袖从而成为追随者的动力在于其内心深处的恐惧，服从可以获得安全；而促使人发号施令成为领袖的动力在于精英因其地位、信仰或技能而产生的超凡自信心。领袖的权威一旦确立之后，它可以在反抗者当中引起恐惧，不过在他成为领袖并被大多数人公认为领袖之前，它是不可能引起恐惧的。为了取得领袖的地位，他必须能在自信、果断以及决定正确方针的本领这些权威所有产生的特性方面超乎别人。领袖的地位是相对的。恺撒能使安东尼服从，但别人就做不到。大多数人总觉得政治是难搞的，自己最好是追随一个领袖——他们出于本能并不自觉地有这样的感觉，好像狗对主人一样。假如不是这样的情况，集体的政治行动简直是不可能的。

第三，通过研究权力与社会环境、伦理道德的关系，探讨规制权力的可能途径。作者认为，"对人的权力"和"对无生命或非人类的生物的权力"是最基本的两种分类。我们对待动物时所采用的权力形态最简单明了，因为那时我们无须伪装或借口。所以，考察人对动物的权力形式对于分析社会的权力构成最有帮助。他打了个有趣的比方，当一头猪被绳子拦腰缚起，尖声叫着被吊上船去的时候，它就是受制于直接行使在它肉体上的有形的权力。相反，谚语上所说的毛驴追求胡萝卜的故事，那就是我们要使它相信它的行为于自己有利，从而使它按照我们的意图来行动。介乎上面两种情况之间的，可以拿耍把戏的动物为例：赏与罚使它们养成了若干习性。还有一种不同的情况，即羊被诱上船的情况：先要用力把头羊拖过跳板，然后，其余的羊就服服帖帖地跟着上来了。

在此基础上，罗素进一步分析了现实社会中教权、王权、暴力、革命的权力、经济权力、支配舆论的权力和作为权力来源的信条等不同权力形态，区分和论述了基于组织制度的组织权力和基于"学问"和"智慧"（不论是真的还是信以为真的）的个人权力，并在考察不同社会历史和现实的基础上，分别论述了传统的权力、革命的权力和强暴的权力的不同形式。

罗素深刻认识到权力具有不断扩张的特性，明确提出要节制个人、组织和政府对权力的追求。他并不仅限于寻求"权力制约权力""法律约束权力""多元社会团体规制权力"这些政治学层面的一般路径，而是以更加宏大的视野，提出了全面的社会救治方案。他认为，权力规制需要具备四个方面的条件，或者说，需要从政治条件、经济条件、宣传条件、心理与教育条件共同入手来改善权力。所谓政治条件，就是要在政治上建立多数人统治和保护少数人的机制，通过实现中央与地方分权、公共部门内部分权制衡以及促进各种社团的繁荣，来约束公共权力；所谓经济条件，就是指实行民主性的社会主义，通过土地和资本的国有化，实现对经济管理权力的监督；宣传条件则是指，社会应该倡导言论自由，弘扬宽容精神，在科学、文化、艺术领域不强求一致；而心理和教育条件则是指，要教育人民避免激动狂热情绪，消除恐惧、憎恨心理和破坏性，要具有理智生活中的科学气质。

此外，罗素还对权力行使者加以道德性规劝。他告诫人们，要始终把权力当作手段而不是目的，要让权力结出善果，首先需要有某种善良的目的。这种目的必须在实现后能有助于满足别人的愿望，而且实现目的所用的手段不可使附带的流弊超过目的实现后所得到的良果。

── 【分章导读】 ──────────────────────

第一章　权力欲的冲动　阐释了权力欲如何产生，人为何要追求权力。罗素开篇就指出，人与动物最大的区别乃是人类欲望与动物的欲望不同，是根本无止境的，是不能得到完全满足的，而动物只要能生存和生殖就感到满足。接着，作者进一步指出，在人的各种欲望中，主要是权力欲和荣誉欲，两者虽有密切关系，但并不等同。通过权力进而获得荣誉是便捷的途径，就公共事业的活动家而言，情形更是如此。权力欲是人们追逐权力的根源，是产生社会变化的主要动机。同时，作者也批判了正统经济学家的观点——经济上的利己是人活动的基石和动力，经济权力是派生其他一切权力的根源。他认为当适度的享受有了保证的时候，个人和社会所追求的是权力而不是财富，财富是追求权力的手段。最后作者用物理学来做一个比喻：权力和能一样，必须被看作是不断地从一个形态向另一个形态转变，我们的任务是求出这种转变的规律①。

第二章 领袖和追随者 作者论述了权力欲的两种情形——领袖的权力欲和追随者的权力欲，权力欲在领袖的身上是明显的，在追随者的身上是隐含的。紧接着，他分析了权力分配不均的现象，认为这是不可避免的一种事实，越是有组织的社会，这种现象就越多，集体事业想要取得成功就必须有些人发号施令，而另一些人服从命令。随后，作者详细论述了使人发号施令和使人服从的动力根源于恐惧。罗素认为领袖具有必要的自信心，这种自信心的获取方式具有多样性，如世袭的统治等。最后，他也没忘记论述第三类人，就是遁世派。罗素指出，在遁世派当中，有些人并非真正不关心权力，而只不过是不能用寻常的手段取得权力而已，他们常常吸引许多喜欢服从而又有反抗精神的人做他们的信徒。

第三章 权力的形态 作者综括性地论述了权力的形态，从不同角度对权力做出了不同的划分。首先把权力划分为对人的权力和对无生物的或非人类的权力，其中对人的权力又可根据对个人发生影响的方式或根据与权力有关的组织的类型来分类。紧接着，作者分析了传统的权力和习惯的势力，引出了暴力和革命权力的形态。作者把权力又分为组织的权力和个人的权力。把最重要的组织机构，按照它们所行使的不同权力，大体上加以区分，如军事权力、经济权力、法律的权力等。同时，罗素也分析了各种各样的个人权力形态，指出从前人们对有学问的人表示尊敬，绝不是由于后者具有真才实学，而是由于人们认为他们具有"魔力"。科学使人对自然界的进程能有一些真正的了解，因而打破了人们对巫术的信仰，也就打破了他们对有学问的人的尊敬。这就产生了这样一种情况，即尽管科学家是区别今昔时代特征的根本成因，并通过他们的发现和发明，对世事的进程产生不可估量的影响，然而，作为个人来说，他们在智慧方面所能享受的荣誉，不像印度的裸体托钵僧或美拉尼西亚的巫医所享受的那么大。现代的知识分子觉得他们活动的结果反而使他们的声望减低，因此对现在的世界不满。不满情绪最少的人就倾向于共产主义，而不满情绪较为浓厚的人就躲在象牙之塔里了②。

第四章 教权 作者详细论述了一些具体的权力形态。首先是教权，关于教权，罗素认为，僧侣和君主在人类学家所知道的最原始的社会里就已存

① 伯特兰·罗素. 权力论 [M]. 吴友三，译. 北京：商务印书馆. 1998：4.
② 伯特兰·罗素. 权力论 [M]. 吴友三，译. 北京：商务印书馆. 1998：30.

在了，当然那时他们仍处于原始的状态。有时候，两者的职能集中在一个人的身上。这种情形不仅野蛮人当中有，而且高度文明的国家里也有。作者通过分析历史上的僧侣组织中最有权力的罗马天主教会的发展演变，指出蛮族只有刀剑的力量，教会则有较高水平的文明和教育，有非个人的坚定宗旨，有利用宗教上的希望和利用来自迷信的畏惧的各种手段。现今在美国，人们把希腊人对神谕和中世纪对教皇的憧憬，献给了最高法院。凡是研究过美国宪法作用的人，都知道美国的最高法院是维护富豪统治的那些力量中的一部分。但在懂得这层道理的人当中，有些人是赞成富豪统治的，因此他们不会有什么行动来削弱人们对最高法院的传统崇敬。而另一些人，由于被说成是颠覆者或布尔什维克，有不为寻常安分的公民所信任。在有一个像路德那样的人能对宪法官方解释人的权威进行有效攻击之前，需要进一步多做一些明显的党派工作①。

    第五章　王权　作者认为国王的统治要经过统治方式的长期演变，要有一个在组织结构上比野蛮人社会更要高级得多的社会。国王的起源和僧侣的起源一样，是有史以前的事情。作为一种制度来说，国王统治在埃及大金字塔时代和巴比伦汉谟拉比时代已经发展到顶点。后来的国王拥有更广阔的领土，但谁也没有更加全面地统治其王国。在埃及和巴比伦，国王的权力不是由于内部叛变，而是由于外族征服才告终的。国王确实无力跟僧侣斗争，因为臣民对国王的服从取决于君主制在宗教上的重要性；不过，除不能跟僧侣斗争外，国王的权威仍然是无限的。

    传统的权力，从外部加以破坏时，几乎总是要经历一定的发展过程的。由于得到人们的尊敬，它就胆大起来，自以为公众不会不赞成它，因而也就不把公众放在眼里。由于它怠惰、愚蠢或横暴，就渐渐使人不得不对它自称为神权的资格发生怀疑。这种资格的来源不过是习惯而已，因此一旦对它提出批评，就很容易加以否定。一种对反抗者有用的新教义就取代了旧教义；有时候继之而来的只是一场混乱，海地从法国人手里获得自由之后就是这样。通常的情况是，必须先有一段长期的昭著的恶政，然后精神上的反抗才广泛传布；而且，反抗者往往把旧权威的一部分或全部移转给自己。

    第六章　暴力　作者指出："当维持传统权力的信仰和习惯趋于失势的时候，不是渐渐地为基于某种新信仰的权力所取代，就是为暴力所取代。国家

---

　　① 伯特兰·罗素. 权力论［M］. 吴友三，译. 北京：商务印书馆. 1998：50.

治理忠实公民的权力是传统的，但管制叛徒的权力就是暴力了。"① 暴力就是不得权力行使对象的默认的那种权力。屠夫支配羊的权力，入侵军队支配战败国的权力，警察支配被破获的谋反者的权力，都是这一类的权力。在权力成为暴力的地方（不仅在国际方面而且在内政方面），取得权力的手段远比在其他地方残暴。因此，一旦传统不再为人所承认的时候，原先的传统权力就会变成暴力。由此可见，自由思想与强烈批评的时期容易发展成为暴力时期。同时，作者还分析了暴力作为使人服从和尊重的强大权威基础，认为权力必须托付给为大众利益服务并受到必要监督的人，而且权力的行使必须受到法律等制度的约束。此外，他也分析了暴力的三种结束途径：外族的征服、独裁政权的稳定、新宗教的兴起。

第七章 革命的权力 作者用四种例证来说明，它们分别是：早期基督教、宗教改革、法国革命和民族主义以及社会主义和俄国革命。（1）就权力而论，基督教最重要的教义是"我们应该服从上帝而不服从人"，强化教会的权威以及无政府主义。（2）关于宗教改革，"宗教改革之所以重要，主要是由于它是一个伟大世界性组织垮台的部分原因，而这一组织，久经证明，比任何世俗政府都要强大"②。从权力观点看，宗教改革神学上的无政府主义削弱了教会的力量，加强了国家权力。（3）在法国革命和民族主义历程中，作者认为革命的权力，如拿破仑的情形所显示的，很容易堕落为暴力。（4）在俄国革命的例证中，他指出共产主义的学说效果是把整个权力先变为革命的权力，然后经历必然的阶段再变为暴力。

第八章 经济权力 罗素详细阐发了经济权力与法律以及与其他权力的关系。作者认为，经济权力需要依靠法律以及战争。信用作为经济权力具有抽象性，但是作者认为它与其他经济权力并没有什么本质的不同。作者论述了经济权力与政府之间的关系，个人的经济权力在一定意义上受惠于国家权力，而国家通过军事权力等途径获得经济利益。作者论述了以所有权为中心的经济权力与政治权力、军事权力等之间的关系，并对民主国家中的富豪集团以及工会等组织的权力进行了分析。

第九章 支配舆论的权力 对舆论的力量进行了分析。作者认为，舆论具有不可忽视的力量，就其与军事力量的关系而言，舆论产生于军事力量，

---

① 伯特兰·罗素. 权力论 [M]. 吴友三，译. 北京：商务印书馆. 1998：59.
② 伯特兰·罗素. 权力论 [M]. 吴友三，译. 北京：商务印书馆. 1998：80.

同时又对军事力量有着重大的影响。而随着科学的发展，舆论有可能不须借助军事力量而发挥历史作用。作者认为影响舆论的因素主要是欲望、证据和重复。

第十章 作为权力来源的信条 作者主要分析了社会的权力来源的信仰原因，指出社会的权力不仅决定于它的人口、经济资源以及技术能力，而且也决定于它的信仰。作者以英国克伦威尔领导的与国王的斗争为例，说明了狂热的信仰产生的巨大社会影响。作者认为，信仰并不一定产生成功的后果，信仰只有与事实相符，才能促进合作。而且为了使国家、宗教或政党获得权力的一致，必须依赖情感和习惯。作者认为符合实际的信仰具有很大的益处，只有使大多数人真诚地相信信仰，才能形成团结力。

第十一章 组织的生物学 对不同组织在权力运行中的作用，以及这些组织与国家之间的关系进行了分析。作者认为，组织主要是有共同目标的一批人组成的群体，分为自愿型和被迫型。而权力之争在组织中的表现，则主要是不同组织之间以及组织内部的个人之间的竞争。组织之间的竞争主要使用经济手段、军事手段以及宣传手段。作者以国家为例，说明了组织的要点，即规模和权力密度。作者认为，在政治领域中，权力的集中受到技术可能的制约，道路以及通信等现代化技术强化了国家权力的集中。作者随后对政党、经济组织、宗教组织等在国家权力中扮演的角色进行了阐述。

第十二章 权力和政体 分析了各种政体模式下权力的运作、实现以及优缺点。作者首先对君主政体进行了分析。他认为，在君主政体下，人们追随君主进行征服活动，从而获得巨大的荣誉，人们对君主权力的服从，最初是由于恐惧，而后来更多的是出于习惯和传统。但是，对于君主政体而言，由于继承人的不确定性，国家内部极为容易形成内战。同时，在君主政体下，君主常常无视臣民的利益，而且君主更多地依赖贵族等社会上层而脱离了人民。作者随后对寡头统治的类型，即世袭贵族、富豪统治、教会统治和政党统治进行了分析。作为认为君主政体和寡头统治的共同确定无视普通人的利益，最终导致革命的爆发，而民主政治则能避免这一情况的发生。作者对民主政治的特点、不足等进行了分析，他认为在现代民主国家，由于技术手段等各方面的进步，民主政治的发展促使普通人民与最高权力之间摒弃了中间环节——选民代表，从而有演化为独裁统治的倾向。作者最后对经济领域中的权力机构，尤其是实业公司中的权力分布进行分析，提出反对民主政治的两大力量是财富和战争。

第十三章　组织和个人　罗素着重研究了与一定的个人有关的组织，其目的是想在无政府状态和专制之间找出保证人民幸福的折中办法。作者具体研究了文明社会里的组织对个人一生所起的某种决定性作用，得出文明社会特征的各种组织功效增加了个人的自由。紧接着，作者又分析了防止侵害别人的组织——警察和刑法，指出："组织的效能（除去由于政府自卫而产生的效能以外），基本上都是增进个人的幸福和安宁。个人可以是组织的顾客，可以是组织的自愿成员，可以是组织的非自愿成员，也可以是组织的敌人。"[①]

此外，作者又论述了顾客式的组织个人关系情形和敌人式的组织个人关系情形。为了防止发生无政府状态而必须采取的措施，使现状在应该改革时更难得到改革。尽管有这种困难，文明社会里没有什么人认为有可能完全废除警察。战争与革命涉及国家自卫的本能，并引起对个人生活最严厉的控制。

第十四章　竞争　罗素论述了竞争在消除垄断和专制方面的作用，具体分析了经济领域里的竞争以及国与国的竞争。他指出，国家竞争重要是争权力，争财富，争控制人们的信仰，尤其是争生命的本身，因为置人于死地是取胜的主要手段。在政府权力与个人自由之间关系的辩护上，作者从政府、百姓、激进改革派以及哲学家的角度进行了分析。

第十五章　权力和道德准则　详细分析了积极道德和个人的道德的关系以及它们和权力之间的关系。他认为，道德有社会制度和个人良心两个方面的特征。进而言之，意识到和法律相似的一种社会规定，称为积极的道德；另一方面他又是关于个人良心的事情。就第一方面而言，它是权力工具的一部分。就第二方面而言，它又有革命的性质，可以称为个人的道德。传统道德的（通常大都是不自觉的）目的之一是使现有社会制度顺利运转。它成功地实现这个目的时，比警察的力量更省钱且更有效力。

接下来，作者论述了"积极的道德比个人道德要出现得早"这一命题。然后，他阐释了权力对道德准则的影响，通过讲孝道，指出孝道是手段，目的是在于把父母的权力延续到孩子们需要人照料的幼年时代以后；通过讲妇女对男人的服从，指出其根源在于男人握有较大的力量。在伦理斗争里，和在政治斗争里一样，权力是手段。就过去发生过最大影响的那些伦理体系来说，权力不是目的。对国家忠诚这一条道德，在积极道德中所占的地位比以前大得多；这是国家权力增加的自然结果。至于与其他团体（例如家庭和教

---

① 伯特兰·罗素. 权力论 [M]. 吴友三，译. 北京：商务印书馆. 1998：148.

会）有关的道德，却已没有从前那么大的控制力量了。

第十六章　权力哲学　作者考查了某些主要是对权力的爱好所激起的哲学。经验主义哲学追求真实，而唯心主义哲学，从笛卡儿到康德，则追求确实。人生既然是人的意志力与不可控制的客观事实两者间不断的相互作用，所以在自己权力欲指导下的哲学家对于不由自己意志支配的事实所产生的作用，就估计得最低或加以诋毁。基督教的学说则认为，在上帝的眼睛里一切人都是平等的。民主政治能从基督教教义找到支持，而最能支持贵族政治的伦理学则是尼采的伦理学。

权力哲学，就其对社会所产生的后果而言，是自己否定自己的。假如社会生活是要使社会的愿望得到满足，它就必须以某种不以权力爱好的哲学为其基础①。强调不是说权力是这些哲学的题材，而是说权力在这般哲学家的形而上学和伦理判断中是他们的自觉的或不自觉的动机这一问题。同时，罗素具体分析了费希特的形而上学的权力哲学思想、实用主义的思想，柏格森的创造性进化论等思想。

第十七章　关于权力的伦理学　分析了爱好权力的好处。在他看来，爱好权力乃人之本性。作者指出了对权力爱好成其好事的三个条件及爱好权力所采用的形式："一个人爱好权力所采用的形式，决定于他的性格、他的机遇、他的才能；而他的性情又大都是由他的环境造成的。先从对性情有影响的环境谈起：残暴的冲动性，通常不是发端于一个人的不幸的儿童时代，就是发端于他的某种经历。"② 因此，要把一个人对权力的爱好纳入特定的轨道，就成为使他得到适当的环境、适当的机遇和适当的才能的问题。这里没算上天赋、气质的问题，因为天性在其可能改正的范围内，是优生学的问题，但是大约也只有一小部分人不能用上述方法导之择取有益的行动方式。作者同时认为，我们必须以行使权力的结果来判断权力的行使是否正当，因此我们首先必须弄明确我们所要求的结果是什么。

第十八章　对权力的节制　着重论述了如何节制权力，防止权力的恣意滥用。分别从政治条件、经济条件、宣传条件、心理和教育条件进行阐释。首先，罗素指出民主政体虽然是必要的，不过绝不是节制权力所必需的唯一政治条件。接着，作者研究了为专横权力缩减至最低程度所需的经济条件，

---

① 伯特兰·罗素. 权力论 [M]. 吴友三，译. 北京：商务印书馆. 1998：186.
② 伯特兰·罗素. 权力论 [M]. 吴友三，译. 北京：商务印书馆. 1998：190.

指出国家必须要让出一部分的权力给经济实体，警惕经济权和政治权结合形成新暴政。关于宣传条件，作者强调，宣传鼓动只要不唆使人们违反法律，必须是自由的；对于越权或滥用权力的官吏，必须有弹劾的方法。今天的政府不能靠威吓、选民登记的舞弊以及任何类似的方法来保持自己永久的地位。对于显要人物的任何有根据的批评，都不应加以处罚，无论处罚是官方的或非官方的。这一切，在现今民主国家中，很多已通过政党政治实现了。政党政治使当政的政治家们变成几乎是全国半数人口敌对批评的对象了，这就使他们避免了在其他情况下容易犯的许多罪行。

关于节制权力的心理条件，作者指出："恐惧、愤怒以及各种猛烈的集体激动情绪往往是人们盲从一个领袖，而这个领袖在大多数情况下就利用人们对他的信任使自己成为暴君。"[①] 因此，假如要维护民主政治，就要消除造成群情激动的情况，同时也要进行教育，使全体居民不容易产生这种情绪，这些都是重要的。在凶恶的教条主义得势的地方，任何为人们所不同意的意见都易于引起和平的破坏。爱好权力，对教育家来说，和对政治家一样，是主要的危险；凡是可以委以教育职责的人，必须从学生本身的利益出发来关心学生，而不是仅仅把他们看作某种主义的宣传大军潜在的士兵。学童们往往苛待一个意见有些特别的儿童，而许多成年人并未超过学童的心理年龄。大家都有宽宏大度的情感，再带有些微怀疑主义的色彩，这就使社会合作减少许多困难，并且相应地使自由更有可能实现。

——【意义与影响】

该书共计 15.3 万字左右，中译本主要由东方出版社于 1988 年、1989 年，以及商务印书馆于 1991 年、1998 年、2012 年印刷出版。纵观全书，罗素结合社会历史背景来展开他对权力的分析，始终遵循着自己的体悟来阐发对权力的理解和感受，正因如此，罗素在对权力的论述中充满了个人洞见和智慧。可以说，《权力论》不仅是一本知识性著作，更是一本思想性著作，其意义在于：

首先，通过这本书，我们认识了 20 世纪英国著名思想家伯特兰·罗素学术历程上的又一个辙印——他在社会权力研究领域的重要建树。《权力论》是我国迄今出版的第一部专门论述权力问题的译作。罗素对权力产生的根源、权力的形态（包括教权、王权、暴力、革命的权力、经济权力、支配舆论的

---

① 伯特兰·罗素. 权力论 [M]. 吴友三，译. 北京：商务印书馆. 1998：210.

权力等)、权力信条、权力的节制等做出了详尽深刻的阐发,给后来学者们对权力的探讨产生了许多有益的启发,也使得人们对权力有了一个比较清楚的思路。当然美中不足之处也在所难免,比如罗素质疑正统经济学家的经济利益是人的基本动机的观点,对经济权力的基础地位和重要作用比较轻视,没能做出一个比较客观科学的分析等。

其次,该书对于权力的作用做出了较为辩证的分析和阐释,为我们全面深刻理解权力提供了较为充分的理论资源。在罗素看来,权力是一种能力,是对他人和资源的支配能力。正因如此,它具有极大的魅力,引发个人、家族、王室、党派和集团之间的权力角逐,也引起学者对权力问题的广泛讨论。罗素承认权力历来被认为是一种"必要的恶",具有积极和消极两方面的作用。从积极角度看,它是组织社会、维持秩序、实现公共政策目标不可缺少的手段;从消极方面讲,它也是谋取不正当利益、实施专制和暴政、发动战争的工具。因此,人们在认识和肯定其积极作用的同时,力图对它做出必要的规制。

再次,该书启发公民增强权利意识,对构建中国特色社会主义民主政治具有重要的启示意义。罗素以开放的视角探讨了东西方权力政治的特色,对社会改革充满了信心,鼓励和支持改革。他的一些真知灼见——"如果要使国家对于经济企业的所有权和管理权在某种程度上有益于一般公民,那民主就不仅是必需的,而且还须是有实效的。"① "如果要使民主有实行的可能,全体居民必须尽可能消除憎恨心和破坏性,并且还要消除恐惧与奴性。"② ——对于现代公民社会的建设不能不说是一种有力的理论证明和支撑。

——【原著摘录】————————————————————

第一章 权力欲的冲动 P1-6

P3 在人的各种无限欲望中,主要的是权力欲与荣誉欲。两者虽有密切关系,但并不等同:英国首相的权力多于荣誉,而英王的荣誉则多于权力。但是,获得权力往往是获得荣誉的最便捷的途径。就公共事业的活动家而言,情形更是如此。大体说来,荣誉欲所导致的行动与权力欲所导致的相同,因此在最实际的意义上这两个动机可以看成是一个。

① 伯特兰·罗素. 权力论 [M]. 吴友三,译. 北京:商务印书馆. 1998:207.
② 伯特兰·罗素. 权力论 [M]. 吴友三,译. 北京:商务印书馆. 1998:212.

第二章 领袖和追随者 P7－22

P9 有限度的爱好权力，是几乎普遍存在的现象，只是表现形式有所不同，但绝对的爱好却是罕见的。一个享有管理家务权力的主妇可能不愿接受一个首相所享有的那种政治权力；反之，亚伯拉罕·林肯虽然不惮处理美国的国家大事，却不能应付家庭中的争执。

P13 我们说，普通的温和的公民之所以服从领袖，大都是由于恐惧的心理。不过就一帮掠夺者来说，情形就不是这样，除非他们不再有机会从事和平的职业。领袖的权威一旦确立之后，它可以在反抗者当中引起恐惧，不过在他成为领袖并被大多数人公认为领袖之前，它是不可能引起恐惧的。

P14 在无政府状态之后，势所必然的第一步是专制主义，因为统治与服从这两种天生的机能很容易使它出现。这一点在家庭、国家以及商业方面，都有例可证。平等合作远比专制难以实行，远不及专制符合人的本能。当人们试图平等合作的时候，自然个人都要力争取得全面的优势，因为这是服从的动力是不发生作用的。有关各方几乎必须一致忠于他们本身以外的某一原则。在中国，儒家的忠于家族的思想，使家族企业常能取得成功；而不属于个人的合股公司就往往无法经营，因为没有一个人非对其他股东效忠不可。在通过协议来进行管理的情况下，为了取得成功，必须对法律、国家或个人方面所共同遵守的某项原则有普遍的尊重。教友派的教徒若有疑难问题必须解决时，并不举行表决来取决于多数，而是开展讨论，直到获得那种通常认为是圣灵所启发的"会议的精神"为止。就他们这种情况而论，我们碰到一个异常一致的团体，但没有一定程度的一致性，通过讨论进行管理是行不通的。

第三章 权力的形态 P23－33

P24 法律的终极的权力是国家的强制权利。文明社会的特征就在于：直接的人身强制（也受到某些限制）是国家的特权，而法律则是国家对公民行使这项特权时所依据的一套规定。但法律使用惩罚，不仅是为了使不希望发生的行动实际上不可能发生，而且是作为一种诱导的手段。以罚金为例，它并不能使某一行动不可能发生，而只能是它失去效力。而且（这也是更重要得多的一点），当法律不得人心的时候，法律也就几乎没有力量了。

第六章 暴力 P59－75

P60 希腊历史，像试验室一样，供给我们大量的，对研究政治权力的人来说是非常有趣的小型试验。"僭主"一词，起初并无统治者有任何恶劣品质的意思，它仅仅意味着缺乏合法的或传统的称号而已。

P61 希腊人在艺术、科学、哲学等方面的自由，是一个不受迷信束缚的繁荣时代的自由。但是当时的社会结构并不具有抵抗灾难的坚韧性，而个人在美德不再能使自己成功的时候，也没有必要的善恶标准以避免作恶犯罪及其不幸后果。

P68 文艺复兴时期的意大利，正如古希腊一样，兼有高度的文明和卑劣的道德。这两个时期都展示了极高的天才和极低的道德堕落，而恶棍和天才彼此并不仇视。

P72 在经济领域内，暴力至少也是同样重要的。在不发达的社会里，一个人的生计决定于他的社会地位，而不决定于契约，因此一个人通常认为凡是习惯的东西都是合理的东西。因此，雇主与雇工的关系是在国家所许可的限度之内的一种暴力关系。

第七章 革命的权力 P76—85

P79 对于国家的热情，作为能与宗教相比的力量来说，只有随着近代民族主义的兴起，才复活起来。每次成功的革命都使权威受到动摇，并使社会内部的团结更加困难。

P83 通过新教，个人主义和早期基督教以及早期基督教对异教国家的敌视都有关系。由于基督教涉及个人灵魂，所以个人主义和基督教还有较深的关系。根据基督教的伦理，国家的任何需要都无从证明当局逼人为恶是有道理的。康德认为每个人的本身就是目的，这一学说就是从基督教教义引申出来的。

第八章 经济权力 P86—96

P87 在介于这两种暴力行为的间隔期间，国家权力用来保证所有权的合法转移。土地所有权就是决定允许谁在这块土地上立足的权力。他的权力，归根结底在于闭厂，就是说，在于厂主能够要求政府出力来禁止未经许可的人进入他的工厂。

P90 在争端简单、舆论明确的情况下，财阀是没有权力的；但在舆论不明确或为争端的复杂性所困惑的时候，财阀就能得到所期望的政治效果了。在民主政治中，影响政治决策的经济组织的权力是受舆论为限制的，在许多重大问题上，甚至很强烈的宣传也不能动摇舆论。在有民主政治的地方，民主政治的现实性比许多反对资本主义的人所愿意承认的要大。尽管法律所规定的经济权力最后依靠的是土地所有权，但在现代社会里，享有最大部分经济权力的人，并非名义上的土地所有者。

P91 就现代大公司而言，所有权和权力也绝不是一定联系在一起的。虽然所有权是离心的，但经济权力是向心权力如此集中就是公司能和国家分庭抗礼了的。

P92 最初，就国家关系而论，军事权力通常是其他权力的来源。有些国家因其经济实力而获得军事权力。但是现在商业已经失去了它的重要意义。由于交通工具的改进，地理位置已经不如过去那样重要；由于帝国主义的形成，许多重要的国家也不如过去那样需要对外贸易。

P93 宣传在国家权力方面所起的作用，随着教育的传播而加强。事实上，一切权力都有结合在某个单一组织里的趋势，这个单一组织必然就是国家了。

P94 无产阶级是多数这一假定也颇成问题。在自耕农占优势的农业国家里，这肯定是不正确的。许多人从经济观点看是无产者，但在政治上却站在富人一边，因为他们的就业取决于奢侈品的需求。

第九章 支配舆论的权力 P97－102

P101 宣传只有在符合宣传对方的某些问题时，例如向往灵魂永生、要求身体健康、但愿祖国强大，等等，才能获得成功。从政府的角度看，民主政治的优点之一是它使普通的公民比较易于受骗，因为普通公民把政府看成是他的政府。在极权国家里，国家实质上是唯一的宣传者。

P102 组织和统一所起的作用，在宣传方面和在其他方面一样，在于推迟革命。

第十章 作为权力来源的信条 P103－112

P106 凡信念与事实符合的人，比信念错误的人更有可能成功。一个国家、一种宗教或一个党派为获得权力而必须有的统一是见诸实践的统一，它依赖于思想感情和生活习惯。

P107 生活在必须接受（至少表面上接受）某种显然荒谬的主义的社会里。如果使人民群众保持盲目自信，他们的信心和好战情绪很容易感染他们的统治者，而统治者对自己虽已知道但尚加以隐瞒的不愉快的事情，不可能像对报纸都已披露并且到处有人谈论的事情那样重视。

P109 因为民族主义是一种愚昧的理想；有见识的人看出来它正使欧洲趋于毁灭。最好的解决办法是给民族主义披上诸如民主主义、共产主义或集体安全等某种国际口号的外衣。一种信条或思想感情对于社会内部的团结是必要的，但要使它成为力量的源泉，就必须有大多数人对此有真诚的、深刻的感受。

第十一章　组织的生物学 P112-126

P115　每一国家的权力，多少都与地理有关：通常从一个中心向四周辐射，距离中心越远，权力也越弱。效果之所以能够存在，不是靠自己的权力，而是由于大国间的猜忌。

P117　这样一条大道，虽然是幅员辽阔的帝国有存在的可能，但未能使国王严密地控制边缘行省的总督。古代没有一个大国能够从中心向外统治到今天习以为常的疆界，其主要原因就在于没有高度的机动性。

P119　从一个中心把权力行使到相隔一段距离的地方，现在比过去容易，结果是加剧了国家间的竞争，并使胜利更加绝对化，因为它所引起的疆土扩张不一定减低效率。现今就每一个文明国家而言，国家比以前任何时期都活跃得多。

P120　当组织达到一定强度的时候，公民对独立自主的喜爱和管理对权力的喜爱将达成至少是暂时的平衡。结果是，如果组织再加强，公民对于独立自主的喜爱就会成为较强的势力；反之，如果组织的强度减弱，则管理对权力的喜爱就会成为较强的势力。

P121　大多数教会都想成为世界性的，不管他们实现目的的希望如何渺茫。大多数教会也努力去管理成员的一些最切身的事情。

P122　在专制统治之下，有志于任何彻底变革的人被迫走上秘密的道路，当他们联合在一起的时候，由于担心背叛变节，就制定出非常严格的纪律。在一个秘密的革命团体内部，即使它的目的在于实现无政府主义，也很可能有非常严格的专制制度，对于成员的监督，也远远超过通常认为政治活动的范围。经济组织规模的扩大启发了马克思关于权力动力学的见解。

P123　当目的不同但不矛盾的两个组织合并在一起的时候，这个新组织的权力就比先前这两个组织中任何一个的权力更强些，甚至比先前这两个组织加在一起的权力还强。

P124　在任何特定时刻的人的情感都是他的本性、他的过去历史以及当时处境的复杂产物。每一种情感，就它是众人合作比单干更能得到满足的情感而言，当有机会的时候，就会产生一个或一个以上的组织，使它得到满足。

P125　管理机构比成员很可能有更强的征服一切的欲望。

第十二章　权力和政体 P127－143

P129　在民主国家中，最重要的私人组织是经济组织。它们跟秘密团体不同，能实行它们的恐怖主义而不违法，因为它们用来威胁敌人的手段不是死亡而是饥饿。

P131　核心集团忠诚的动机和一般人畏惧的动机非常简单容易，所以主权国家开疆拓土，差不多都是通过征服，而不是通过自愿联合。君主政体有一个更严重的缺点，那就是通常不关心臣民的利益，除非是和过往的利益一致。在某种限度内两者的利益是可能一致的。

P134　忠实的信徒将积极传播正规的信仰；其他人将满足于外表上的一致。受信条强烈影响的人们，对于一些相当抽象和离开日常生活稍远的事物，在感受能力上，和一般人是不同的。

P140　政治家们被认为是以谋求公共福利为目的，不但以尽量增加自己的薪给为目的；即使在专制政治之下，这种虚伪的门面也是保持着的。这就是政治上的虚伪性之所以多于商业上的虚伪性的原因。

第十三章　组织和个人 P144－150

P145　适合于全体人民的道德准则主要是（虽然不尽是）宗教传统的结果，是通过宗教组织的活动起作用的，但在宗教组织衰落后还能继续存在一个或长或短的时期。

第十四章　竞争 P151－160

P152　美国有最长久的自由主义传统，但它最先进入托拉斯阶段，即垄断阶段；不过这种垄断不像旧时代的垄断是由国家授予的，而是从竞争的自然运转中产生出来的。人们发现，除非加以人为的维护，竞争会使竞争者中某个人获得完全胜利，从而造成它自身的消灭。

P154　不过还有一种和以前一样残酷的经济竞争，那就是职业竞争。这种竞争，从在学校里的奖学金考试开始，一直贯穿在大多数人全部的工作岁月中。这种竞争能够缓和，但不能完全消灭。自由主义者在理论上认为应该放任的宣传方面的竞争已经和拥有武装的国家之间的竞争联系在一起了。

P157　宣传的自由，在它是普通公民发生兴趣的情况之下，不是关系着激烈的革命，就是关系着承认更进一步的自由，即选择政府的自由。

第十五章　权力和道德准则 P161－179

P167　在教会丧失了权力的地方，除少数特殊的人而外，道德并未真正成为个人的事情。

P169　被征服者既然无权力，就无权要求仁慈待遇。这一见解，即使在理论上直到基督教出现时为止，也从未有人反对过。

P171　我们必须承认人类需要革命和个人道德，问题在于为它们做出安排，不使世界陷入无政府状态。厌恶的起源有时是不知道的，有时可以追溯到历史上某个道德改革家。我们所熟知的道德形态看，道德不是人所固有的，而似乎有很多独立的渊源——中国的圣贤、印度的佛教徒、希伯来的先知以及希腊的哲学家。

P172　一个人提出自己的道德问题上的主张，即使违背自古以来全体人类所有的判断，他也不能总是错误的。

P173　对大多数人来说，有权威就足够了：凡圣经或教会认为对的或错的，就是对的或错的。

P175　过去伟大的伦理改革家们不是比别人知道得更多，而是比别人愿望得较多，说得更确切些，他们的愿望比寻常人的愿望更不是个人的，并且范围更广阔。同情心在某种程度上是本能的。

第十七章　关于权力的伦理学 P187－194

P191　没有什么像财富的增加那样能提高社会的道德水平，也没有什么像财富的减少那样能降低社会的道德水平。除某些现代形式的战争外，破坏并不需要什么技能，而建设则总是需要一些技能，最好形式的建设，还需要很多的技能。

P193　哲学是为当权者的特权辩护的一种欺骗，不管我们的政治是怎样的，不民主的伦理总是不可能有站得住的论点的。

第十八章　对权力的节制 P195－218

P199　在幅员广大的现代国家中，即使实行民主政治，普通公民的政治权力感仍然是很微弱的。

P200　如果不仅在于政治上，而且在心理上都有民主，那就需要有代表各种不同行业的组织，这种组织在政治事务上应该由什么样的人做代表，这由组织的构成单位的数目和心向来决定。

P204　经济权与政治权好歹要设法统一起来。这种倾向于统一的运动具有不可抵抗的不以个人意志为转移的性质，马克思把这一性质归属于他所预言的那种发展。但是它和阶级斗争或无产阶级所受的损害并没有关系。社会主义，作为一种政治运动，目的在于增进工业工资劳动者的利益；它在技术上的优点是相对不甚显著的。

P211 狂热倒能取得某些成就，可是几乎从未实现它所企求的东西。赞美集体狂热是轻率的和不负责任的表现，因为它的结果是残暴、战争、死亡和奴役。战争是专制政治的主要助长者，并且也是一个极大的障碍，阻止人们建立一种制度以尽量避免掌权而不负责任。

P213 对于大多数有关主义、自我牺牲以及英勇献身事业等言论，我们都应该多少以怀疑的态度来仔细想想。一个好战的爱国者愿意或甚至迫切希望为他的国家而战，但我们仍有理由怀疑他有一定程度的嗜杀性。

P216 个人仅是国家的不可缺少的成分，其福利应该服从一个神秘的整体，这个整体其实是统治者利益的一件外衣。

── 【参考文献】────────────────────

[1] 伯特兰·罗素. 权力论 [M]. 吴友三，译. 北京：商务印书馆. 1998.

[2] 罗伯特·格林，朱斯特·艾尔弗斯. 权力48法则 [M]. 金马，卢安安，张小玲，译. 北京：天天出版社，2013.

[3] 肯尼思·E. 博尔丁. 权力的三张面孔 [M]. 张岩，译. 北京：经济科学出版社，2012.

[4] 阿克塞尔·霍耐特. 权力的批判：批判社会理论反思的几个阶段 [M]. 童建挺，译. 上海：上海人民出版社，2012.

[5] 李景鹏. 权力政治学 [M]. 北京：北京大学出版社，2008.

[6] 阿克顿. 自由与权力 [M]. 侯建，范亚峰，译. 北京：商务印书馆. 2001.

三、《认真对待权利》

［美］罗纳德·德沃金　著

信春鹰，吴玉章　译

中国大百科全书出版社，1998 年

【作者简介】

罗纳德·德沃金（1931—2013），出生于美国马萨诸塞州，先后在哈佛学院、牛津大学和哈佛大学获得学士学位，在耶鲁大学获得硕士学位。他起初的兴趣是哲学，但在牛津时开始学习法学，从此发现了自己的真正兴趣所在。随后他进入哈佛大学法学院，1957 年毕业后进入美国最高法院，1957—1958 年任汉德法官的秘书，1959—1961 年从事律师业务，1962 年起担任耶鲁大学、牛津大学、纽约大学、哈佛大学等校的法理学教授。德沃金被认为是与美国著名法学家、哲学家富勒和罗尔斯齐名的法学家，他的新自然法学（也称"自由主义法学""权利沦法学"）是当代西方法理学界非常重要的学说之一，对西方法理学的发展产生了重大影响。

德沃金是一位认真、细心、谨慎而自信的法理学家，是一位在常规学术领域不断创造新意的既充满诗意又令人敬佩的学院教授。在当代美国法学家中，德沃金之所以显得如此与众不同，不仅与他讨论话题的严肃性直接相关，而且与他面对的众多论敌的强大性直接相关。德沃金是一个不苟言笑、缺少幽默感的人[1]。但是他很坦诚。当他使用粗话的时候，不会给对手任何回旋余

---

[1] 在《原则的问题》中提到唯一一个幽默是引自维特根斯坦的一则笑话。德沃金写道："一个人怀疑在报纸上读到的东西，于是买了另一份同样的报纸来对它进行核对。"

这种优先性呢？作者认为其依据只能是平等，也就是政府应该给予所有人以平等的关心和尊重。他把这一平等的关心和尊重的权利作为政治道德的基准和公理；这项平等权的价值并不在于是否能使社会整体从中获益，毋宁说其价值是独立的、先在的。这表明在决定某一可能有利于普遍利益的特定政策时，个人享有的某些基本权利是不可以被简单忽略掉的。这一点在现代社会无须再得到其他大多数人的支持或赞同，这一点是人类进入现代社会的前提。对于政治权利，本书确实提出了一种带有倾向的观点。这种政治权利是从被认为是基本的和不言而喻的获得平等关心与尊重的抽象权利中衍生出来的具体权利。

最后，作者从原则和规则的角度论证了法律理论和实践所应遵循的标准。这里的原则指的是在制定某些规则时所依据的一种抽象标准或理由：它说明一项政治决定之所以是合理的，并不是因为其促进了或保护了某些集体目标，而是因为其尊重了或维护了某些个人权利。在这种意义上，原则就蕴含在过去的一切成文法和先例中，存在于整个法制传统中。法律不止于规则，还包括原则，法官可以在其中找到足以解决一切案件的法律依据；法官不仅要遵循规则，还要遵循原则，遵循原则限制了法官运用个人主观意愿的范围，原则能够成为其他参与人、旁观者进行评判的依据。由此可见，确立"原则模式"的意义在于，它有助于克服将法律体系仅作为规则体系所导致的不完备性，有效地解释法官在疑难案件中的适法行为，从而确立权利相对于法官具体裁判行为的先在性以及法律实践保障个人权利的宗旨。

【分章导读】

第一章　法理学　对当时占据主导地位的法律理论进行批判，指出法律的一般理论必须既是规范性的又是概念性的。法律实证主义反对法律权利可以先于任何形式的立法而存在的思想；他也反对这样一种思想，即个人和团体在审判中享有由构成社会法律整体的明确规则所确定的法律权利之外的权利。经济功利主义反对政治权力可以先于法律权利而存在的思想；也就是说，公民可以依据任何理由反对一个立法决定，但事实上不服务于一般福利的决定则除外。

主导理论对自然权利的大部分反对意见都是边沁提出的一种观念的结果：在应受尊重的经验形而上学中没有自然权利的位置。自由主义者们对本体论的说法持怀疑态度。他们认为各种形式的集体主义有一个致命的弱点，即依赖于如集体意志，或民族精神这样虚无的存在，所以他们反对任何看起来依赖于这类可疑的存在的自然权利理论。主导的法律理论还因为它是理性主义的而受到批评，在它的概念部分倡导法律是男人们和女人们深思熟虑和有目的的决定。他们打算通过这样的决定，通过普遍遵守他们的决定所创造的规则来改变社会。在它的规范部分，它称赞基于这种计划的决定，并且由此假设在政治职位上的男女可能具有在一个高度复杂的社会中相对不确定的条件下，做出有效决定的技巧、知识和品德。

然而，对于主导理论的不同批评，都没有向作者提到的该理论的具体特征提出挑战。所有这些批评都没有提到主导法律理论是有缺陷的，因为它反对这样一种思想，即个人有权反对国家，这些权利先于由明确的立法所创设的权利。相反，对主导理论的来自"左"的和"右"的批评联合起来，指责主导理论像他们所认为的那样过分关心所谓个人命运。

第二章　第一种规则模式　列举了法律实证主义所导致的困境，指出这种理论只有明确的政治决定或明确的社会实践创造了权利时，个人才享有法律上的权利。他说："律师们极为倚重法律权利和法律义务这两个互相关联的概念。我们说某人有一项法律权利或义务，我们是在把这一声明作为提出权利或者要求的合理根据，也是在把它作为批评公务人员行为的合理根据。但是，我们对这些概念的理解是非常肤浅的，而且，当我们试图说明何为法律权利与义务的时候，我们常常陷入困境。"[①] 毫无疑问，个人权利是个人手中的政治护身符。当由于某种原因，一个集体目标不足以证明可以否认个人希望什么，享有什么和做什么时，不足以证明可以强加于个人某些损失或损害时，个人便享有权利。当然，从它不指明人们有什么权利或保障什么权利这一点来看，确实，如果说权利有什么特征，那么这些特征主要也就是形式上的。但它并不假设权利具有某些特别的形而上学的特征，因此，在这些论文中，为之辩护的理论与依赖于那些假设的旧的权利理论是相背离的。作者由此提出了尖锐的批判："大多数法学家们在谈到法和法律义务时，脑袋里并不具有唯名主义者所描述的那些东西。对我们的实践进行一次粗略的检查就足以证明这一点，因为我们谈论法律的变化与进展，谈论有时候法律上的义务

① 罗纳德·德沃金. 认真对待权利 [M]. 信春鹰，吴玉章，译. 北京：中国大百科全书出版社，1998：30.

是有问题的。我们以这样或那样的方式表明，我们并不醉心于机械法理学。"①

法律的一般理论各个部分之间互相依赖是很复杂的，它与哲学的其他部门之间同样也有诸多联系。规范理论将根植于更为一般的政治与道德哲学之中，这一政治与道德哲学反过来又有赖于关于人性与道德目标的理论。概念性的部分则运用语言哲学，并由此运用逻辑学和形而上学。例如，法律的命题意味着什么，它们是真实还是虚假的，与哲学逻辑中很难而且很有争议的问题又直接联系着。所以，法律的一般理论总是从哲学问题的这一个或那一个有争议的立场开始，而这些哲学问题并不具有明显的法律性质。作者从规则、原则和政策、原则和法律的概念、自由裁量权、承认规则等方面进行了较为细致的剖析。他指出："现在我要对法律实证主义进行总攻击，而且，当需要一个具体的靶子时，我将把哈特的观点作为一个靶子。我的战略将围绕下列事实进行组织：当法学家们理解或者争论关于法律上的权利和义务问题的时候，特别是在疑难案件中，当我们与这些概念有关的问题看起来极其尖锐时，他们使用的不是作为规则发挥作用的标准，而是作为原则、政策和其他各种准则而发挥作用的标准。"②

第三章　第二种规则模式　以社会规则作为切入点，概述了哈特的观点。作者批评了哈特所代表的法律实证主义理论，认为它是一种不充分的法律概念理论。作者认为，实证主义者有这样一个选择。他可能说，这些原则不是法律的一部分，因为法官在考虑它们的时候没有义务，只有自由裁量。或者，他可能把它们看作法律，并且证明，一个复杂的、囊括这些原则的承认社会规则是如何被构造的。当然，这个实证主义者还可以把这两种做法结合起来；他可能说，一个更复杂的承认规则将囊括法官所援引的某些原则，然后再说除了这些原则，法官没有义务去遵循任何其他的原则。以此阐释了"制度化的支持"与承认规则之间的关联。由于法律实证主义与经济功利主义都是复杂的理论，这一主导的法律理论有很多的对立面，而这些对立面中的某些理论彼此又互相矛盾。例如这一主导的理论遭到不同形式的集体主义的反对。法律实证主义认为：法律是由明确的社会实践或制度化的决定组成的；它反对这样一种更浪漫和含糊的观念，即立法可能是一种含蓄的一般或全体意志

---

① 罗纳德·德沃金. 认真对待权利 ［M］. 信春鹰，吴玉章，译. 北京：中国大百科全书出版社，1998：32.

② 罗纳德·德沃金. 认真对待权利 ［M］. 信春鹰，吴玉章，译. 北京：中国大百科全书出版社，1998：40.

的产物。经济功利主义（虽然是在一定程度上）也是个人主义的，它在立法中确定一个正义的标准，即根本或一般福利的目标，但它把根本福利定义为不同于个人福利的一个功能，并且一直反对作为特别实体的社会具有某些独立的利益或权利的思想。

在进行上述分析后，作者总结道："我的观点不是'法律'包括固定数量的准则，其中一些是规则，另外一些是原则。确实，我要反对这一观点，即'法律'是一套固定的任何种类的准则。我宁可认为，在决定法律权利和义务的具体问题时，对律师们必须考虑的内容的准确概括，应当包括具有原则的形式效力的命题，法官和律师本身，在论证他们的结论的合理性时，经常运用一些必须理解为是这类形式的准则的命题。"① 如果法律实证主义的狭义的形式是正确的，那么，一个人就不能够说一个社会根据自身的传统和制度承诺了任何道德义务，除非这一道德在该社会的统一的社会实践中得到了承认，而这一社会实践一般说来没有多大意义。这就是社会规则理论对于法理学的最重要的后果，也是证明这一理论不正确的一个最令人信服的原因。

第四章　疑难案件　作者所表述的观点在这一理论的概念与规范部分之间架设了一座桥梁。他提出了一个司法的规范理论，这一理论强调原则与政策观点的区别，并为基于原则观点的司法决定与民主原则一致的理论辩护。通过这一概念理论，说明个人如何享有明确的决定或时间所创造的权利之外的法律权利；也就是说，甚至在疑难案件中，没有明确的决定或时间可以遵循时，个人对于具体的审判决定仍可能享有权利。

原则的论据意在确立个人权利，政策的论据意在确立集体目标；原则是描述权利的陈述，政策是描述目标的陈述。但是，什么是权利和目标？它们之间的区别又是什么？实际上，很难提出一种定义而又不涉及这个问题。本章将通过以下方式来区分权利与目标，即集中讨论权利主张的分配性特点，集中讨论在政治论战中，这些主张抵抗具有一种不同的分配性特点的对立主张的力量。权利命题包括两个方面，它的描述性方面解释了目前审判制度的结构，而它的规范性方面则为这种结构提供了一种政治上的证明②。"权利命题认为，法官通过证实或否认具体权利来判决疑难案件，但是，法官可依据

① 罗纳德·德沃金. 认真对待权利［M］. 信春鹰，吴玉章，译. 北京：中国大百科全书出版社，1998：108.
② 罗纳德·德沃金. 认真对待权利［M］. 信春鹰，吴玉章，译. 北京：中国大百科全书出版社，1998：163.

的具体的权利一定具有另外两个特点。它们必须是制度化的而不是根本的权利，它们一定是法律权利而不是别的什么形式的制度化的权利。因此，若不进一步说明这些区别，我们就不能评价或检验权利命题的合理性。"① 作者在这一章中，最重要的区分是两种形式的政治权利的区分：背景权利，即以抽象的形式掌握在个人手中以反对作为整体的社区或社会的决定；具体的、制度上的权利用以反对一个具体机构所做的一项决定。这样，法律权利可以被看作是一种特别的政治权利，即对于法院在执行其审判职能时所做出的判决来说，是一项制度化的权利。

第五章　宪法性案件　论证了在个人反对国家的道德权利理论的发展中，法律家们没有必要扮演一个比他们在法律社会学和法律经济学的发展中更为被动的角色。作者指出，同那些其他的原则相比，法律与哲学的关系并不是更为独立的。作者提出将司法的规范理论适用于最核心、最重要的宪法判决。

作者运用这一理论批评了所谓司法主动主义和宪法限制之间的争论，认为仅限于原则争论的司法审查是正当的，即使是在政治上有争议的案件中也是如此。"这一严格解释宪法条文的理论产生出宪法权利的一个狭义的观点，因为它把这些权利仅仅限于在历史上的一个特定时期，有一个很有限的人群所承认的权利。它迫使赞成更为自由的权利观念的人们去认为，他们背离了严格的法律权威，对于这一背离，他们必须通过求助于他们所得到的结果的合意性来证明其理由。"②

第六章　正义与权利　讨论了立法上的权利理论的基础，论证了社会中处于最不利地位人群的经济权利将如何追溯到那一抽象的权利，这里的观点与上述关于政治权利的观点相类似。作者对罗尔斯的正义思想进行了分析。毫无疑问，在当代西方学界，至今堪称能够执伦理学和政治哲学之牛耳的学术著作，莫过于美国著名哲学家约翰·罗尔斯于 1971 年问世的扛鼎之作《正义论》，该书被认为是 20 世纪新自由主义理论和实践的总结性巨作，成为政治哲学复兴的标志。它提出了包括正义的基本原则和程序正义原则在内的正义原则体系，强调社会的基本制度有责任改善"最不利者"的地位。就制度的德性而言，就在于看该种制度是否体现了公民的平等自由权利，或以公民

① 罗纳德·德沃金. 认真对待权利 [M]. 信春鹰，吴玉章，译. 北京：中国大百科全书出版社，1998：138.
② 罗纳德·德沃金. 认真对待权利 [M]. 信春鹰，吴玉章，译. 北京：中国大百科全书出版社，1998：181.

的自由平等权利为核心来构建和运作。"一种制度符合正义的德性，不是别的，恰就在于它体现了公民的自由平等的权利。"① 罗尔斯在《正义论》一书中开宗明义指出："正义是社会制度的首要德性，正像真理是思想体系的首要价值一样。一种理论，无论它多么优雅和简洁，只要它不正确，就必须加以拒绝或修正；同样，某些法律和制度，不管它们如何有效率和有条理，只要它们不正义，就必须加以改造或废除。每个人都拥有一种基于正义的不可侵犯性，这种不可侵犯性即使以社会整体利益之名也不能逾越。因此，正义否认了一些人分享更大利益而剥夺另一些人的自由是正当的，不承认许多人享受的较大利益能绰绰有余地补偿强加于少数人的牺牲。所以，在一个正义的社会里，平等的公民自由是确定不移的，由正义所保障的权利绝不受制于政治的交易或社会利益的权衡。"② 这一段文字为他所进行的探索定了调，这种正义观就建立在个人的权利之上，即个人的平等自由的权利。通过对约翰·罗尔斯的有说服力的、有影响的正义理论的分析，凭我们对正义的直觉可以推测，人民不仅具有权利，而且这些权利中还有一个基本的甚至是不言自明的权利。这一最基本的权利便是对于平等权的独特观念，作者将其称为受到平等关心与尊重的权利。

第七章　认真对待权利　以美国的现实为切入点，指出在美国当前的政治论战中，权利之声占据了主导地位。通过研究一些案件，作者提出了个人由立法而享有的权利（虽然并不必然是他的法律权利）引起争议，他对某些违法行为表示了更多的同情。作者并没有讨论任何特定的个人权利，而只是讨论了承认个人享有与他们的法律权利不同。所以，这一守法的理论并不基于对一般权利的特征与人们实际上享有的立法权利的任何预设；它甚至并不预设第六章的抽象结论。因此，它符合任何政治理论的一个重要要求，即将权利置于首要位置：它提供了在不能肯定人们实际上享有什么权利和对该权利有争议的条件下的守法理论。

第八章　善良违法　将分析扩展到法律权利不确定和有争议的案件。由于政府相信一个人犯了罪就必须被起诉的观点，实际上比其表面要软弱得多。希望检察官们在行使自由裁量权时要有充分的理由——但是，至少在事实上存在着不起诉那些处于良知而违法的人们的某些正当理由。

---

① 龚群. 罗尔斯政治哲学 [M]. 北京：商务印书馆. 2006：2.
② 罗尔斯. 正义论 [M]. 何怀宏，何包钢，廖申白，译. 北京：中国社会科学出版社，1988：3-4.

作者分析了守法理论的两个重要的但经常遭到忽视的问题：当一个公民的宪法权利是不确定的，但他真诚地相信政府不具有强迫他做他认为是错误的事情的法律权利时，他的背景权利与责任是什么？那些知道自己是错的，但在观念如何支持所谓的反歧视的具有政治争议的责任呢？"一个法律是否基于一个道德权利的假设，很可能是有争议的。问题在于，从该法律的背景和法律的实施来看，假设法律的制订者承认这样一个道德权利是否有道理。"①在这一主导思想下，作者做了如下的总结："当法律的含义不清时，公民有权利遵守他们自己对法律含义的判断，所依据的部分理由是，这一实践有助于矫正司法问题；现在我又提出了一个消除或推迟司法管辖的道路。但是，这一矛盾只是表面上的。它并不是来自于这一事实，即，我们的实践推动司法，并且使得司法实践有助于法律的发展，也不是来自于这样的事实，即，任何时候，当公民根据自己的理由行为时，都必将导致一场审判。在每一种情况下所产生的问题是：这些问题是否已成熟可以提交司法管辖，或者，通过司法是否可以将会减少进一步的不同政见，或消除更深的不同政见的基础的方式来解决这些问题。"②

第九章　反向歧视　又回到了第六章所阐述的人们受到平等关心与尊重的权利，阐明一种功利主义论点的平均主义特点通常就只是一种幻想。作者指出："在个人对法律的平等保护的权利有时可能与一个理想的社会政策相冲突，包括与一个会使该社会整体更加平等的政策相冲突的观念中没有什么自相矛盾之处。"③ 所以，人们必须集中注意力于那样的要求，必须试图去解释这一诉求所揭示的核心观念，这就是由平等保护条款所规定的个人的平等权利作为一项宪法权利的观念。公民作为个人具有什么样的平等权利？这种权利可能优胜于那些目的在于重要的经济和社会政策的项目，包括改善社会整体平等的社会政策？作者对功利主义的观点进行了分析，并阐明了如何用平等的观念解释《美利坚合众国宪法第十四条修正案》中的平等保护条款，以及对平等的观念的这种运用如何同我们对于种族歧视的直觉相吻合，这一观念如何支持所谓的反歧视的具有政治争议的实践。

---

① 罗纳德·德沃金. 认真对待权利 [M]. 信春鹰，吴玉章，译. 北京：中国大百科全书出版社，1998：287.

② 罗纳德·德沃金. 认真对待权利 [M]. 信春鹰，吴玉章，译. 北京：中国大百科全书出版社，1998：290.

③ 罗纳德·德沃金. 认真对待权利 [M]. 信春鹰，吴玉章，译. 北京：中国大百科全书出版社，1998：299.

第十章 自由和道德 阐述的是做出个人道德决定的权利，或者是宪法性的权利法案中所规定的自由权。作者从"道德立场"和"道德观念"这类术语展开讨论，强调无论它们之间细节上的区别是什么，它们毕竟是些不同的概念，而且它们在决定是否把别人的立场看作道德立场的推论中具有一定的作用。"当然我的一般道德立场也会有一些限制条件和例外。例外与前后矛盾的区别在于，支持这种例外的理由预先假定了我可以适当地主张那些道德立场。"① 存在一种道德共识的主张本身并不是建立在民意测验基础之上的。它建立在立法者呼吁的基础上，吁请立法者注意他的社会应该对某种遭人诟病的实践做出什么反应。这其中的道德观点包括了一种基本假定，即不仅预先假定了道德原则，而且预先假定了关于道德推理的更加抽象的观点。具体地说，它们预先假定了什么样的行为可以列入不道德行为的范畴。

第十一章 自由和自由主义 研究对一种独特的权利的相互对立的要求，这一权利曾被许多政治家认为是政治权利中最基本的权利，这就是所谓的自由权。作者认为，约翰·斯图亚特·密尔的著名论文《论自由》更有利于保守派而不是自由派。而且密尔原则的范围具有一定的限制性，其只能构成负责任政府的一部分活动，并不具有普及性。人们常常认为自由权不仅是平等权的天敌，而且，至少在某些情况下与平等权相矛盾。作者指出，并不存在与平等权相矛盾的自由权，而具有这样一种权利的思想本身就是一种混乱，同时也并不反对个人享有某些特别的自由权的思想。

第十二章 我们享有什么权利？ 讨论了这些传统权利的派生性，它们不是从一个更为抽象的、一般的自由权中派生出来的，而是从平等权自身派生出来的。所以，该文与那种很普遍但又很危险的观点相反，那种观点认为个人主义是平等的敌人。在很平等的自由主义者和自由的平等主义者当中，这一观点是他们共同的错误：他们用自己的别名攻击自己的理想。

作者赞成承认某些具体的背景权利和制度化的权利，他所论述的权利和为论证这些权利而使用的方法，都不意味着排除其他的权利或论证的其他方法。在第七章中，作者曾经界定了强硬意义的权利，在他看来，它把握了当人们呼吁政治和道德权利时其主张的真意。权利的一般理论允许不同观点的存在，每个不同观点都足以形成某种理由，以证明为什么一般为

---

① 罗纳德·德沃金. 认真对待权利［M］. 信春鹰，吴玉章，译. 北京：中国大百科全书出版社，1998：330.

一项政治决策提供理由的集体目标不能证明该目标给某些个人造成的损害
是正当的。在权利当中，获得关心与尊重的权利以一种不同的方式表现自
己是基本的权利，因为它表明，集体目标获得关心与尊重的权利就是一种
非常基本的权利，除了在一种局限的情况下，它不是表现在权利作为优胜
于集体目标的一般特征上，因为它既是集体目标的一般权威的渊源，也是
证明更为具体的权利对这一权威进行特别限制的渊源。作者指出其论点中
的核心概念不是自由而是平等。"作为平等的人受到对待的权利必须被当作
是自由主义平等概念的根本要素，而且，在这些特殊环境中坚持的平等对
待的权利越有限，由于某些原因，它越是来自于更根本的权利，也许就像
是在重新划分选区案那种特殊环境中所做的那样。我也建议，只有当作为
一个平等的人对待的根本权利被解释为要求这些特定的权利时，个人对特
定的权利才必须得到承认。如果这是正确的，那么，对特定自由的权利就
不会与任何假定的与之抗争的平等权相互冲突了，相反，它来自于被认为
更根本的平等概念。自由主义的平等概念极大地限制了用理想主义的政策
论点来论证对自由的任何限制的范围。"①

第十三章　权利可以是有争议的吗?　进一步强调了权利的重要性，捍
卫本书的观点以反击一种普遍性的（如果成功则是破坏性的）敌对观点。作
者的理论假定，对于复杂的法律和政治道德问题通常只有一种正确的回答，
而这种反对意见回答说，有时并没有唯一正确的回答，而只是若干回答而已。
这样一来，对一直是本章主题的那种普遍的反对意见，常识或现实主义对这
种反对意见的支持已经不再十分明确了，这种意见认为，在疑难案件中，不
可能有正确的回答，只有一个可接受的回答的范围。理论上的论点甚至不能
以一种把它的主张溶解在它试图对之挑战的根本背景中的方式加以表述。以
至于我们不能够始终如一地否认这一假设，无论我们如何希望自己在这一问
题上保持怀疑或冷静。这大概会说明以一种前后一致的方式称述这一理论观
点的困难所在。在疑难案例中有正确回答的"神话"，既是一个难对付的问
题，又是一个有良好结果的问题。它的难以对付和良好结果可以用来证明神
话并不存在。

---

① 罗纳德·德沃金. 认真对待权利 [M]. 信春鹰，吴玉章，译. 北京：中国大百科全书出版社，
1998：358-359.

——【意义与影响】——

《认真对待权利》一书共计 28 万字左右，中译本由中国大百科全书出版社于 1998 年、上海三联书店于 2008 年印刷出版。该书由德沃金早年的一系列论文组成，这些论文为一个独特的法律理论提供了主要框架。虽然这些论文的目的是论证这一理论，可由于它们是分别写成的，作为一本论文集，必然会有一些重叠，侧重点和详尽程度也有不同。这些论文并未预见到由它们自身所招致的反对意见，也未完全表达作者对论文所探讨的主题的许多观点。该书从出版以来就深受哲学界、法学界的高度关注，被译为多国语言，在东西方知识分子中得到了广泛的流传，其意义和影响主要表现在以下几个方面：

第一，该书提出了一个崭新的权利命题，试图在理论上阐述一种能够保护个人权利的政治制度安排。德沃金的实质性观点与罗尔斯的结论实际上相去不远，同样认为政府把所有公民都视作平等者那样对待，意味着把他们作为自由、独立、拥有同等尊严的个人，同样认为正义是独立于"善"，独立于德性和价值的，只是德沃金否定一种抽象的自由权，而以平等作为各种权利的基础。他主张，正义要求确定两种主要的制度：一是市场经济，一是代议民主制。然而，在此选择市场经济不仅是为了效率，更是为了平等。由于人的天赋差别很大，就需要通过某种再分配体系来修正和改造市场经济。另外，代议民主制的多数裁决规则也仍然可能侵犯到权利，这就需要在上述两种主要制度之上再加上各种个人权利的限制，使个人把这些权利作为抵抗来自政府、制度的侵犯的有力武器。政府必须平等地关心和尊重它的人民，这是文明社会的前提，为评判现有政治法律制度提供了标准，即保障权利原则，使人们得以抵御政府权力、批评现存政治制度和法律实践，并为其发展、更替提供建设性意见。

第二，在对法律实践提供合理性证明时，该书认为必须在政治道德的视野中指明拥有权利意味着什么，特别是对与个人相对的政府而言。对于政府究竟应该如何行为才是正当的这一问题，作为主流理论的功利主义主张政府的各种方针政策可以从促进最大多数人的最大幸福处获得合理证明。如果把这种主张绝对化，那么在社会福祉与个人福祉发生冲突时，政府就必然会选择以牺牲个人利益的方式去实现总量意义上的集体的最大幸福。然而，在作者看来，绝对地追求集体福祉最终实现的将是一个不正义的社会。权利不是用以追求其他目的的手段，它的存在并不依赖于它能否增进集体福祉，相反，权利以其优先性、独立性制约着政府对于善的追求，限定政府可以获得的善的界限。正是在这种意义上，权利是个人手中的政治护身符，它具有抵御因任何集体目标而随意剥夺权利的能力。所以该书的权利概念是反功利主义式的。

第三，该书的权利理论融合了人们对于秩序的追求和对于正义的向往，颇为有效地解释和指导了当代美国法律的权威问题和发展问题。原则要素的存在为个人主张权利提供了法律上的依据，通过由原则构成的严密之网，即使在疑难案件中法官也可以发现先在的权利，这是法律的宗旨，也是法律能够获得权威和尊崇的原因。在作者看来，现代法治的理想就在于保障个人权利，而法官适用法律的目的就在于发现、澄清既有成文法和先例中所包含着的各种权利。流行的法律实证主义并不能很好地解释这一实践，其把规则作为构成法律制度的唯一要素，认为法律上的权利和义务只能来自于规则。但是，对人们的行为做出明确指引的法律规则却无法适用到人们可能遇到的每一种情况中，规则的制定者无法预先明确规定人们未来的所有行为。因此，在主张规则作为法律唯一要素的同时就得承认法律领域存在着空白地带以及法官在规则穷尽处享有自由裁量权。但是，被这种理论所允诺的自由裁量权由于具有不可预见、随意无序和溯及既往的特点，因而很容易使个人权利遭到侵害，尤其是来自公共权力的侵害。于是，作者引入原则这种新的法律要素，在法律制度内部为权利的先在性进行辩护，为法官在疑难案件中的适用法律行为做出合理的解释。

总之，该书所主张的权利命题要求每一个人必须给予其足够的重视。它迫使我们进一步追问：在法治呼声高涨、权利话语盛行的今天，声称个人拥有权利究竟意味着什么？能够对个人实施干预的政府必须为此而事先承诺什么？如果权利真的具有抵御外力的力量，真的能够成为个人手中的王牌，那么在法治实践中，政府的某些承诺就不能出自一时兴起或者依附于某些暂时性目标，它必须被政府真诚而一贯地加以遵守。

──【原著摘录】────────────────────────────

第三章 第二种规则模式 P71－114

（三）"制度化的支持"构成承认规则吗？P94－99

P99 实证主义的两种做法中的第二种。这一观点就是……也就是说他们那的不同意见不在于他们做判决时有什么义务，而在于，在没有任何方式作出判决的前提之下，考虑了所有的因素之后，他们应当如何判决。

P103　我通过讨论两类准则不同效力将规则和原则作了区分。我的目的是双重的：首先，唤起人们注意一个区别，我认为这一区别对理解法官如何推理是至关重要的。第二，唤起人们注意这一事实，即法官们和律师们诉诸的某些准则向实证主义提出了特别的问题，因为这些准则不可以囊括在类似于哈特的承认规则那样的对法律的基本检验准则之中。

P104　我所提到的那些原则互相冲突又互相影响，所以，与一个特定的法律问题相关的每一个原则都提供赞成一个特定决定的理由，但并不保证一个特定的决定。

第四章　疑难案件 P115－173

2. 权利命题 P116－126

P117　任何一项复杂的立法纲领的证明通常既要求原则的论点也要求政策的论点。即使一个主要是政策问题的纲领，类似于一项资助重要工业部门的纲领，也需要若干原则以证明特定考虑的合理性。

P138　刑事起诉的几何学，它并不在案件中确定当事人彼此冲突的权利，这种做法是不同于标准的，权利命题在其中颇为对称的民事案件的。

4. 制度化的权利 P138－143

P142　实际上，我们可以说，疑难案件提出了一个政治理论的问题，它询问，假定参赛选手全都同意有关剥夺比赛资格的条款，那么是公平。游戏的特点的概念是构造这一问题的概念上的工具。正是这个有争议的概念，它内在化了对这种制度的普遍论证，从而使其适合于在该制度自身内部进行区别。它假定，参赛选手不仅同意一套规则，而且同意具有自身特点的某一事业本身；所以，提出这个问题——即他到底同意了什么的时候，必须要研究作为整体的事业本身而不仅仅是规则来回答这个问题。

5. 法律权利 P143－63

P143　在疑难案件中，法律论据依赖于颇有争议的概念，这些概念的本质和职能非常类似于游戏特点的概念。它们当中包括了几种实质性的、借以表达法律的概念，如合同概念和财产概念。但是，它们也包括了两个与当前问题紧密相关的概念。第一就是某一特定法规或法规条款的动机或目的概念。这一概念在法规创造权利这一普遍观念的政治论证与那些询问特定法令到底创造了什么权利的疑难案件之间假设了桥梁。

6. 政治上的反对意见 P163－173

P169　把这个过程视为一个包括两个阶段的过程是有用的。仅仅作为理解他的语言的问题，赫尔克勒斯将会发现哪一个才是概念所适用的明确的、确定的判例。

P172－173　赫尔克勒斯的技术鼓励一个法官对制度化的权利做出自己的判断。司法易犯错误的观点可以看作是提出了两个选择。……所以，这种形式的怀疑主义本身并不能有力地反对赫尔克勒斯的审判技术，当然，它可以作为对任何可能在政治判断中犯错误的法官的一个有用的提示，以使他以谦卑的态度处理疑难案件。

第六章　正义与权利 P202－242

P236　罗尔斯的深层理论中的基本权利必然是一个抽象的权利，也就是说，它不是为了具体的个人目标的权利。在类似的政治理论观念中，这一角色有两个候选人。第一个是自由权……这可能有道理，因为构成它的正义理论的两个原则给予自由重要的和支配的地位，这也可能令人信服，因为试图证明这种地位的观点似乎是不完整的①。因此，如果做这样的假设，可能会使很多读者吃惊。

第七章　认真对待权利 P243－270

（三）有争议的权利 P259－268

P259－260　到目前为止，这个观点是假设的：如果一个人享有反对政府的特定的道德权利，那个权利就应当不受相反的立法和司法的影响而保存下来。但是，这并没有告诉我们他享有什么权利，而且很明显，理性的人们在这个问题上有不同的意见。

P260－261　为了这个目的，他们可以在两个大不相同的模式中选择一个。第一模式建议从整体上在个人权利和社会需要之间达到一种平衡。如果政府侵犯了一项道德权利（例如，把言论自由的权利限定得比正义所要求的言论自由的范围要窄）那么它就对个人犯了错误，另一方面，如果政府扩大了一项权利（比正义所要求的更宽泛），那么它就会使社会失去某些一般利益……政府的使命是采取中间路线，在社会的一般利益和个人权利之间实现平衡，使二者各得其所。

P268　当然，政府可以区别对待，而且在一个人的言论是清楚地和实质性地侵犯他人和他人的财产，而当时又没有其他更好的办法阻止他时，政府可以阻止他的言论……即在涉及生命和财产的问题时，政府就有权利忽略言

---

① 哈特. 罗尔斯论自由和自由的优先权 [J]. 芝加哥大学法学评论，1973（40）：534.

论自由的权利。只要言论自由对其他权利的影响是预测性质的和边缘的，就不能以此为借口来剥夺它。

P269-270　美国将继续由于它的社会和外交政策而分裂，而且，如果经济变得更脆弱的话，这种分裂将会更为严重。……因为在权利变得重要时，他们的权利的范围就会产生争议，还因为大多数官员就根据他们自己的权利实际上是什么的定义来行动。当然，这些官员不会赞成少数人提出的诸多权利要求。他们将严厉地做出决定，这就使得问题更加重大。他们必须表明，他们理解的权利是什么，而且他们决不可以对这个原则的全部实施做手脚。如果政府不给予法律获得尊重的权利，它就不能够重建人们对于法律的尊重。如果政府忽视法律同野蛮的命令的区别，它也不能够重建人们对于法律的尊重。如果政府不认真地对待权利，那么它也不能够认真地对待法律。

第八章　善良违法 P271-294

P284　到目前为止，我们可以从这一观点中得出几个暂时的结论：当法律不确定时，也就是说双方都可以提出似乎有理的论辩时，则一个遵循自己的判断的公民并不是在从事不正当的行为。……对于这些结论，我已预见到了一个哲学上的反对意见：我把法律当作了"一群在天空中无所不在的东西"。我曾经谈到那些对某个法的要求是什么做出自己判断的人们，甚至在该法不清楚也无法论证的情况之下。

P285　在对法律的含义有疑问的情况下所做的判断是胡说，或者这种判断只能是对法院将要做什么的预测，这一理论对上述实践的描述是极不充分的。

第九章　反向歧视 P295-317

P307　功利主义的观点遇到了理想主义观点没有遇到的一个特殊困难。社会平均福利或集体福利的含义的是什么？即使在原则上，个人的福利是如何衡量的？不同的个人的福利的增加是如何计算的……相信只有功利主义的观点能够证明政治决策的杰罗姆·边沁给了下述回答。他说，一个政策对个人福利的影响可以通过发现这一政策为个人带来的快乐和痛苦的总量来确定。……发现功利主义观点具有说服力，但是却拒绝边沁的心理功利主义的哲学家们和经济学家们，提出了一个关于个人和社会福利的不同的概念。

P311-312　重新架构一个功利主义的观点，以便只计算为了个人的那些选择，并不是经常可能的。有些时候，为了个人的和为了他人的选择不可分割地联系在一起，相互间的依赖极为紧密，以至于衡量这些选择的任何实际的检验标准都不能够在任何个人的整个选择中，区分开哪些是为了个人的选择，哪些是为了他人的选择。

第十二章　我们享有什么权利？P349－364

（一）没有自由权 P349－357

P349　我们享有自由权吗？托马斯·杰弗逊认为有，而且，从他那个时代以来，与他所提到的，与自由权并列的生命权和追求幸福的权利相比，自由权得到了更多地运用。上个世纪最有影响的政治运动都以自由为名，而且，现在许多藐视自由主义者的人之所以藐视的理由就是，他们并不是货真价实的自由思想和行动自由的人。当然，几乎每个人都会承认，自由权并不是唯一的政治权利，而且，因此，自由的主张必须受到，例如，保护其他人财产和安全的措施的限制。

P350　我记得有关自由的传统定义是，如果一个人想做某事，那么，一个政府不应对该人可以做的事情施加限制。

P351　边沁曾说，无论什么法律都是对自由的"违背"，而且，虽然某些类似的违背是必要的，但是，若要假装说它们根本就不是违背，那就是蒙昧主义者的论调了。

P353　我并不认为，如果自由权依赖于任何较上述意义的权利更弱的权利，它还会在政治论战中具有很大的影响力。可是，如果我们停留在这种概念上，那么，很明显，不存在什么一般的自由权。……所以我能够享有一项政治自由权利，而每一项限制的法规都可以削减或侵害这种权利，只是在这种弱意上，所谓的自由权根本不能与强意的权利，如平等权相抗争。就任何强意的权利而言，这种意义的权利可与平等权相抗争，根本就不存在普遍的自由权。

P355　如果没有普遍的自由权，那么，为什么民主政治下的公民对任何特殊种类的自由，如言论自由、宗教和政治活动自由，都享有权利呢？说什么如果个人享有这些权利，那么，作为整体的社会从长远看将会受益等说法并不是回答。

（二）自由权 P357－364

P357　我的论点中的核心概念不是自由而是平等。

P360　这种平均主义的外表一直就是作为一般政治哲学的功利主义在上个世纪具有极大感召力的主要渊源。

——【参考文献】————————————————————

[1] 罗纳德·德沃金. 认真对待权利 [M]. 信春鹰，吴玉章，译. 北京：中国大百科全书出版社，1998.

[2] L. W. 萨姆纳. 权利的道德基础 [M]. 李茂森，译. 北京：中国人民大学出版社，2011.

[3] 阿克塞尔·霍耐特. 自由的权利 [M]. 王旭，译. 北京：社会科学文献出版社，2013.

[4] 史蒂芬·霍尔姆斯，凯斯·R. 桑斯坦. 权利的成本：为什么自由依赖于税 [M]. 毕竞悦，译. 北京：北京大学出版社，2011.

[5] 康德. 法的形而上学原理：权利的科学 [M]. 沈叔平，译. 北京：商务印书馆. 1991.

[6] 约翰·罗尔斯. 正义论 [M]. 何怀宏，何包钢，廖申白，译. 北京：中国社会科学出版社，1988.

[7] 阿图尔·考夫曼，温弗里德·哈斯默尔. 当代法哲学和法律理论导论 [M]. 郑永流，译. 北京：法律出版社，2013.

[8] 王培通，杨晓东. 刍议罗尔斯契约论方法的抽象性 [J]. 社会科学研究，2006 (4).

[9] 龚群. 罗尔斯政治哲学 [M]. 北京：商务印书馆. 2006.

四、《财产、权力和公共选择——对法和经济学的进一步思考》

[美] A. 爱伦·斯密德　著

黄祖辉，蒋文华，郭红东　等译

上海人民出版社，1999 年

──【作者简介】────────

　　A. 爱伦·斯密德，1935 年 3 月 12 日出生在美国内布拉斯加州的道森市，其先祖是苏格兰移民。斯密德在内布拉斯加州大学主修的是农业经济学，1956 年毕业后又在威斯康星大学攻读硕士、博士，主修能源经济学、农业经济学等，并担任研究助理。1959 年获博士学位后，斯密德开始在密歇根州立大学任教，从事制度和行为经济学、能源经济学、农业发展、公共财政和公共选择等学科的教学，并在密歇根州立大学的农业经济学等研究机构兼职[①]。

　　作为国际知名的经济学家，斯密德主要的研究领域是制度经济学和公共选择，还包括环境政策和土地利用，法律和经济学，利益—成本分析、知识产权、东欧和发展中国家的制度演变等。作为旧制度经济学在当代的代表，斯密德在制度经济学领域中最突出的贡献是提出了"状态（Situation）—结构（Structure）—绩效（Performance）"的 SSP 范式，形成一个用于考察制度结构与经济绩效之间关系的较为系统和完整的理论范式，该分析范式被广泛应用于经济学分析以及其他各种应用性分析如环境保护成本的分析上。斯

────────────────

　　① 上述资料引自 A. 爱伦·斯密德的个人主页（http://www.msu.edu/user/schmid/vitA.htm），由作者摘录并翻译。

密德曾担任世界银行、联合国粮食及农业组织等国际组织，美国国会和农业部等的顾问或者咨询专家，同时还是美国农业经济学、国际农业经济学、演变经济学、美国经济学和社会经济学等协会的会员。斯密德的很多著述还没有翻译成中文，其中有代表性的包括《法律和经济学：一种制度主义的视角》（1980 年）、《爱尔兰的土地使用规划政策》（1983 年）、《茶荣省经济和事例》（1988 年）、《收益成本分析：政治经济的方法》（1989 年）、《经济评价的过程》（1997 年）、《除了农业与经济》（1997 年）、《冲突与合作：制度和行为经济学》（2004 年）等。

【写作背景】

把制度因素纳入经济学分析框架内使之内生化是当今经济学的一个新兴领域，从某种意义上讲，这种努力是带有经济学里程碑意义的。制度经济学，无论是以约翰·康芒斯为代表并延续至今的旧制度经济学，还是现今以罗纳德·科斯、阿门·阿尔钦、哈罗德·德姆塞茨、道格拉斯·诺斯、奥立弗·威廉姆森和哈耶克为代表，力图将新古典理论一般化的新制度经济学，他们都共同致力于研究并揭示制度在人类经济和社会生活中的作用以及它本身产生和演进的原因。因此，根据制度经济学研究领域和研究目的的不同，可以不太严格地将制度经济理论区分为制度变迁理论和制度影响理论。制度变迁理论，因其一直被视为新制度经济学中重要而又相对薄弱的部分，并因其较强的实际意义（尤其是对处于改革进程中的发展中国家来说更是如此）而受到学者们的极大重视，并提出了数种变迁理论模式。当然，制度变迁理论本身也可能存在着极大的缺陷。正如布罗姆利指出的，这些变迁理论没有认识到不管怎样定义，效率总是依赖于制度结构的，是制度结构的状况赋予成本和收益以实际上的意义并决定这些成本和收益由谁来承担。这个问题的存在实际上意味着建立完善的制度变迁模型是困难的。众多学者认为，制度影响理论应被视为制度变迁理论研究的一个基础和出发点，但现实的情况是制度影响理论在制度经济学中缺乏足够的重视且处于一种较为零散或者说缺乏系统整合的滞后状态。

前面所指的旧制度经济学是指以康芒斯为代表的一派，区别于以托斯坦·凡勃伦为代表的旧制度经济学分支。康芒斯这一派的旧制度经济学关注的制度研究领域中有许多与新制度经济学相同，并对后者产生了重大的影响，但却被后者认为是缺乏理论的。在这种情形下，A. 爱伦·斯密德提出的 SSP

范式，形成一个用于考察制度结构与经济绩效之间关系的较为系统和完整的理论范式①。斯密德本人习惯上被认为是以康芒斯为代表的旧制度经济学在现在的代表人物，这个流派关注法律、产权和组织，以及它们的演变及其对法律、经济权力、经济交易和收入分配的影响。但斯密德在构建 SSP 范式时是建立在个人选择的方法论基础上，并且运用了产权和交易成本等新制度经济学派的分析方法，同时仍保留了注重整体分析的旧制度主义方法，使 SSP 范式兼具两家之长，在制度影响理论中独树一帜②。

就变迁理论而言，技术和偏好状态的演变能改变冲突和相互依赖的特性，从长期看，机会的把握能改变绩效，而影响理论主要着眼于机会结构中既定法律的变迁。制度影响理论对于研究公共政策、国家作用、个人和集体行为、制度选择及其后果，以及对制度变迁理论完善都有十分重要的理论价值。新制度经济学和以康芒斯为代表的旧制度经济学分支在制度影响理论方面的研究都做出了开创性的积极努力。由于这两个学派有着密切的相互影响，交易、产权和政治法律规则都构成了它们影响理论研究的共同基础。正如卢瑟福所指出的，新旧制度经济学的差异并非总是本质上的二元对立，而只是它们各自的研究或关心的侧重点不同而已。就导致这两派理论差异的一个主要方面即方法论而言，新旧制度经济学者也不是绝对地划清界限，康芒斯、斯密德和诺斯都是方法论中间道路的代表者。因而在制度影响理论研究中，双方的理论贡献有些在本质上是可以相互补充的，并且有助于构建一个较为完整的、涉及影响问题不同侧面的理论分析体系。

作为旧制度经济学派的现存主要代表，斯密德所著的《财产、权力和公共选择》一书中所建立的范式在不少方面综合了经济学近几十年的最新发展，并对许多问题做了更为细致的分析和阐述，从而拓展了经济分析的视野，为制度影响理论乃至经济学领域做出重要的贡献。

——【中心思想】————

《财产、权力和公共选择——对法和经济学的进一步思考》一书由 5 篇 12 章组成，分别阐述了物品的某种特征，这种特征与影响他人福利的个人选择有关（人类的相互依赖性）。如果要预测权利（制度）的后果，你就必须理解相互

① 王冰，李文震. 制度经济学中的制度影响理论 [J]. 江汉论坛，2001 (2).
② 张晓. 公共选择与公益物品供给：备选方案的考察 [J]. 南京社会科学，2001 (1).

依赖性的原因。由于导致相互依赖性的产品特征的分类比较抽象，所以，通过概括其中心思想，对于读者深入把握某些政策和制度设计问题来说是有益的。

首先，本书所拓展的理论框架是要引导一种研究进程，以便对制度与经济绩效间的关系做出预测，但并不是要预测制度的演变。问题不是哪种制度要被选择，而是一种或另一种制度被选择后会发生什么。这本书的目的并不是从一般意义来证明哪种经济制度、系统或权力（市场种类）更具优越性，而是要对人们在不同的制度和权力安排下会得到什么进行预测。

经济学是一门社会科学，这部分意味着进行可控制性实验不大可能。虽然有些东西可以通过不同国家之间不同制度绩效的经验比较加以了解，但是，由于影响绩效的其他因素往往并不相同，通过比较所得的结论经常难以用来解释原因。一个国家要从自己的实践中获取更多的东西，理论是重要的，然而在实际中，当我们分析的对象并不存在制度上的差异时，我们又能发现什么呢？该书认为，把制度 A1 和产品 X1 相结合的经验能够用来预测：如果应用于产品 X2，并且假定 X1 和 X2 具有相同的特性，两者产生相同的相互依赖性，制度 A1 会怎样运作。一些实证研究的结果将在本书最后一章中讨论。这样做使得本书能提供一种理论以指导制度研究，以更好地预见不同制度选择的效果，同时为经济制度的设计提供一种能系统体现各种经济相互依赖性的分析框架。一些关键要点可以概括为：（1）市场对冲突群体的影响并不是中性的，市场运作效果是特定市场制度与规则选择的反映。（2）非中性的市场交易源于社会经济中的人类相互依赖性，引起不同类型相互依赖性的资源与产品的特性是决定制度与绩效间关系的关键。（3）经济绩效隐含在制度选择中，经济绩效不是技术与效用函数的自然结果。人类的预测能力是能够提高的，但是人类的复杂心理却使这种预测带有极大的模糊性和不确定性。（4）制度设计问题涉及的范围要远远超出生产要素所有制的范畴，不少相互依赖性的成因并非源于生产要素的所有制。事实上，如果我们不能揭示这些因素，生产要素所有制改革就会夭折。

其次，该书突出了独特分析方式——SSP 范式——的创建与应用。经济分析的一半框架为给定经济环境（包括效用函数、生产函数以及资源的初始分配和制度安排），并假定人的自利行为（效用最大化），由此分析人与人、人与物交互作用产生的结局和某种均衡。这种分析作用经济环境来解释不同自利行为者交互作用的后果。作者所关心的问题从大的方面看是经济环境如何决定经济结果，从小的方面看是经济环境中的经济制度（游戏规则）如何决定经济绩效。

这正是这些年热闹非凡的制度经济学所开辟的领域。制度经济学可以分成制度变迁理论和制度影响理论。作者所侧重的是制度影响理论。显然，要想揭示经济制度（游戏规则）与经济绩效之间的联系，只能从经济环境中的其他方面去寻找，这就是作者所建立的研究制度与绩效间关系的一个通用范式——SSP范式。在SSP范式中，状态是给定的，结构是可选择的（当然不是纯粹个人的选择，而是一种公共选择）。在给定的状态下，所选择的结构决定了最终的绩效。对SSP范式，人们既可用之实证分析制度的影响，又可用之规范制度的选择。

作者所建立的SSP分析范式不同于"行为—结构—绩效"（BSP）分析范式，它为人们分析制度与绩效之间的关系提供了非常有用的工具。借用该工具，可以使人们更方便、更有效地分析在不同的状态条件下，不同的权力结构将如何影响人们的选择及其相互作用，并最终决定相应的经济绩效。作者的论述综合了法学和经济学的许多理论，涉及产权经济学、公共经济学、福利经济学、交易费用经济学等许多经济学分支以及法学、政治学、心理学等领域的内容。书中列举的参考文献非常丰富，涉及面极为广泛。在这里，读者既体验了经济学各分支学科之间的综合，又看到了经济学与其他学科之间的相互渗透，从而大大拓展了人们经济分析的视野和深度。

最后，对于制度与经济绩效间关系的分析，作者不是通过完全抽象的理论模型，而是借助于大量的例子来展开。这些例子有古代的，也有当代的；有美国的，又有其他国家的。许多例子来自于人们的日常生活，是人们非常熟悉的，如商品的搭卖，广播电视成本的分摊，"社会陷阱"现象等。作者对许多例子都运用其独特的范式进行了深入的分析，从而让读者去思考和认识这些例子背后的原因，这常常带给读者意外的收获。

无论是社会主义经济还是资本主义经济，都必须用制度去协调生产和解决生产者之间的冲突。市场不会自动地引导某个具体的人或团体进入市场，谁是某一机会的卖者和买者的选择要先于市场。同样，共有或国有制也不能解决公众之间的种种冲突。社会总是需要存在一系列规则来协调人们的偏好以及偏好的集合。

任何向市场经济过渡的国家，应该对其经济中所存在的相互依赖性及其原因有所领悟，这样才能改变某些规则和指令，才能采取适当的私有权和市场规则来取而代之。市场规则决定一个人拥有什么样的机会，以及一个人或某个团体为了获得哪些能采取某种特定行动的权力拥有者的许可，能够做什么。从这个意义上讲，任何经济都不是无计划的。只要存在相互依赖性，就会存在某种规则，这种规则不是包含在有公共官员所控制的计划、指令和政策之中，就是体现在由一些官员、律师和法官来管理，建立在司法或立法基础上的私有权之中。

那么，对于经济制度的设计而言，有意义的维量和选择是什么？农场和工厂按事先指定的价格和配额，将生产的物品运到指定的地点这一系列过程，显然是一种集体决策的结果（集市无人对整体结果进行深思熟虑）。另外，从许多可能的集合中所形成的特定产权以及市场规则的选择，似乎也是集体对某种运行结果的选择（尽管不明显，但看来是事实）。如果相同的市场权利能产生不同的经济绩效（物品的分配和价格），那么选择权利就是选择绩效。然而，由于人们不易对结果事先形成一致的看法，由于创造机会并不必然是获取机会，由于权利拥有者之间的相互作用不能充分预期，绩效往往也不能准确预期，但这并不意味着只能依靠计划指令。

经济制度建立在人的心理基础之上。任何行为都需要不断地被激励，这种激励可以是物质的奖励，他人的认可，也可以是自我的认可。重要的是，一个人必须感到其努力能带来自身福利的变化。为了激励行为者，必须让其能够获得自身劳动的果实，这是市场经济理念的一个基本点。但是，在互补性投入的复杂生产中，要证实每个人的劳动成果是困难的。

──【分章导读】────────────────────────────

第1篇　研究制度绩效的一种理论　包括两个部分内容：

1　制度与绩效的一个通用范式　作者针对不同制度选择与绩效的关系，就一个模型或范式的构成进行了概括，它涉及福利经济学、制度经济学、产业组织、法律以及公共选择理论和其他理论的一些概念。传统经济学把焦点集中于"消费者，关注在资源、技术和消费者需要给定条件下，经济系统能否有效满足消费者的需要"，把由此而产生的权力变量看成是由预算约束和竞争市场控制的。需要指出的是，资源所有和竞争体现的仅仅是相互依赖的一个方面，进而体现的仅仅是影响消费者、生产者利益的一部分权力源泉，人们在经济中的参与能力，并不像通常所定义的那样仅仅取决于竞争市场、生产要素的所有制以及货币的收入①。这里所指物品的特性，不是像在福利经济

───────────

① A. 爱伦·斯密德. 财产、权力和公共选择：对法和经济学的进一步思考 [M]. 黄祖辉，蒋文华，郭红东，等译. 上海：上海人民出版社，1999：4.

学中那样被看成是阻碍最大化的因素，而是作为预测制度对人们施加影响的关键因素。权利和机会集被看成是交互影响的，即一个人的行动自由是其他人行动的限制。重点是研究权力及其分配，因为这将构成效率计算的基础。

作者所使用的分析体系，一开始就着眼于人类相互依赖性的因素。控制和引导这种相互依赖性，并且左右相关各方机会集的是产权（制度）的公共选择。个人机会集由多种因素所构成，它包括物质和情感的容量以及受其他人选择影响的选择可能在法律与习俗上的领悟。权力是权利、个人特性以及他人选择的一个函数。人们的相对机会可以用成本、外部性和权力来进一步阐述。权利选择的分类有几种途径，但首先我们从交易的类型角度来分类；其次把这些因素综合起来，以说明人类关系的结构，同时用于推测期望的绩效；最后，讨论绩效的测定。

2 社会系统中的财产 作者将从关注影响分析转向从社会系统角度揭示财产。在第一部分，作者勾勒了研究框架，在进入产权选择对经济绩效的影响分析之前，必须探究任何一种权利的存在基础。这种制度研究涉及几个分析层次，本章由此展开。

有关权利的持续性和变革之间的选择要牵涉到深刻的哲学和实践问题。于良好的心理健康和任何长期的投资而言，某种稳定的预期是必要的。实践中存在着这方面的例子，即保持持续性便将是有利的。面对这些变革，现存的权利将受到挑战。变革权利，保持自愿参与，对一个社会来说，无疑是一种最文明的秩序的实现。

一般说来，就发展理论和影响理论而言，产权的社会角度观察对前者更有用处。作者目的之一是进一步拓展三种普遍性的交易制度维量。这里要指出的是，"所有交易类型尽管都反映了一定程度上的自我约束和伦理判断，但它们在程度上存在差别。现代市场经济学是一种利益理论，确切地说，它涉及的利益计算在一定程度上总是局限于自我约束和外部约束。但是这种理论没有揭示不进行利益计算的捐赠型交易"①。本章提醒分析者注意，如果没有一种公共意识，就不存在公众的自愿参与和公众的公共选择。

第2篇 财产、权利分析的概念：相互依赖性的类型与程度 包括5个部分内容。

---

① A. 爱伦·斯密德. 财产、权力和公共选择：对法和经济学的进一步思考 [M]. 黄祖辉，蒋文华，郭红东，等译. 上海：上海人民出版社，1999：50.

3 非相容性使用与排他性成本 揭示了以下具有某种公共特性的物品：商业协会对某种产品（如某些食物产品）需求的推动给生产者带来的好处，地方道路、捕鱼地带以及从环境角度看的清洁的空气，随意行走的街道，犯罪的制止，广播电视信号，借助交通系统和人口政策所带来的城市拥挤的缓和所产生的利益。这些形式上不易分割的物品和劳务均是排他性成本极高的物品。如果这些物品的存在纯粹是为了某个人的需要，那么即使其他人不曾帮助生产这些物品，要排除他们的使用也是极其困难的。在这种情况下，强化这些物品享用者利益的权利和制度将会损害其他人的利益。

物品的各种物力和技术特征影响相互依赖性，这种情况同样存在于有个性的人和他们所组成的团体。物品经济具有多面性，要讲出一种已知物品的数量经常是困难的。作者指出其中存在的权利不足以控制人们彼此影响的各个方面，"之所以不足，是因为相互依赖的原因要比由排他性使用的资源所有权所决定的原因复杂得多"①。一个人影响他人的机会并不是完全包含在名义上的生产要素所有制和竞争性的市场范围中。单纯由非相容性使用物品所导致的相互依赖性，很大程度上受要素所有权的公共选择所控制（通常综合在政府规制和管理中），而在谈判型交易中，则被左右竞争程度的规则所控制。然而，当交易成本显著以及存在相当的规模经济时，则不会出现这种情况。这些因素带来了名义要素所有权和竞争所没有涉及的相互依赖性类型。

4 规模经济 作者认为，车厢、剧院和其他文化项目、旅馆、电信、灌溉、饮用水供给、废物处理等，均被看成是随生产总量增加单位成本不断降低的物品（规模经济）。这类产品涉及一系列政策问题，如确定这类产品市场边界（包括人口与区域）的政策，确定由谁支付这些物品的固定成本，谁支付不断递减的边际成本的定价政策等。消费品的多样性与单位成本之间往往存在冲突。此外，由于垄断方面的问题，企业的规模和产出水平也存在某种不确定性和不稳定性。在计划经济中，计划者知道对不同群体规定不同的价格会对收入分配产生怎样的影响。有时候，这是一种直接的补贴，从而使某一阶层无须对其消费的物品付费。但是，就规模经济而言，问题就相当微妙了。一个人也许只支付物品的边际成本，而不支付任何固定成本。企业则要根据公共规则，如按平均或边际成本定价规则或差别定价规则来运转。如果

---

① A. 爱伦·斯密德. 财产、权力和公共选择：对法和经济学的进一步思考［M］. 黄祖辉，蒋文华，郭红东，等译. 上海：上海人民出版社，1999：58.

上述活动时公有性质的，就会由一种指导定价的规则，如果是私人性质的，问题仍然存在。

市场并不意味着没有规则，市场从不同角度为不同的规则提供了一种框架，并且其对收入分配和经济绩效具有相同的影响。规模经济使得人们之间的相互依存性不是简单地由生产要素所有权支配。"鼓励竞争并不仅仅是有利于消费者而抗衡可能的垄断者，而且也是有利于一部分消费者（或生产者）抗衡另一部分消费者（或生产者）。"①

5 共享性物品 探讨相互依赖性的另一个因素，即可共享物品，也就是规模经济的另一个侧面，其他使用者使用的边际成本等于零时的情况。诸如大气质量、洪水控制、病虫防治、传染病控制等环境性物品以及技术发明这样的知识都是这方面的例子。这些产品的提供会带来差别定价问题，以及当存在质量差异时由谁来差别定价问题和当存在质量差异时由谁来确定一定质量物品的供给等政策性问题。作者分析了共享物品的几种维度，阐明了相互依赖性的原因以及由此而产生的权力控制类型会因共享程度、规避成本以及占先权的不同而改变。规制的选择以一种特殊的方式引导着共享性状态下物品的相互依赖性。"无须补贴，让每个人和每项活动顺其自然"，这一常见的私有化口号在规模经济和边际成本等于零的背景下已失去了明确的含义。这就要求有一种定价规则（产权）来分配共同做某件事所带来的利益。产出或投入的价格并不能从生产函数中推论出来，成本不仅仅是一个物质现象，而且还是一个成本（利益）如何分摊的公共选择问题。

6 交易成本 作者首先考虑与其他交易方达成协议的成本（合约成本）。在负责的生产系统中，时间链是最重要的。在动态环境中，不同类型的企业组织会影响谈判的成本，自主经营制、雇佣劳动制或集体所有制的问题与此有关。中国企业有时是由不同职能的车间所组成，然后又分解成生产组，规章制度对于企业管理者与车间、生产组与生产组以及工人与工人之间的协调是必要的，参与式管理的作用与此有关。

作者还考察了有关信息成本所引致的相互依赖性。"在高信息成本的环境下，不确定性结果的分配和由此而生的经济绩效会变化，从而引起消费者之间的冲突。……面对需求变化的风险，是有利于生产者还是消费者并不很清

---

① A. 爱伦·斯密德. 财产、权力和公共选择：对法和经济学的进一步思考 [M]. 黄祖辉，蒋文华，郭红东，等译. 上海：上海人民出版社，1999：104.

楚，在消费者之间也存在冲突。"① 因而，信息成本对于消费者的选择是重要的，承包责任制中也许包括了保护消费者利益的条款。在计划经济中，这种目标的实现取决于计划管理者；在市场经济中，则取决于有关产品可靠性的规则设置，这种规则使得消费者一旦发现购置物品存在问题时，可以找到解决问题的途径。与消费者信息问题相类似的问题是劳动的控制以及如何将劳动的努力程度与奖金相挂钩的问题。

交易成本与运输、销售或别的生产成本一样，也是一种生产成本。但是，权利——影响分析的关键是这些交易成本是由个人不同程度地加以分担的。"要获得有关产品会如何运转，谁不承担成本，什么时候你会需要某种产品，将来的供给与需求又会是如何等方面的信息，是经常要付出代价的。产权和不同的组织形式能够减少参与方的信息成本。在某些情况下，权利唯一能做的是分配失误的费用，因为权利在减少不确定性方面不能有所作为。信息成本也不能孤立地最小化，一个人的信息缺乏是另一个人的收入来源，同样，如果一个人对未来有更多的选择权，那么另一个人对未来或现在就会有更少的选择权。"②

7 剩余、需求与供给波动及结论 讨论的是由于人们能够利用需求强度（价格差别）方面的差异性、供给成本（租金）方面的差异性、劳动生产率（工资差别）和季节性需求（旺季定价）方面的差异性而导致的问题。

当土地价格是由于社区因素所带来的情况下，说土地所有者就是这种土地价值的所有者是缺乏依据的，但这种非正式的联结是一种有价值的产权，它同任何直接的税收和转移支付一样，使收入发生了转移。然而，税收是公开和显形的，正因为如此，在每次讨论通过税收议案和预算时，就会引起公众的广泛争论和侵犯自由的指控。而土地价值增值中所体现的产权是微妙的，不会周期性地提出讨论更改。很清楚，拥有这些建立在习俗和不成文法并且受到法庭保护的产权，比拥有收入转移支付的权利要好得多③。那些初看起来似乎无关的问题事实上与物品的特性有关，这些特殊性会导致个人（或团体）选择的相互依赖性。这就形成了一个概念框架，制度设

---

① A. 爱伦·斯密德. 财产、权力和公共选择：对法和经济学的进一步思考 [M]. 黄祖辉，蒋文华，郭红东，等译. 上海：上海人民出版社，1999：171.

② A. 爱伦·斯密德. 财产、权力和公共选择：对法和经济学的进一步思考 [M]. 黄祖辉，蒋文华，郭红东，等译. 上海：上海人民出版社，1999：191.

③ A. 爱伦·斯密德. 财产、权力和公共选择：对法和经济学的进一步思考 [M]. 黄祖辉，蒋文华，郭红东，等译. 上海：上海人民出版社，1999：198.

计的进程可从这一框架展开。它可以作为某种决策的参考，但是在那些正在从计划经济向市场经济转型的国家中，这种分析框架还没有在转型进程中被有限地应用。

商业的周期可以从负荷因素的变动性观察到。生产能力是根据平均需求而确立的，但在低需求期间会出现闲置。一个有权解雇工人的企业使得劳动成了一种可变成本，尽管从整个社会来看，劳动成本是一种不随产量变动的经常性成本。权利决定谁的成本前景看好，并且能促使人们努力去保持统一的利用。权利影响生产多少以及为谁生产。在需求无弹性时，如果技术使得供给曲线外移，这时的剩余就成了生产者的损失。一般说来，如果产出品的价格不变，那么技术使得生产成本节约而创造的剩余归生产者所有（熊彼特所指的利润）。如果市场是自由进入的话，产出品价格下跌，生产者剩余就成了消费者剩余。

第 3 篇　范式的发展与进一步应用　包括三个部分内容。

8　经济与政治上的应用　运用前几章的理论探讨资本主义的一些基本问题，诸如企业与政府边界、政治学等。交换（市场）交易经常被认为是资本主义的典型特征。但就权利创造而言，银行体系本质上是运用了一种管理型交易。银行自身能够使用新资源，所以它们无法把一种商品与另一种相交换。它们像一个分配给各方财产权的立法机构。事实上，收取利息并不会把上下级之间的管理关系转变成法律上平等的通过谈判达成的交换关系。

针对有些学者把公共选择概念局限于宪法和投票规则问题，作者指出，任何特殊利益团体的交易和监督成本以及实现目标的能力都受偏好集结规则的影响。然而，各团体即使不能影响立法结果也可以从某政治家的观点是否与他们相一致而获得效用。依据偏好分布状况和规则，在形成一个议会政府时或在一项特殊的立法投票中，通过提供胜利的边际，或者通过使一个政党修改其党纲才能获得多数票的方式，少数派也能影响最终的结果。正像在经济学中经常看到的，边际是关键性的，但规则界定了相关的边际。

市场经济国家在一定程度上是构建在相互自私基础上的。任何标准的经济学原理教科书都运用模型指出，自利和团体意识的缺乏，以及完全竞争的规则会导致对每个人最低可能的成本支出。社会陷阱问题并不必然源于排他成本，但却因排他成本而阻碍了问题的解决。如果一个团体的成员不能就追求他们共享和偏好的目标达成一致，他们肯定也不会同意让一些外部单位来拥有控制他们当前选择的权利。或许这太悲观了。人们会支持政府管制，尤其是在存在一些预先设定的程序和投票组织以及对少数人加以强制的情况下①。诸如内部化、边界和团体发展等概念，在公共选择的某些领域内（包括商业形式和政治组织）进一步加以发展，从而形成应用于政治学的范式，作者在此基础上进行了概括。因而，前面所概括的概念能否对财产制度所产生的影响提供洞察力和可证实的假说，将在本章中加以检验。但是贯穿本书中的公共选择概念，涉及更为广泛的领域，不仅涉及由于制定规则的规则，而且也涉及由政府选择的权利的影响。

9　范式的重新表述　对范式做了重新表述。作者首先集中分析了外部性，通过应用前面所分析的特殊产权，相互依存效应的类型可以综合为几类，从而对外部影响产生的方式加以区分。"相互依存性或外部性的三种基本类型可以从技术、金钱和政治三方面来考察。技术性的外部性或影响是指他人在物质上对你或你的物品产生直接影响。金钱性的外部性是指物品的物质特性不变，但它的价值在交换中受到了影响。政治性的外部性既可以是技术性的又可以是金钱性的，但它源于政府的作用，在政府改变游戏规则或进行管理型交易时产生。不同的财产权控制和引导这二种类型的外部性。"② 这种区分在文献中已有，但对此熟悉的读者应注意到它们的用途在此变得更广泛。这里将简要地界定这种区别，然后前面所勾勒的各种相互依存的类型将用这些更综合性的术语来概括。这种进一步的概念化也许有助于对规则——绩效的联结形成可测定的假设。

本章阐述了建立范式的目的，是为了在一定的规则应用于给定的状态时能对一定规则作用下的绩效做出可证实的假说。一种特定制度的作用受制于它所应用的状态的影响。同样地，如果想把制度变量作用于绩效的影响加以分离的话，在经验研究中的有关状态变量必须被实验地加以控制。作者从状态、结构和绩效变量的角度概括出理论范式，形成本书研究的核心方法。

10　心理学：结构与绩效的纽带　集中讨论对产权选择与冲突具有影响的心理因素。与传统经济学相同，这方面的理论已基本上被延伸为一种利益理论而不是一种行为理论。但是，这种理论不赞成狭义理性与最大化的简单

---

① A. 爱伦·斯密德. 财产、权力和公共选择：对法和经济学的进一步思考［M］. 黄祖辉，蒋文华，郭红东，等译. 上海：上海人民出版社，1999：260.

② A. 爱伦·斯密德. 财产、权力和公共选择：对法和经济学的进一步思考［M］. 黄祖辉，蒋文华，郭红东，等译. 上海：上海人民出版社，1999：267.

行为假定，因为"理性的存在并不足以用于预测。理性总是指一些偏好集合，但外界的观察者并不能经常知道这些偏好在交易中怎样发生变化"①，而是承认信息对理性、相互依赖效用以及机会主义的制约。

本章明确了本书的目的是要为权利集的选择与经济绩效关系的经验研究提供一种理论基础，从心理学的角度简单地分析了权力集形成中结构与绩效的纽带。首先是理解人类相互依存性的种类；其次是理解权利和规则怎样构建和引导这种相互依存性；再次是严格地指出个人的心理学特性。影响行为的成本相收益是那些被交易方所察觉的东西，而不必然为法律制定者所看到。相同的成本可由不同的人所察觉并采取不同的行动。最后，形成本书的一种预测，如果一项新规则被制度化，其绩效将如何。对于理性的制度分析者来说，还有多少不明确的心理学变量需要被包括在权利影响的研究中，还不清楚。

第4篇 规范分析的可能性

11 不同制度选择的规则 一部分内容，作者将注意力转向制度影响分析中所存在的价值判断问题，探讨了规范分析的可能性，并对现代福利经济学提出了批评。

作者首先阐述了对相互依存性可以做些什么，通过对科斯定理的分析来探讨权利分配和资源配置，引申出对共享性物品的制度选择的分析，并将帕累托分析引进政治分析中，指出"帕累托最优与垄断权和完全竞争均能共存"，而帕累托标准也是对政策的一种选择性应用，并认为帕累托标准只是确定已做的应该继续，最终得出相互依存性和权利的综合论述。

作者认为并不存在任何应被理解为是反对待定效率计算的内容。就大部分内容而言，当单个选择者的目标已明确做出时，反对总体效率计算和理论中所包含对利益冲突进行事先假定的选择。一旦存在利益冲突，谈论总体利益就是做出一种对各方的利益加以权衡的价值判断。作者要求谈论者明确表明其权衡，以表达其价值判断或告知他为谁的利益说话。探究哪种制度（权利）更好，不如更明确地问对谁更好。每个人都必须提供其自身的答案。作者反对经济分析中高级牧师的作用，但并不反对价值的不同集合，也不反对新古典理论或任何其他理论所假定的东西。制度被看作内生于经济系统，受

① A. 爱伦·斯密德. 财产、权力和公共选择：对法和经济学的进一步思考 [M]. 黄祖辉，蒋文华，郭红东，等译. 上海：上海人民出版社，1999：293.

技术和人口影响的要素价格变化导致制度变迁。该理论预期有效率的制度将发展，它会使边际成本等于边际收益成为可能。

第5篇　范式检验

12　制度的经验研究　这一部分，作者通过对经验研究的评述，检验本书的制度理论。前面章节的概念要点将被概括到分析方法的步骤中进行应用，作者通过一些具体例子来对本书所阐述的制度研究的分析方法进行经验分析，近似于经济学中的实证分析，这些例子的选择具有广泛的覆盖性，以便展示制度研究的可能范围和验证理论的普适性。"适合的理论并非是有效使用经验研究的唯一障碍，另一个问题是缺乏制度的变异。在很多国家，仅有一种制度或权利应用在特定的商品或政府职能中，几乎不存在可供观察的替代制度。这在某种程度上解释了为什么公理性的和演绎性的论证如此流行。在逻辑上证明什么事可能、不可能或是帕累托改进要比发现两种不同制度并对其绩效进行对比容易。"① 尽管以前的多数现实研究并没有直接地应用本书的理论（因为正在形成中），但是，此理论可用来解释现实事例，用来提出其他控制变量，并且形成以选择的假设。

最后，讨论将对理论进行拓展，以帮助寻找能够为公众普遍分享利益的制度，但这并不意味着一切都是协调一致的。只要存在利益的冲突，要做出明智的选择，就应该对规则如何影响有关利益方的问题有所把握。"需要尽可能仔细地界定制度变量。那些想通过改变要素所有权（土地改革）来改变绩效的人们必须注意整个制度框架，这个框架能够抵消要素所有权变化的效果。市场并非是唯一的制度选择。市场内的不同选择使市场以不同的方式运行，它同样包括一定的政府行政系统规则的情况（反之也可能一样）。这种市场选择是由政府选择的，政府从来不是中性的。"② 方法可以改变，但政府选择是不可避免的。政府帮助生产者克服他们的交易费用或防止买者按同业协议价格所带来的强制性（或干预主义）与实行人头税或补贴是一样的。两者都决定参与者现实的机会集并决定相应的绩效。当出现利益矛盾时，并不存在中性的不干预政府。

---

① A. 爱伦·斯密德. 财产、权力和公共选择：对法和经济学的进一步思考［M］. 黄祖辉，蒋文华，郭红东，等译. 上海：上海人民出版社，1999：418.

② A. 爱伦·斯密德. 财产、权力和公共选择：对法和经济学的进一步思考［M］. 黄祖辉，蒋文华，郭红东，等译. 上海：上海人民出版社，1999：413.

——【意义与影响】————————————————

《财产、权力和公共选择》一书共计 34.1 万字，中译本由上海人民出版社于 1999 年、2006 年出版发行。该书通过大量的例子和具体细致的深入分析，对新古典经济学中的许多观点提出了质疑，对法和经济学做出了更进一步的思考，大大推进了人们对许多经济问题，如交易类型、外部性、产权结构、经济绩效等方面的认识，并得出了发人深省的结论。该书的出版在国际经济学界引起了极大关注。

首先，作为旧制度经济学分支在现代的代表作，该书成为研究制度经济学的必读之书，影响现代制度经济学的发展方向，是作为研究制度经济学不可缺少的借鉴。该书的重点主要不是解释现在或预测未来，而是定义那些能被用来操作，进而产生某种影响的工具变量。换句话说，是要说明什么样的制度会产生什么样的结果，这一理论对经济学其他领域的研究也同样具有重要的借鉴作用。作者在写作本书过程中旁征博引，拥有一流的参考文献，小心地、详细地、极其令人信服地对新古典经济学中的规范分析进行了批评，尤其是对巧妙地隐藏在福利经济学和公共选择经济学中的价值取向提出了批评。该书对规范经济学理论和赠予经济学做出了重要贡献。作者在处理外部性、经济绩效和产权之间的关系上比传统的分析大大地前进了，他的分析涵盖了产权和制度的众多方面。

其次，该书将法和经济学联系起来，使读者在法和经济学领域打下坚实的基础。作者在写作中涉及法律、产权和组织等内容，研究了它们的演变及其对法律、经济权力、经济交易和收入分配的影响，并在个人选择的方法论的基础上构建了 SSP 范式。该范式运用了产权和交易成本等新制度经济学派的分析方法，同时仍保留了注重整体分析的旧制度主义方法，使 SSP 范式兼具两家之长，在制度影响理论中具有独创性。经济生活中常常存在分配方面的冲突，那么经济与政治社会应关注谁的利益？该书强调这样的问题，并且揭示其决定的因素和力量。我们感兴趣的是：什么因素在控制制度和系统的绩效，如何客观地、实在地分析和把握那些控制绩效的变量。该书的主旨在于：首先使我们更好地了解经济与政治的运行；其次，使我们能更好地选择制度，并且实现制度持续有效的变迁。关注的焦点是人类的相互依赖性和不同的产权如何影响经济结果。

最后，该书中文版的问世，引起国内经济学界的关注，加深了人们对中国经济改革与发展乃至社会制度改革等问题的思考。除某些一般性的权利外，个人和团体的部分机会在每个企业的合约中也予以明确。这与早期的市场经济具有某些相同性，当时的公司章程中所确定的企业经营范围都是由政府赋予并且逐项限定的。西方市场经济的规则已演进了几百年，每次改革都面临不同的市场与运行效果的选择，仅仅决定向市场经济过渡是不够的，还须考虑建立什么样的市场经济。如同资本主义国家对社会主义国家具有挑战性一样，社会主义国家的不断变革也将对资本主义国家的政策提出巨大的挑战，因为这可以表明，不同的市场经济有可能带来不同的结果，一些隐含的并被认为是事先给定的权利被看成是变量。

建立和完善社会主义市场经济体制，一直是理论界、政府和社会公众最为关注的问题。理论界纷纷提出的各种具体的目标模式和政策建议，都需要我们进一步思考与探索。

──【原著摘录】───────────────────

第1篇 研究制度绩效的一种理论 P1－51

1 制度与绩效的一个通用范式 P1－34

P8 所有权的定义必须涉及所有当事人对某种行动的影响和被影响，所有权意味着所有者具有让那些受所有者行动影响的人承担成本的机会，具有通过使用或交换所有权而使自己获益的机会。

P16 在谈判式交易体系中，权利可以根据交易双方的认同而转让。就一定的交易而言，交易各方在法律上是平等的，大家都承认各自在交易前拥有一定的权利，这隐含着双方某种程度的相互认同。每一方都拥有具有一定容量的机会集（并不必然相等），同时，各自在这一范围内对是否进行进一步的交易是自由的。每一方都可能反对同那些有需求但却不拥有交易资源的人交易，也就是说，存在着相互制约性。通过谈判的过程，双方会同意在交换中转让自己拥有的资源。因此，谈判型交易既包含着制衡，又包含着认同。

P32 用传统的思想对待竞争，也会产生思想意识方面的后果。有些利益分配并不以竞争为转移。当公共舆论忽视不同财富具有广泛的来源，而把注意力集中在是否贯彻了反垄断法，甚至于以关注某种特殊的产品应该由公共企业还是由私人企业来提供，是应该被管制还是不应被管制，或要不要改变福利补贴这样的问题时，这对那些从政策、从与竞争程度无关的权利中得益的人最为有利。

2 社会系统中的财产 P35-51

P40　身份—捐赠交易也体现出一些自我约束的伦理行为。一个人受他人义务行动而得益依赖于施恩者在社会压力下的自我约束。一个人无论是作为一个能获取其他资源谈判力的私有财产所有者，从而享有一定的机会集，还是作为一个能在身份交易中从他人那儿获得预期物品转让的受益者，他（或她）的利益在一定程度上都要靠交易方的自我约束。从伦理判断的角度看，自我约束常常是合乎情理的。从这一意义上讲，各种类型的交易都建立在一种伦理基础之上。

第2篇　财产、权利分析的概念：相互依赖性的类型与程度 P53-206

3 非相容性使用与排他性成本 P55-87

P63　私人产权在资源配置中的作用受两个条件的限制。首先，私人产权市场的途径会把公共财富与个人的资产混淆起来。一个人可以通过限制交易活动，提高市场谈判力，从而提高其稀缺资源的价值来增加他或她的资产。这种努力以别人的支出为代价，增加了自己收入与支出的比率。更为常见的利益与单位时间产出率有关，它通过增强人类对自然的控制力来扩大供给。

4 规模经济 P88-105

P101　超出常规规模经济引起的相互依赖性不易被解决。制度选择不仅仅是降低交易成本的问题，而且也是在公共供给、私人垄断或特许投标受规制情况下，那些具有不同影响力的人们的不同偏好产生效应的问题。大多数消费者不同意垄断定价，然而他们能同意别的定价方式吗？常规凸形（U形）成本曲线中，产品产量可以从平均成本曲线的最低点，价格等于边际成本时得出。这时平均成本等于平均收益，公司获得正常利润。边际消费者支付的是生产最后一单位的产品的成本，每个边际内消费者的支付相同。对于某些人来说，这种平等性是一个很重要的产权。然而，在非凸性（下降）成本曲线中，这种关系会被改变。

5 共享性物品 P106-135

P124　如果我们再次考察非相容性使用物品的事例，答案就会很清楚。当消费者是价格接受者时，每位消费者能调节接受的数量，使物品对自己的边际价值等于价格。对于不可选择的共享物品，这种情况是不可能的，无论这种物品对一个人而言、以何种方式存在、无论是否喜欢，都将为全体人所利用。如果偏好不同，每个人不可能都使其边际价值等于价格。但是，如果我们手持魔尺，那么对于共同可利用的供给就有可能让每个人支付不同的价格以使每个人的边际价值等于价格（林达尔均衡）。价格可能为负值，处在两位或更多的具有正效用评价者之间的非选择性的物品是一种共享物品，但是，如果该物品处在正效用使用者与负效用使用者之间，则会成为一种非相容性使用的物品。

6 交易成本 P136－192

P148 经济生产常常受到各种投入供给者们同时、先后或按临界比例采取行动的影响。假如这些结合不及时或不均衡，那么产出就会降低。这就导致了一种相互依赖性，以致任何一个供应者都会引起不能及时供应的成本。即使其他的供给资源最后仍能获得，这种成本还是有可能发生，因此，问题不仅仅是一个普通的垄断力量问题。

P184 由不可预料的总需求所造成的冲突适用于许多物品，在这种场合，供给并不遵循边际扩展的路径（成本不连续性），用途是不可逆的或者资产具有非流动的性质。更进一步的相互依赖性是由与资源使用非相容性程度有关的不确定性造成的。信息的缺乏为A侵害B创造一个独特的机会。政府安排的产权，无论是通过明确的行动还是默认，都控制这种相互依赖性的方向。

第3篇 范式的发展与进一步应用 P207－302

8 经济与政治上的应用 P209－265

P210 权利转移意味着即使当你不能自己使用你的东西，也有可能通过转让你所拥有的这些东西来从他人那里获得资产，这是一种所有权的稀缺。从他人那里获取自己所需但原本自己不拥有的东西的权利是获得市场收入的潜在物质。伴随权利的转移，有可能导致一些人积累起巨大的财富并使其他人为他们工作。在非转移经济中，一些人比其他人更有精力和技能，同时许多人可以获得自然资源的使用权，这些资源往往要比他人的资源更有生产力。这种情况下，获取资源能力的差异意味着一些人将比其他人拥有更多财富，但这种差异是有限的（除非劳动实行集中的行政控制）。而在交换经济中，差异不仅存在，而且还是巨大的。

P217 在一个高度流动的社会里，人们或许不愿为改善公共设施而纳税。人们实际上拥有使用权，但在迁移时却不能把使用权出售给一个新移民。然而，如果所有或大多数社区都进行着相似的投资，那么问题就不大。

P226 不同利益的消费者团体并不能同时得到他们所要的东西。企业通过整合或分割不同消费者的定价方案，影响着不同消费者团体的价格支付和所能得到的服务种类与质量。预见不同规则对不同参与者的不同影响是十分重要的，由此，相关的参与者能够选择最合适的规则。

P247　影响对高排他成本物品的提供的许多因素现已被注意到，这包括团体大小、信息成本、习惯、政治创新、变革效用、交易成本、观念和暴力。其中有些受财产权变化的影响，有些则不会。有些可以在相对短的时期内通过法律规则的变化加以操纵，有些则是复杂的，是内在于非正式的文化规则中的长期学习过程的结果。

P249　规模经济带来了一种类型的共享，共享范围会影响每个人的平均收益。另一企业成员的加入并不会减少原先的成员在总产出中所平均占享的部分。一个劳动者控制的企业（或合作社）将增加新成员以增进原先成员的收益，一直到增加的边际成本（工资率）等于边际收益为止，这正如一个资本家的企业一样。

9　范式的重新表述 P266－287

P269　要素所有权的分配、用于界定偷窃的法律、对侵害或令人讨厌的人和事诉讼的权利、政府的管制以及决定谁来选择非选择性共享物品（由政府或是由私人来购买）的规则，均引导和控制着技术性的外部性。这些制度因素最终会影响物品的交换价值，但最初的影响是一种物质上的相互依存性。

P278　人类的人格特性被认为是给定的，因而没有详细地分类。因此，所举的例子并没有清楚地表明人类是追求利润最大化还是追求满足最大化，是指传统的或现代的思考模式，还是指时间意识的程度和计划水平的跨度。这些个人的特性没有被列出，也没有与每种状态下的物品种类相对照，只是在特别相关的场合才提到。本书注意到了某些行为的特性，如某些行为会被内在化，某些养成的习惯会使人们不再对成本和收益的变化做出精细的行为反应。

P282　所有权的分配：一种维度是权利的个人分配，而不论权利的特性如何。不论交易的类型以及权力是否是公共的或私人的，权利的个人分配都是极为重要的。这经常被描述为集中的和分散的权力，以及中央集权的和非中央集权的决策制定。在市场中，我们论及企业的规模和它的产品范围，对于政府，我们则想到机构的管辖权和不同的政策。在公司组织中，控制权和所有权问题是另一个有特色的因素。当新的资源被创造时，公共选择决定了所有权的分配（包括银行信用的分配）。

10　心理学：结构与绩效的纽带 P288－302

P290　经济学的主导模型是约束条件下的效用最大化模型。模型假定人们在一定的机会集和资源条件约束下，具有某种顺序化的偏好体系。效用偏好的概念是完全通用的，包括货币和非货币的商品和服务，也包括人类关系的经历。这种概念可以适用于完全的自私自利或英雄式的利他主义。人们对信任和机会主义有不同的包容力，爱是一个变量，但爱也是一种稀缺资源。

P300　机会集和优势的改变并不意味着会自动导致行为的改变。人们也许不会觉察这种变化，或许会忍受。他们也许因为仁慈而不去充分利用这种变化，他们也许伤害其他人也会伤害自身。在许多事件中，通过对这些心理学变量的非正式估计，能够确定一种变化了的机会集所带来的方向性的影响。显然，如果调查者在一个不熟悉的文化环境中工作或同不熟悉的人群打交道，就有必要对这些变量进行更正规的研究。

第4篇　规范分析的可能性 P303－369

11　不同制度选择的规则 P305－370

P306　最初的收入分配在多数经济模型中是外生决定的。要素所有权的确定以先于经济分析的某种方式进行，通过一些政治活动对所有权进行分配。

P349　对于规模经济和成本不连续性的情况，政府投资计划是必需的。如果一个企业的投入是另一个企业的产出，投资时间安排上的协调可减少企业的单位成本、避免未利用的能力。这样的协调对于一个面向市场的企业，通过扩大企业规模以及有时借助于市场合约是可能的，但在公共或私人计划中，或许存在较大的决策成本。如果计划是由所有权控制的垂直一体化所做出，这会导致贸易的收缩，如果计划是由政府来做，不同的团体将有获得协调收益的机会。

P350　一个自由人应选择一致同意规则，任何非一致同意的政府行动都是靠强力实现的非充分自由。这种规则忽视了决策成本，为满足一个人而谋求一致同意和让其他人选择这个人不满意的事，两者都面临决策成本的权衡。依据人们对这种权衡的想象，一个自由人可能会赞成多数票规则，没有一种投票规则会使每个人高兴，因为每个人对外部成本和决策成本，包括政治性的外部性减少的权衡将会不同。总之，公共规则将不得不在人们的竞争性利益间做出选择，人们在他们偏好的投票规则方面也许不同。

第5篇　范式检验 P371－422

12　制度的经验研究 P373－422

P406　政府处理公众成员之间的争端，而公共选择规则影响谁的利益得到考虑。正如要素所有权决定谁的偏好对商品的不相容使用起作用一样，公共选择规则决定谁的偏好应在要素所有权规则制定时予以考虑。

───【参考文献】─────────────────────────────────

[1] A. 爱伦·斯密德. 财产、权力和公共选择：对法和经济学的进一步思考 [M]. 黄祖辉，蒋文华，郭红东，等译. 上海：上海人民出版社，1999.

[2] 安东尼·吉登斯. 历史唯物主义的当代批判：权力、财产与国家 [M]. 郭忠华，译. 上海：上海译文出版社，2010.

[3] J. 范伯格. 自由、权力和社会正义：现代社会哲学 [M]. 王守昌，戴栩，译. 贵阳：贵州人民出版社，1998.

[4] 凯尔森. 法与国家的一般理论 [M]. 沈宗灵，译. 北京：商务印书馆. 2013.

[5] 道格拉斯·C. 诺斯. 制度、制度变迁与经济绩效 [M]. 杭行，译. 上海：上海人民出版社，2008.

[6] 冯玉军. 法经济学 [M]. 北京：中国人民大学出版社，2013.

[7] 王冰，李文震. 制度经济学中的制度影响理论 [J]. 江汉论坛，2001 (2).

[8] 张晓. 公共选择与公益物品供给：备选方案的考察 [J]. 南京社会科学，2001 (1).

五、《主权的终结? ——日趋"缩小"和"碎片化"的世界政治》

[澳] 约瑟夫·A. 凯米莱里，吉米·福尔克　著

李东燕　译

浙江人民出版社，2001 年

——【作者简介】

　　约瑟夫·A. 凯米莱里是澳大利亚托布大学社会、政治与人类学院政治学教授，以研究国际关系、全球化、多边机构及和平和安全问题为主。他主要讲授国际关系、世界政治理论、国际法与国际组织、澳大利亚外交政策及亚太地区政治等课程。

　　约瑟夫·A. 凯米莱里一直致力于国际关系相关领域的研究，几乎涵盖了本学科的所有领域，主要包括地区性和全球性多边组织的管理和发展，全球和地区安全、冲突分析和世界秩序，亚太政治经济，澳大利亚对外政策，中国、日本和美国的外交政策，核能力和核武器，在国际关系中宗教和文化的角色。

　　为了表彰约瑟夫·A. 凯米莱里在提高人文教育和在世界范围推广和平文化方面的贡献，2004 年 8 月澳大利亚政府授予他"金合欢和平奖"。金合欢是澳大利亚的国花，它具有力量、美丽、活跃的特征并象征了健康、坚定、忍耐和独立[①]。

---

　　① 来自 http://www.latrobe.edu.au/socsci/staff/camilleri/camilleri.html 约瑟夫·A. 凯米莱里个人网站。

约瑟夫·A. 凯米莱里的主要著作有《主权的终结？——日趋"缩小"和"碎片化"的世界政治》《转型中的国家：重新构想政治空间》《亚太地区人权、文化多样性和冲突解决》等。

吉米·福尔克现在墨尔本大学任教，同时他还是澳大利亚科学、创新和社会学会的主席，在加入墨尔本大学之前，他是维多利亚大学科学和技术学的教授和代理副校长，以前他还担任过西悉尼大学的副校长（学术），并且曾在伍伦贡大学科学与技术学系担任院长和教授（现在他仍然是名誉教授）。

福尔克的研究主要集中在辨别和进一步地理解那些推动或阻碍科技变动的社会形成的政治、经济和文化因素，特别是集中于几个方面：环境和科技变化，核技术、武器竞赛和军事化，信息和交流科技。

吉米·福尔克的主要著作有《主权的终结？——日趋"缩小"和"碎片化"的世界政治》《温室挑战：应该干什么？》《把澳大利亚从地图上移除：面对核战争的挑战》《阻止核战争：澳大利亚的角色》《基于核能力的战争》《黄色蛋糕的红色光芒：对于铀矿的分析》等。

【写作背景】

国家主权原则是特定历史时期的产物，因而它也是变化发展的，其根源在于国际社会中的单位国家、国际体系的主权观的变化发展。当作者在酝酿写这部书的时候，很多当时流行的理论著作仍然在集中关注那个被冷战分裂为两个相互对立集团的世界。随着世界政治、经济以及技术等的一体化程度逐渐加强，跨国公司扩展到全世界，新的国际组织的数目和权力都在不断上升，世界各国之间的联系越来越密切，全球化的进程迅速地推进。但是，从另一方面看，世界又在经历一个政治碎片化的过程，地区自治的呼声高涨，超级大国的影响衰退，新社会运动兴起并试图在主流政治外找到他们自己的政治地位。所有的这一切给当时的国际关系研究者提出了一个很重要的问题：当代的政治理论和说辞在多大程度上可以为正确地认识这一切提供适当的基础？例如：在这个正在显露的世界中，为民族解放而斗争，在选举中赢得国家权力，或者起到一个国家政府采取独立的政治立场，这一切有多大的现实性？

在作者看来，许多重要问题都是围绕国家主权概念而出现的。主权理论的核心是主权国家体系，作为许多当代政治学说的基础，这一理论有时是明确的，但经常是隐蔽的。无论在政府公布的政策中，或是在反对团体和反对运动的声明中，主权概念和主权目的通常是要么直观可见，要么隐藏不深。

从国际社会的实际形式来看，后冷战时期，大国关系出现改善，主要是俄罗斯和美国关系的改善，其中也包括俄罗斯与中国关系的和解。同时，阿富汗、柬埔寨及萨尔瓦多等一些地区冲突得到全面或部分的解决，韩国朝鲜关系也出现了初步的解冻。但大量的国内冲突，种族与民族主义的兴起，成为卢旺达、南斯拉夫、印度尼西亚及斐济等一些不同类型国家或地区的显著特征。主权，作为民族国家对其全部领土和人口行使管辖权的绝对权力，与展现在我们眼前的政治和经济现实似乎越来越不相符合。

尽管在国际舞台上看来，国家的相对重要性是不同的，但是这绝不是说国家不再是国际舞台上的主要行为者，地方和国家共同体管理他们自己的事务，它们的独立性应该得到邻里和外部力量的尊重。但是，一个不可忽略的趋势就是，世界已经变成一个统一的、密切相连的地方。卢旺达、索马里、塞拉利昂、波斯尼亚、科索沃或东帝汶发生的事件绝对不是孤立的，这些事件的影响也绝对不是仅限于这些国家。所有社会机构和决策程序都或好或坏地受到世界范围内经济、社会、环境和政治趋势的影响。例如，东南亚金融危机，其影响之大令人难以置信，再想想印度尼西亚和东帝汶，即使是那些在不同程度上能够使自己免于外部力量破坏性影响的国家，也不能保持免疫力，也不能忽视迅速变化的地区和全球环境。

全球化趋势的加强，尤其是贸易、生产和金融的全球化趋势，在这十几年间已经达到新的顶点。"宏观政治议程"的发展已经与环境、难民、人权或技术转让等问题联系在一起。如果有一种趋势在描述当代人类发展演变方面占压倒其他方面的优势，那就是人类不断加深的相互联系。联合国虽然有失败、有缺陷，但是，它仍然是指导人类事务所不可缺少的机构。因为各个国家尽管渴望保持它们单独的历史与认同，渴望培育它们的传统和制度，但还是在以可预见和不可预见的方式去适应迅速转变中的世界挑战。

正是基于上述复杂多变的国际大环境，约瑟夫·A.凯米莱里和吉米·福尔克开始构思《主权的终结？——日趋"缩小"和"碎片化"的世界政治》这部著作，力图通过一种文化与规范的路径，着重强调国际关系行为主体以及国际体系之间的主权观的相互解读与互动，形成一种共有的主权观或主权原则。

────【中心思想】────────────────────────

《主权的终结》一书共分 9 章，该书反映出当今典型的西方主流国际关系研究的一种思想，强调了全球化和信息化时代国际关系的急剧变化，以及各国政府面临这些问题和变化时所采取的各种措施；显然，不管出发点如何，作者的结论实际上为目前所谓的"人权高于主权""新干涉主义"等欧美国家的国际霸权主义和强权政治学说，提供了理论上、思想上的某种依据。

当许多理论著作仍然在集中关注那个被冷战分裂为两个相互对立集团的世界的时候，这本书围绕着国家主权概念，给我们提供了一个解释国际一体化以及政治碎片化的理论框架，集中考察了主权思想对于理解当代世界或是理解对当代世界的政治干预的有用性。

这本书涉及很多学科，包括政治学、政治经济学、国际关系等领域的研究，甚至还包括了物理学。作者综合考察了目前世界各个主要领域的发展对于主权国家的影响，包括从主权的理论、世界经济一体化、技术的进步、政治运动的发展、生态环境的变化，等等，在讨论每一因素的时候，也反向地进行讨论，从而形成了严密的论证。

第一，该书介绍了主权的理论与实践，认为主权不只是一种思想，它是一种谈论世界的方式，是一种在世界上行事的方式，它是政治语言的中心，也是语言政治的中心。通过具体的事例引发我们的思考，给我们描述出一个处于转变中的世界的样貌，并指出：世界政治体系，包括国家体系，正被一种孕育和培养市场经济逻辑导向的规则所支配。这就要求我们看待问题的时候应该以一种历史的观点。但是，主权毕竟是一种思想，它会受到人类所处的历史时代的限制，于是便出现了对于主权理论的解释的危机，针对"现代性"与"现代主义"，出现了"后现代性"与"后现代主义"，作者比较了它们对于主权解释的各自的优点和缺点。

第二，该书讨论了世界经济的全球化的本质、范围和进程以及这一进程是怎样反映并密切作用于国内及国际的权力结构演变。众所周知，经济与政治是紧密结合在一起的，对于现在的工业化世界来讲，我们不可忽略技术的作用，技术一方面促进了整体世界经济的增长，另一方面，又拉大了世界上各国之间发展速度和水平的差异，在这一部分，作者将国家主权分为"对内主权"和"对外主权"，分别讨论了技术变化对于这两方面的影响。同时，作者认为，我们应该从新兴的工业化国家中吸取经验教训，在经济发展的同时保持政治上的独立性。功能体制的概念以及被它们作为基础的错综复杂的法律，法制和规则的网络，同样有助于我们集中关注国际组织的作用。

第三，该书认为，对于环境问题，我们不应该过多地受主权的限制，主权与生态问题之间的紧张状态是一个技术问题，也是一个实践上的问题。边界是主权的一个重要部分，但是对于生态环境的影响，却可以不受边界的限制，随着全球工业化程度的加强，主权概念日益面临着生态的挑战，作者并不是单一地讨论单方面的影响，而是从单一国家的角度，重点探讨了生态和主权的双方的关系。为了有效地解决全球共同面对的环境问题，最重要的是采取共同的环境行动。进而，作者又从新社会运动的角度，探讨了它对于主权的影响，主要涉及新社会运动的认同原理、功能和活动特征，新社会运动对政治进程的性质提出了一系列与国家主权原则明显不同的设想。作者从多方面对于主权的影响进行了分析，整体揭示了主权理论 20 世纪后期经历的碎片化和不连续性，主权学说对于现代文化有着重要的影响作用，因此，对于主权进行重新定义是必要的。

第四，该书对于主权模式的要素进行了再分析，确定了一种可选择的理论方向。由于主权理论的发展毕竟受到较多的历史因素的影响，因此作者始终从历史的角度出发，把握住主权的一个很重要的方面，即边界的概念，整体分析了主权思想的变化，并基于这种主权模式的现状，预测了主权思想未来发展的趋势。作者充分考虑了对主权思想产生影响的因素，并对每一部分进行了充分的论证，最终为我们展现了一个日益缩小和碎片化的世界政治格局。

综上所述，作者把目光集中在了冷战后的国际形势，更多地考虑了最新的经济、政治形势，这为我们分析国际关系的问题提供了参考。

──【分章导读】────────────────────────────

1. **转变中的世界**　首先通过具体的事例向我们展示了一个世界经济、政治、军事联系的整体形势，来引出自己所要探讨的问题，并指出，主权以及围绕主权而形成的思想框架体现了当代政治争论、分析和决策的主要特征，我们所经历的这种描述和认识世界的方式，可以称之为"主权学说"或"主权理论"。根据这一理论，民族国家是世界主要行为者，是主要的权力中心和利益的主要目标①。这一学说主要是由有关国家和国家文化及国家行为和目的争论构成的。在作者看来，涉及主权概念持久价值的一些核心问题是解释当代世界权利的实际操作和怎样实现变革的方法和途径②。本书的主旨就是要探索这样的问题，并寻求问题的答案。

2. **主权的理论与实践** 作者从理论的论述转到了实践，全面论述了主权的含义，整体介绍了主权理论的实质，同时扩大了平时我们的主权所探讨的范围。

作者认为，主权反映了国家与市民社会，政治权力与共同体之间的关系，主权可能是一个最能主导人们认识国家与国际生活的概念。但他同时认为，主权是人们认识世界，在世界中建立秩序的一种手段。

由于在20世纪尤其是近几十年，世界的政治形势发生了深刻的变化，人们需要对主权的概念和实践进行重新的认识和思考。在认识的过程中，要从历史的角度来看待问题，同样，也不能离开时间和空间的概念来谈论主权，因为欧洲是现代国家的发源地，作者更倾向于把注意力更多地转向欧洲，接着作者按照欧洲政治体制发展的轨迹，回顾了整个主权概念发展变化的历史。

在讨论主权理论的过程中，作者着重提到了马克思所做的贡献。马克思倾向于将国家主权与人民主权相对立，因为国家的统一和意志只有通过摧毁国家的权力才能实现，这种国家权力只是一种寄生物。"主权国家在某种意义上是'市民社会的官方代表'，但它反映的是资产阶级社会不受制约的发展或私有利益的自由运动。不是代表公众的'公共权力'，而是与特殊利益、经济进程和机制密切相关的机构。这并不是否认国家的相对自主性，也不是否认那些执行国家权威的人经常认为他们自己处于其他社会之上。由于官僚化，国家的确处在社会之上，成为社会的寄生虫。"③ 作者认为，马克思不朽的远见在于，他对理论与实践、政治与经济的关系都进行了正确的评价。

同时，作者又从国家主权的概念上升到国际主权，虽然二者之间存在着差别，但是这两种研究都需要互动的分析模式，这里涉及两种相关的互动形式或层面：民族国家内部环境与外部环境之间的互动以及文化、经济、军事

---

① 约瑟夫·A. 凯米莱里，吉米·福尔克. 主权的终结?：日趋"缩小"和"碎片化"的世界政治 [M]. 李东燕，译. 杭州：浙江人民出版社，2001：2.

② Ribin Murray, The International of Capital and The Nation State? [M] New Left Review, 67 May-June 1971, 84-109.

③ 约瑟夫·A. 凯米莱里，吉米·福尔克. 主权的终结?：日趋"缩小"和"碎片化"的世界政治 [M]. 李东燕，译. 杭州：浙江人民出版社，2001：28.

与政治之间在行使权力和权威方面的互动。作者指出，我们需要重新考虑主权概念，这恰恰反映了一种历史的进程。

在前两章的论述中，作者给出了一个关于主权的整体的框架，在"3. 解释的危机"中，作者开始针对每一个细小的部分进行详细的论述，首先从主权作为一种思想的角度来考虑。由于主权是一种思想，因此它不可避免地受到人类经济社会发展的影响，它与人类所处的特定的历史时期是紧密相关的，因为前面已经提到了，现今随着全球一体化的加强，主权概念及实践也在发生着变化。这一章中，作者分析了全球文化中存在的一些重要的紧张关系以及它们对于主权概念的影响。

作为认为，人们正在形成一种基于现代化的意识形态，即"进步思想"。为了描述进步思想，又创造了一个术语叫作"现代性"，现代性包含着时间不可重复的意义。作者对"现代主义"的概念进行了描述，并把其与"现代性"进行比较研究。对于现代性，作者指出，由于人们控制欲的存在引发了各种矛盾。其重要表现是伴随着全球化的发展，全球性的问题越来越多。因此，后现代主义解释和后现代文化现象开始兴起，作者又对此概念进行了分析，由于目前仍没有统一的定论，作者主要陈述了目前学术界主要的观点。后现代主义宣称，其与现代主义和现代性的思想、概念及表达是截然不同的。尽管它可能有许多含糊不清的地方，但是新的选择也同样反映出多种可能性的解释。由此，作者介绍了主权国家概念的起源，并指出了引起"后现代性的辩论"的三个特征，即"通信技术方面发生了迅速的变化""全球市场发生的重大结构变化对国家共同体构成另一种巨大的挑战""经济对环境的影响导致人们对加强国家权力的一定支持，因而就有了对国家共同体的想象"。这些特征导致了对国家主权概念的挑战。作者继而探讨了后结构主义、后现代主义与主权国家之间的关系，后现代主义分析将我们的注意力引向一种对民族国家主权更重要的限制，这与权利的意志更加紧密相关。同时，作者认为，对主权国家及其有效性的想象正受到腐蚀和破坏，这种现象所带来的一个重要机会就是更有必要对政治议程进行解构、反思和重建。就全球化的进程来看，特别是通信系统的快速发展，最终会有利于社会框架坐标的建立。

4. 世界经济 作者认为，主权理论作为政治层面的描述，必须把经济层面的因素和影响囊括其中。当今世界的经济领域的重要变化是经济全球化的加强及其双刃剑作用的凸显。本章主要介绍了经济全球化的趋势是如何影响世界政治组织的，特别是对以国家为中心、分散的主权政治划分会产生什么样的影响。为了更好地解释这些问题，作者全面考察了经济全球化的本质、范围和进程。

经济的全球化主要包括贸易的全球化、生产的全球化和金融的全球化。通过这几个方面的联系，世界上各个国家之间越来越形成一种紧密的关系，生产、交换、流通环节密切联系，逐渐呈现出了全球性的特征。弄清楚全球化的问题对于恰当地进行主权含义的再评价是至关重要的，因此，紧接着，作者对世界体系理论进行了介绍，并具体阐述了目前的国家形势和国际化的进程，指出人们应该高度重视两个国家职能：军事保护与合法性，作者重点比较了中央集权和国力之间的关系，认为虽然国力和中央集权之间存在着紧密的联系，但是不能依此推断出国力和中央集权是同义词，也不能推断出国力或是中央集权是主权的充分必要条件。主权也不等于中央集权和官僚结构化。

作者进一步地推进了对国家的讨论。把注意力从一般意义上的国家转到了占统治地位的国家那里，分析它们扮演的角色和这种统治地位的含义。在这个世界上，虽然我们一直倡导主权平等，但是不可否认的，现在仍然存在着大国与小国的区别，而国家秩序很大程度上依赖于强权国家的重要的体制和思想意识形态。在此，作者引入了霸权的概念，按照葛兰对霸权定义的解释——霸权是"客观物质实力和道德政治思想的统一体"——霸权的最主要的作用是确保世界体系的稳定，但是，"任何一个霸权中心的领导权都不是永恒不变的，这种领导权迟早会受到那些决心恢复自主权或是渴望建立自己领导权的其他中心的挑战。问题在于霸权的削弱是否能带来一个相对分散、充满竞争、更能遵守主权的原则的新国家体系"[①]。为了验证这种可能性，作者着重介绍了美国霸权的演变。

在目前全球化的进程中，国际组织的作用越来越举足轻重，各种正式和非正式的国际组织已成为跨国经济活动的重要协调力量。但是，贸易、生产和金融的国际化也不能证明国家庞大的司法、行政、军事和意识形态体系不再强有力或是起作用。"经济监管日趋复杂，国内机构不能为之制定出行之有效的规章制度，监管能力不断下降，国际组织机构化的本身就是这方面的体现。矛盾的是，国际组织的发展强调遏制国家管制，这深刻地反映出世界经

---

① 约瑟夫·A. 凯米莱里，吉米·福尔克. 主权的终结？：日趋"缩小"和"碎片化"的世界政治［M］. 李东燕，译. 杭州：浙江人民出版社，2001：111.

济整合在制度创新方面的需求和主权国家各自为政、不能提供相应的满足之间的矛盾。"①

5. 技术变化　作者认为技术在生产力的发展中无疑扮演着一个重要的角色。那么技术变化在多大程度上影响了国家共同体和民族国家在国际领域中或对其国家命运行使主权呢？这就是作者需要进一步探讨的问题。

为了讨论的方便，作者将主权区分为"对内主权"和"对外主权"。并且指出：要考虑一个国家在多大程度上可以被认为具有主权的时候，应该主要考察它的"能力（Capability）""对内自治（Internal Autonomy）""对外自治（External Autonomy）"及"主观自治（Subjective Autonomy）"。以这几个特点作为衡量指标，作者分析了强制性技术与国家权力、对内主权以及对外主权的关系。在讨论中，作者强调，技术发展在一定意义上重塑着全球权力结构体系，而在这一权力体系中，国家的行为和影响只是组成部分之一。作者进一步介绍了集团公司结构体系、通信的结构体系以及生产结构体系②。作者提出为了挽救主权国家体系，人们必须尝试发挥国家结构体系在权力体系中的作用。最后作者把分析应用到了实际中来，从新兴工业化国家的角度，作者认为新的发展较慢的国家应该采取正确的技术措施，这样才能实现持久的发展，维持自己的主权。在这一部分的讨论中，作者同样分别从对内政策和对外政策的角度来讨论。最终，作者给出全章的结论："技术变化对国家、对市民社会和全球组织都将产生影响，但这并不支持国家强调主权的主张。在实践上，虽然技术、社会和经济发展的相互推动会强化和完善国家强制统治和操纵资源。但与此同时，它削弱了国家使用这些资源的总权力，因此形成这样一种局面，无论在理论上，还是在实践上，它与那种以领土划分的主权可以在国家范围内独立行事的概念越来越不相符合。"③

尽管主权是多层面的法律和政治概念，但俘虏公众想象并支配近来学术讨论的可能是这个概念的对外含义。

6. 安全困境　作者检验了这些原理是否确切以及在何种程度上反映了现代世界的政治现实。

────────────

　　① 约瑟夫·A. 凯米莱里，吉米·福尔克. 主权的终结?：日趋"缩小"和"碎片化"的世界政治［M］. 李东燕，译. 杭州：浙江人民出版社，2001：118－119.

　　② 俞良早. 文化的新诠释和国际政治的新视野：评《文化与当代国际政治》［J］. 当代世界与社会主义，2004（2）.

　　③ 约瑟夫·A. 凯米莱里，吉米·福尔克. 主权的终结?：日趋"缩小"和"碎片化"的世界政治［M］. 李东燕，译. 杭州：浙江人民出版社，2001：165.

作者从边界着手进行分析，自《威斯特伐利亚和约》（1648 年）签订以来，人们一直普遍认为，世界划分为明确的管辖范围乃是政治的组织原则。但是，作为领土主权概念不可缺少的组成部分的边界却比人们通常的假定要不确定得多。围绕着边界问题，经常有暴力冲突，在这种情况下，国际组织作为一种协调彼此之间矛盾的工具，就有探讨的必要，功能体制的概念以及被他们作为基础的错综复杂的法律、法规和规则的网络，同样有助于我们集中关注国际组织的作用，在当代世界，国际组织既是国际法的产物，又是国际法的来源。对于国际体系之间的相互联系，相互依存理论正确地强调了与生产、通信和运输的现代方法相伴随的无数联系，但是它从很大程度上忽略了在安全领域同样明显的相互连接。实际上，冲突与矛盾出于对战争的准备，本身也具有全球化的性质。

在作者看来，冲突的国家化最显著的表现之一就是相互联系的深化，这种联系不仅表现在不同地区之间，还表现在这些地区和全球战略体系之间[1]。如何有效地维持全球军事秩序，成为摆在各国面前的一个重要问题，作者又提出了关于这方面进行探讨的一些理论。对于军队与政治的关系，作者认为，军事能力与武装冲突的上升，远没有加强主权国家的权力与权威。只是严重削弱这种权力与权威的新的不确定性和新的跨国与国际能力。接着，作者回顾了东西方冲突的历史，介绍了冷战的功能以及冷战前后世界上的联盟体系。认为冷战结束以后伴随着两级关系的衰落，缓和作为一种推动世界政策、经济一体化以及全球安全体系的机制，开始逐渐发挥作用。收敛理论（Convergence Theory）提出了缓和与全球一体化之间联系的某种东西。

最后，作者认为，国家主权理论之所以正在失去它的解释性力量，是因为它以一种令空间与时间的固定不变享有特权的方式声称代表这个世界。说得确切些，国家被说成是政治分析的一个不能简约的单元，而主权国家地位被说成是政治组织的永恒的原则[2]。

7. **生态危机** 揭示了主权学说的一个重大缺陷，这就是认为主权权力具有在其统治范围内的最高权力。作者在开始的时候指出：主权学说的合理性来自主权理论解释现实的程度。作者指出了主权概念正在面临生态观的挑战，

---

① 约瑟夫·A. 凯米莱里，吉米·福尔克. 主权的终结？：日趋"缩小"和"碎片化"的世界政治［M］. 李东燕，译. 杭州：浙江人民出版社，2001：180.

② 约瑟夫·A. 凯米莱里，吉米·福尔克. 主权的终结？：日趋"缩小"和"碎片化"的世界政治［M］. 李东燕，译. 杭州：浙江人民出版社，2001：202.

有关人类发展对物质世界统一体的影响早已引起了关注。作者还回顾了有关保护的思想的起源，随着社会的发展，人们越来越意识到生态环境的重要性，但是在从意识到行动的转变过程中，国家应该起到中介作用。作者进一步指出：生态的影响会超过主权范围，主权的生态影响也日益引起人们的关注。

作者探讨前面的问题的时候，往往是局限在一段旧的历史时期，但是随着时代的发展，主权理论所处的时代背景以及政治环境已经发生了巨大的变化，具体到抗议活动，其形式也发生了很大的变化，新社会运动就产生了。

8. **新社会运动** 作者开始探讨新社会运动的问题，多数有关抗议的理论和经验研究倾向于强调它变态、反常和短暂的特征，这部分反映出国家利用奖励和惩罚方式上的成功。但是，随着时间的推移，抗议活动对国家行为的合法性和有效性产生了重大的影响，因此作者从一个更广阔历史背景和国际背景，重新对其根源以及国家和社会之间的关系进行了理论评价。

作者总结了新社会运动的特征，认为表面上全然不同的实体和现象有着共同的经历。对新社会运动来说，其关键不是经济增长的利益分成问题，而是"如何捍卫或恢复面临危机的生活方式，或如何将革新的生活方式付诸实践"。简言之，新的冲突不是由分配问题导致的，而是由涉及生活方式的基本问题引起的。文化与物质领域之间的差别向我们展开了一个尤其丰富的范围，但不必去夸大它，因为有关分配正义的问题，无论在核心国家（Core States）还是在边缘国家（Peripheral States），仍然是资本与劳工冲突的中心问题。并不是说旧的冲突要素已经停止活动，应该说新的冲突要素已经出现。在某种意义上，新的要素在转变着旧的冲突，推动着新角色、新相互关系类型及所有新的政治生活形式的出现[①]。在此基础上，作者从性别问题和宗教问题的角度介绍了新社会运动的职能。新社会运动对现代政治经济构成了重大挑战，而主权国家正是其中一部分，这种挑战关系到对于时间和空间的理解。通过对于时间和空间关系的讨论，作者认为，主权理论以及在一定程度上的实践活动，建立在一种重大而没有解决的二元论前提之上。

9. **当前趋势与未来的可能性** 作者认为，随着时间的流逝，在主权思想和政治实践中间，在共同体的内部与无政府的外部之间，似乎形成一种密不可分的联系。主权学说在现代文化中有着巨大而广泛的影响。他指出：主权

① 约瑟夫·A. 凯米莱里，吉米·福尔克. 主权的终结?：日趋"缩小"和"碎片化"的世界政治 [M]. 李东燕，译. 杭州：浙江人民出版社，2001：256.

原则在知识上的一致性和看似合理性已经逐步走向衰落。

经过前几章的讨论，作者对于主权模式进行了重新定义，并对主权模式进行了细致分析，并提出了伴随着经济和技术的全球化所可能出现的三种趋势。在一个效忠逐渐转移，新认同形势，日趋暴露、管辖关系重叠交错的世界里，尽管国家将继续履行重要的行政职能和其他职能，但主权理论似乎处于一种奇怪的、不适当的位置。主权必然与空间政治和地缘政治相关，但也与技术、经济和文化领域密切相关。总之，主权国家包含着一种参与世界的方式，一种分配资源和组织经济交流的方式，一种区分组织、文化和民族的方式。主权无疑是地缘政治学的中心，无论在战争时期还是在和平时期都是如此。最后，作者强调我们对世界的理解不能继续坚持空间同质化的假设，不能将空间看作一个被主权实体瓜分的几何实体，必须考虑不同程度和不同形式的空间，考虑它们之间复杂的相互作用模式。尽管阐述了全球空间结构，但在描述世界市场动力或一种正在兴起的全球文明时，世界体系理论模式必须紧紧抓住大多数其他空间。每一空间通过日益复杂的流动和运动之网与其他空间联系在一起。

——【意义与影响】

该书共计 28 万字，中译本由浙江人民出版社于 2001 年出版发行。当作者在酝酿写这部书的时候，人们关注的焦点还集中在二战之后形成的两大对立集团的冷战，这种关注，使得我们在研究问题的时候容易陷入一种误区，不利于正确地分析所处的国际形势，有效地解决国际政治与经济中所发生的问题。而作者从当时所处的政治形势出发意识到：世界已经发生了巨大的变化，主权学说和主权理论正面临着极大的挑战。这本书从三个方面给了我们处理国际关系问题的有益启发。

第一，这本书打破了学科界限，从政治、经济、军事、物理、文化、历史等多学科角度对主权进行了分析和阐述，这就避免了以往的因为学科的界限而导致探讨的不全面，使得我们在运用这本书所提出的一些理论方法来分析问题的时候具有更多的参考，这种广泛的、相互联系的视角对我们从事的相关研究无疑具有启发意义。

第二，本书涉及大量传统的国际关系的研究体系，论及地方、地区、国家、国际、跨国家和超国家等不同层面，并且涉及跨国公司、新社会运动、市民社会等非国家行为者。这样就使得本书的探讨既达到了纵向上的完善，也在广度上达到了足够完善的程度，透过这些方方面面、错综复杂的关系，我们对世界政治的理论和实践形成一种更全面、更生动的、更新颖的认识。

第三，在本书中，作者的目的并不是要建立一种新的理论框架，而是对现有的理论和方法进行分析、比较和质疑。其中有很多方法甚至是一直在影响着我们看待问题、解决问题的方式，作者对于这些方法进行了深入的剖析，深刻发掘了其中的问题所在，并且据此提出了许多有关当今世界和未来世界的问题，这些问题发人深省，对我们今后的研究具有极大的启发作用。

传统上，国家主权一直是国际关系研究的一个中心概念。这本新著的重要性在于，它以现在世界经济、技术及制度的快速变化为背景，重新考察了国家主权的理论与实践。本书探讨了国家、次国家和跨国家行为者之间相互关系的变化，探讨了主权概念在理解当代政治方面的相互作用。它从世界经济、技术变化、安全困境、生态危机及新社会运动这五大领域入手，描述了当代世界的趋势和未来世界的可能性。该书对政治理论做出了一项重大贡献，对正在形成的世界政治体系提出了新的见解，并提出了一个具有挑战性的新的宏观政治分析方法。

《国际事务》杂志编辑肯·科斯格罗夫曾经这样评价这本书：《主权的终结？——日趋"缩小"和"碎片化"的世界政治》一书之所以受到读者热烈欢迎，并非偶然。这是一本非常有用的著作，它把经济学、政治学和科学等不同学科领域的工具结合在一起，对讨论的主题做了深刻阐述。

──【原著摘录】────────────────────────────

2. 主权的理论与实践 P13-54

P21　就主权理论构想的国家是执行社会绝对权力和权威的核心机构这点来说，主权理论同三个相互独立又彼此联系的问题结合在一起：在实践上或规范上对主权的行使是否有限制？主权定位于何处？国家主权和市民社会的关系是什么？

P28　在马克思看来，哲学概念与政治现实之间存在尖锐的差别，尽管国家可以将自己作为主权的代表，保障社会的普遍利益，但这在很大程度上只是个幻想。虽然它可以行使权力，将集团、个人征服于它的意志之下，但在资本主义社会，国家至少代表了私有财产作为最高政治和精神的现实。

P45　尽管在观点和方法论上存在极大的不同，但有关强调国内—国际联系的各种研究都坚信需要互动的分析模式，这里涉及两种相关的互动形式或层面：民族国家内部环境与外部环境之间的互动以及文化、经济、军事与政治之间在行使权力和权威方面的互动。这种互动关系必然有其历史基础，它产生于周期性的结构变化运动，同时又导致了周期性结构变化运动的出现。

3. 解释的危机 P55－86

P55 主权是人类特定历史时期产生的，是为特定时期的特殊需要服务的。从这一点出发，我们完全有理由认为，全球文化和政治经济方面的变化必将对主权概念及其实践产生影响。

P56 人们早已认识到，想要对一个历史阶段的重要性和特征进行评估，而他们恰恰又生活在这一阶段，这是最难办的事了。未来的走向尚不可知，过去的路程我们刚刚走过，可以用现在的理解去对其进行比较评判。无论未来、过去还是现在，都要经受批判性的怀疑。即便是有关现在环境的描述也仍然存在混乱和争议，这毫不奇怪。尤其是像今天这样一个时期，许多问题还处于极度动态的变化之中。

当今时代也有一些显而易见的特征。它是一个复杂的、全球化的经济体系，它被市场所主宰，人们在这个市场中为竞争利润而从事各种冒险活动，这就是资本主义市场。技术在人类事务中占据了重要地位，以迅猛速度发展的技术重组日益显示其重要性。这与我们正经历的、创造现代化和现代性的那种无情无义的进程交织在一起，形成一种意识形态。这种意识形态可以追溯到 17 世纪之初，通常称为进步思想（the Idea of Progress）。

P57 "现代性"出现在基督教的中世纪末，它向人们指明了一个世界，一个不再被过去所束缚的世界，一个不再被古典遗产所淹没的世界。取而代之的是一种崛起的意识：新的奇迹可以建立在过去的奇迹之上。

"现代性"仍是一个有疑问的概念，主要在于"现代性"还在继续被转变成过去。由于现代性从属于不断发展而又残酷无情的现代化进程，它将现在变成了过去，只是向人们展示了现代性兴起的时刻。"现代性"可能被理解为人们在"现代"时刻正在经历的环境、物质、经济、文化和心理。构成"现代性"的东西，可以被理解为只是那些在时间演进过程中相对我们而言的东西。从这一意义上看，如果提到不加限定的现代性，实际上是指"我们的现代性"。

4. 世界经济 P87－128

P96 我们可以得到以下几点：各国经济日趋相互依存，生产、交换、流通环节密切相连，并呈现了全球性特征。新技术的出现对劳动队伍提出了更高的要求，因此发达国家新工业近来有所发展，使很多劳动密集型产业重新被配置到劳动成本相对低廉的地区。促使经济重组的两个因素是科技的迅速发展和国际金融的整合。由此产生的国际劳动分工利用地区间不同的技术结构、市场条件、产业关系和政治条件，以求实现全球性的生产和营销战略。在这一过程中，跨国公司是最明显但却不是唯一的要素。

P109　为了在理论和实践上认识主权，我们需要把注意力从一般意义上的国家转到占统治地位的国家那里，分析它们扮演的角色和这种统治地位的含义。因为与设想中的主权国家法律（也就是权威）上一律平等不同，事实上权力不均衡地集中于几个国家，因此也就长期存在着大小国的区别。有些人进一步指出，任何时期的国际秩序都在很大程度上依赖于强权国家重要的体制和思想意识形态，暗示着如果没有这种强权，世界就会陷于政治混乱状态，这种强权也被某些人称为"霸权核心力量（Hegemonic Core Power）"。霸权的定义直接和我们的研究有关，因为从定义上看，霸权体系的存在与主权国家体系相矛盾，后者是分散的，每个主权国家在自己的版图内拥有至高无上的强制权力，不被外来权力或势力所控制。

P111　在霸权稳定理论中，人们对霸权的结构模式、组成霸权的经济、军事和意识形态的比重众说纷纭。尽管人们的看法不尽相同，但有一点非常清楚：主权和霸权对除了霸权国以外的其他任何国家都不是一致的。从定义上讲，霸权国的支配性统治侵害了其他国家的有效主权。霸权体系是一个国家独享的特权、责任和职责。在这个体系中，霸权国的权力有效地扩展到其他主权地区，从而限制（如果不是削弱）了其他国家的管辖权。

5. 技术变化 P129－170

P165　目前，国家主权意志有一种明显的趋势，它忽视了规范性的、正常的市民社会利益，将注意力集中在它认为最重要的经济发展目标上。现在已经到了这种程度，国家越来越不考虑规范性问题，更不用说去解决它们。市民社会继续全力关注这些问题，而且必须找到解决问题的其他方式。

P147　计算机和通讯能力的迅猛发展极大地促进了集团组织的变化。但是，正如我们在讨论监控技术时提出的，这些变化也对国家主权产生了影响。

6. 安全困境 P171－210

P171　对内主权意味着在国家的边界之内行使最高权力，而对外主权则意味着国家之间在法律上的平等，因为没有任何国家会受制于更高的外部权力。

P173　毫无疑问，暴力的使用与民族主义仍然是世界政治中的强有力因素，但这两者无论单个还是相结合都不可能被认为与对外主权同义。民族认同和军事力量的性质以及它们在国际体系中的功能都易于发生深刻变化，因此有助于导致一种与主权国家地位概念的含义极为不同甚至是矛盾的关系模式。在支配国际政治已达 40 多年的东西方关系的急剧演进中所反映出来的紧张与模糊是前所未有的。

P178　制度的作用仍然是比较广泛的。即使是与安全问题没有直接或明显利害关系的组织，也必定会影响国家解释和处理这些问题的方式。近来欧洲一体化的经验在这方面特别有启示意义。功能主义者认为经济的统一将日益破坏国家制度的独立并最终会扩展到政治与军事合作的其他领域，现在看来这个论点过于简单化并且不成熟。戴高乐时的法国与撒切尔时的英国的政策已有效地打碎了把国家权力与权威迅速移交给超国家机构的任何幻想。

P194　在 20 世纪 40 年代末和 50 年代初建立的两个对立联盟体系乃是权力重组的中心。隐含于这些集体安全安排中的一体化趋势已有人论及。这些安排不仅强调和平时期的军事一体化，而且鼓励着一种政治和官僚机构的相互依赖过程，因为每一个国家的民事和军事机构对另一集团成员国的对应机构的目标和优先性日益敏感，特别是在旧盟国中。

P204　跨国生产和金融的复杂网络作为全球军事秩序的基石，对于军事预算的动态、武器转让的模式、地区冲突的性质和大国军事干涉的功能都提供了至关重要的分析性观察。换个角度看，国家安全决定未必是地缘政治综合体的一个主要的独立变量。它们时常是次国家、超国家和跨国家利益的复杂网络的副产品，按照这样的利益，主要的经济考虑和战略考虑不相上下。和平与战争的问题亦包容了重要的文化的和意识形态的影响与事务，但这些东西很可能既加强主权原则亦削弱主权原则。

7. 生态危机 P211-244

P220　这并不是说超国家协调的趋势是完美无缺的或完全成功的。实际上，虽然人们做出了许多努力，并有许多国家愿意向地区组织放弃权力，但酸雨问题仍然基本没有得到解决。这里要指出的是，尽管在言论上还有反对意见，但欧洲国家为解决这类问题所做出的努力，已经逐步迫使欧洲共同体向建立核查与地区规划机制的方向迈进。最终，主权理论既不能预测这种机制，也不能解释这种机制。

P230　世界社会组织在概念上被分裂为主权范围，这使生态影响很容易被确认。但有一种影响最不容易确定，那就是国家与其技术发展规模之间的关系。国家所具有的工具性作用与其领土范围的固定性相结合，形成一种特殊的技术范围，国家寻求对这一范围的开发和管理是最天经地义的，但对生态圈和主权学说本身来说都有特别的影响。

P234　作为对国家、当代技术发展与主权理论和实践之间关系的个案分析，核力量的发展得出另一个重要结论。虽然国家的工具作用给予主权概念许多当代意义，这种意义本身被两种因素破坏。第一，国家的技术干预在物质上使人类环境处于困境之中。第二，主权的理论和实践与设想中解决这种困境所需要的制度不相一致。当这种矛盾激化后，一种对抗性反应出现，随之，新的合法原则和新的政治组织出现。

8. 新社会运动 P245—290

P245　抗议政治（Politics of Protest）是一个含糊不清、没有明确定义的研究领域，它不自然地介于变更结构的革命模式和多元论者或机能主义者（Functionalist）关于压力集团政治概念之间，但这两种理论都没有充分说明或解释什么是新的全球现象。尽管许多文献集中分析了抗议活动在推动工业自由民主方面的性质和意义，尽管它们的机构背景、经济发展或活动模式大有不同，但它们与第三世界国家和社会主义集团的抗议政治还是有某种联系和相同之处。

P254　从某种意义上看，少数民族问题、妇女运动和城市反抗运动之间没有什么共同点。但从另一角度看，在防止过于概念化危险的同时，我们发现这些表面上全然不同的实体和现象有着某种共同的经历。正如阿兰·特伦（Alain Touraine）指出，所有处于被统治地位的组织，无论是土著人、少数民族、学校学生或医院同室者，作为受害者，他们被"排斥、被贴标签、被打上烙印"。这些行为者之所以具有政治意义，是因为他们能够将他们面临的疏远和排斥转化为具体的社会行动。他们之所以能够成为社会运动，是由于他们具有产生和发起社会冲突的能力。

P260—261　新社会运动之所以成为社会学和政治学研究中一个有价值的目标，是因为它们试图"在社会上构筑新的认同，为自治的社会行为创造民主的空间，并对公共机构进行重新解释和改造"。这些功能与我们对主权的研究有着尤为密切的关系，它们使现代国家的性质更清晰了，也使国家与市民社会的关系更清晰了。它们将有关概念、效忠和制度置于同一范围，它们对这一范围来说是至关重要的。换句话说，新社会运动尽管有其多样性，但基本可以将它们理解为对现代性文化、技术和制度的一种反应，也就是对统治当今政治范围的现代政治经济和技术机构的反应,既包括军事又包括民事。如果不仅新社会运动的成员体验到被剥夺和被疏远的下层经历,那些处于边缘地带或偶尔卷入政治运动的广大选民,也同样体会到这种经历,这时,上面所说的那种反应将更为重要。

9. 当前趋势与未来的可能性 P291-结尾

P297 主权学说中这些相关的紧张状态反映了这一概念缺乏明确的思路。这种缺陷在于该学说固有的倾向,即将国家看作一个冻结的地缘政治实体,而不是看作处于一定时间和空间中发展进程中的一种现象。其结果是,国家的抽象概念掩盖了它的作用,国家是一种动态的且继续发展的历史进程的机构,也是这一进程的产品。主权学说同时也掩盖了国家与更大的现代性和资本主义扩张之间在制度上和意识形态上的密切关系。换句话说,主权则作为国家政治理论的明确范畴,它忽略或淡化了民族国家的制度作用,即民族国家在形成国家社会和国家市场上的历史职能。

── 【参考文献】─────────────────

[1] 约瑟夫·A. 凯米莱里,吉米·福尔克. 主权的终结?:日趋缩小和碎片化的世界政治 [M]. 李东燕,译. 杭州:浙江人民出版社,2001.

[2] 任晓. 国际关系学不能没有人文底蕴 [J]. 国际政治研究,2005 (4).

[3] 俞正梁. 经济全球化进程中的新世纪世界格局 [J]. 复旦学报(社会科学版),2000 (1).

[4] 杨广. 国际体系的形成、稳定和变化:图解温特《国际政治的社会理论》[J]. 欧洲研究,2002 (5).

[5] 张丽华. 主权博弈:全球化背景下国家与国际组织互动比较研究 [M]. 长春:吉林大学出版社,2009.

[6] 杨泽伟. 主权论:国际法上的主权问题及其发展趋势研究 [M]. 北京:北京大学出版社,2006.

[7] 王联编. 世界民族主义论 [M]. 北京:北京大学出版社,2002.

[8] 陈序经. 现代主权论 [M]. 张世保,译. 北京:清华大学出版社,2010.

[9] 熊彼特. 资本主义、社会主义与民主 [M]. 吴良健,译. 北京:商务印书馆. 2010.

[10] 让-马克·夸克. 合法性与政治 [M]. 佟心平,王远飞,译. 北京:

中央编译出版社，2002.

[11] 王义桅. 国际关系理论的国家性 [M]. 美国研究，2003（4）.

[12] 让-弗朗索瓦·利奥塔. 后现代状况：关于知识的报告 [J]. 明尼阿波利斯：明尼苏达出版社，1984.

六、《权力与相互依赖》

[美] 罗伯特·基欧汉，约瑟夫·奈 著

门洪华 译

北京大学出版社，2002 年

——【作者简介】——

罗伯特·基欧汉，生于 1941 年 10 月，哈佛大学政治学博士，曾经执教于布兰代斯大学、哈佛大学等，现任杜克大学詹姆斯·杜克讲席教授，美国政治学会主任。

基欧汉的主要著作有《新欧洲共同体：决策与制度变迁》（1991 年，与斯坦利·霍夫曼合编）、《合法化与世界政治》（1991 年，与朱迪斯·戈德斯坦等合编）、《观念与外交政策》（1993 年，与朱迪斯·戈德斯坦合编）、《冷战之后：1989～1991 年的欧洲国家战略与国际制度》（1993 年，与约瑟夫·奈、斯坦利·霍夫曼合编）、《地球制度：国际环境保护的有效性之源》（1993 年，与皮特·哈斯及麦克·利维合编）、《从地方性公用地到全球相互依赖》（1994 年，与艾黎诺·奥斯特洛姆合编）、《环境援助制度的陷阱与承诺》（1996 年，与麦克·利维合编）、《国际化与国内政治》（1996 年，与海伦·米尔纳合编）、《不完善的联盟：跨越时空的安全制度》（1999 年，与海尔格·哈弗特敦等合编）、《世界政治研究的争鸣与探索》（1999 年，与皮特·卡曾斯坦及斯蒂芬·克拉斯纳合编）、《权力与相互依赖》（2001 年，与约瑟夫·奈修订）、《人道主义干预的伦理、法律与政治困境》（2003 年，与霍利泽格利弗合编）等。

约瑟夫·奈（即约瑟夫·S. 奈）生于 1937 年，1958 年于普林斯顿大学，获公共事务学学士学位，1960 年获英国牛津大学哲学—政治学—经济学硕士学位，1964 年获哈佛大学政治学博士学位，毕业后留校任教。1977—1979 年出任卡特政府的助理国务卿。1993—1994 年任克林顿政府的全国情报委员会主席。1994—1996 年任美国助理国防部长。现任哈佛大学肯尼迪政治学院院长、政治学教授。

约瑟夫·奈的主要著作有《软权力：世界政治制胜之道》（2004 年）、《权力游戏：华盛顿新篇章》（2004 年）、《权力与相互依赖》（1977 年，与罗伯特·基欧汉合著）、《注定领导：变化中的美国实力特性》（1990 年）、《理解国际冲突：理论与历史》（2000 年）、《美国实力的悖论：为何世界唯一超级大国不能一意孤行》（2002 年）、《核伦理》（1986 年）、《全球化世界的治理》（1999 年，主编）、《冷战之后：1989—1991 年的欧洲国家战略与国际制度》（1993 年，主编）等。

——【写作背景】————————————————————————

第二次世界大战结束以来，各社会之间的经济联系迅速增加，跨国公司的作用日益增强，世界政治也出现了意义深远的变化，包括经济问题在国际关系中的作用越来越重要、欧佩克的兴起、美日贸易关系的紧张、尼克松单方面宣布放弃《布雷顿森林协定》等。20 世纪六七十年代，国际关系出现大分化、大组合，一度有美国霸权衰落之说。在这本著作的前言中，两人在提出了批评现实主义同时，又与现代主义拉开距离的一个颇为松散的世界政治范式。他们强调多国公司、跨国性社会运动、国际组织对世界政治的影响，成为建构世界政治理论的起点。

1973 年，基欧汉和约瑟夫·奈意识到，解释世界政治的关键问题可能在于研究政治权力与经济相互依赖的关系，关于这些问题的进一步思考就是《权力与相互依赖》的撰写和出版。1977 年《权力与相互依赖》（第一版）出版，标志着美国自由主义国际关系学派挑战（新）现实主义理论主导地位的开始，构成新自由制度主义兴起的理论基石。基欧汉和奈针对现实主义理想模式的核心判断（国家是国际政治最重要的行为体，使用武力或武力威胁是行使权力的最有效工具，世界政治中的问题有等级之分，军事安全最为重要），构建了一个复合相互依赖的分析模式（Theoretical Model）：各个社会的多渠道联系；国家之间关系的议题包括许多无明确或固定等级之分的问题；在复合相互依赖占主导地位的情况下，政府不在自己所处地区内或在某些问

题上对其他政府使用军事力量。他们断言，上述三个特征比现实主义接近于
经济和生态相互依赖方面的全球性问题，更有助于表现当前国家之间关系的
特性。通过对复合相互依赖的界定，基欧汉和约瑟夫·奈既表明了自己对此
前国际关系研究的继承性，又体现了自己的独创性和挑战现实主义主导地位
的本意，肇示着建构新的研究纲领的努力。进入 20 世纪八九十年代后的世界
政治格局发生的巨大变大，促使作者进行了新的思考。

【中心思想】

罗伯特·基欧汉和约瑟夫·奈是国际关系理论中新自由主义的代表人物，
关注国际关系中的相互依存、国际制度和传统均势理论。两人合著的《权力
与相互依存》（1977 年）是新自由主义的经典著作。他们把国家间和超国家关
系作为研究对象，将现实主义的权力政治论和科学行为主义提出的相互依存
论结合在一起，进一步剖析了两者间的内在联系，对政治、经济、生态、军
事等方面进行了综合研究，在此基础上提出了"复合相互依存论"。该书在结
合国际关系国际政治不断发展的基础上不断修改完善，一共发行了四版。
1977 年，该书第一版的出版，标志着新自由主义国际关系学派挑战（新）现
实主义理论霸主地位的开始，构成新自由制度主义兴起的理论基石，该书曾
被译成中文，由中国人民公安大学出版社 1992 年出版；1989 年，该书重版并
增加了对批评的回应；2001 年该书第三版出版，2012 年该书第四版面世，两
位学者将全球化、国际机制与相互依赖概念相整合，指点国际局势，激扬文
字，对 21 世纪初的世界政治进行严肃的理论分析，成为代表新自由制度主义
发展的巅峰之作。

该书从具体内容上分为 6 编，共 10 章内容，从逻辑线索上讲，由理论框
架、现实验证、批评回应与理论发展等四个相互联系的部分组成，围绕着这
四个方面，作者着重阐述了如下内容：

第一，阐述了新自由制度主义的探究，应当以复合相互依赖为起点。新
自由制度主义是在挑战新现实主义的过程中成长和发展起来的，它接受了新
现实主义的合理内核，在此基础上发展成为独立的国际制度理论体系，其后
又借鉴和吸纳其他国际关系理论流派特别是建构主义学派的最新成果，及时
保持着学术前沿地位，新自由制度主义关于多边主义（Multilateralism）和全
球治理（Global Governance）的研究成为带动学术创新的核心动力。作者在
该书理论框架部分剖析相互依赖的概念，提出敏感性相互依赖和脆弱性相互

依赖的区分，在权力与相互依赖之间建立联系框架。在批评政治现实主义的基础之上，提出"复合相互依赖"的理想模式；提出国际机制概念及国际机制变迁的解释模式，从而为新自由制度主义的崛起奠定了理论基础。

第二，阐述了复合相互依赖的三个来源，即对现实主义的质疑、一体化理论发展、跨国关系研究。相互依赖是国际关系理论诸范式所涉及的，但只有新自由制度主义将之作为体系理论的基石。作者在 20 世纪五六十年代学习过地区一体化理论，卡尔·多伊奇对多元安全共同体的研究和厄恩斯特·哈斯对欧洲联合的研究为他们提供了诸多真知灼见。第二次世界大战结束以来，各国之间的经济联系迅速增加、跨国公司的作用日益增强，他们开始关注跨国关系的研究，并于 1971 年合作编辑出版了《国际组织》"跨国关系与世界政治"专辑（后结集成书）。他们非常关注跨国行为体的作用，并以此为基础提出了"世界政治"的松散范式（Loose Paradigm），从国际政治经济领域对新现实主义进行批评。此后，两人共同探索取代现实主义的理论构架，其成果就是《权力与相互依赖》（第一版），因而该书也就是批判现实主义的产物。作者在现实验证部分从海洋领域、国际货币领域、美加关系、美澳关系等方面就国际机制变迁予以解释，验证自己的理论主张；剖析美国与复合相互依赖的关系，就美国外交提出了自己的政策建议。

第三，作者开始自动地向现实主义理论体系看齐，意在发展一种处于国际体系层次的世界政治理论。该书是一个巨大的转向，标志着建构国际制度理论的开始，是连接跨国主义（Transnationalism）、相互依赖与新自由制度主义的桥梁。在该书中，作者从建立一个新范式的尝试后退（Retreat），转向建立一个新的研究纲领，即为了补遗（Supplementarity），而放弃了互补（Complementarity）的理念。他们放弃了将国内政治和外交政策纳入其相互依赖和跨国模式的任务，而这些曾是他们孜孜以求的。作者明确地指出，自己的动机并非完全是为了寻求一条通往世界永久和平的有效途径，而是想用这个概念批评在国际政治学研究中的传统权力理论，进行科学的修补，以在更大程度上靠近客观现实。

应当说，《权力与相互依赖》第一次全面否定了现实主义的基本假说。基欧汉和约瑟夫·奈明确地挑战了现实主义把国家作为行为者的许多前提假设：军事安全在外交事务中的相对重要性、军事力量在国际政治中的作用、事务性领域中权力资源的替换性。他们认识到，随着相互依赖的加深，国家间关系的调控越来越引起人们的关注和重视，而各种非国家行为体在国际舞台上越来越活跃，现实主义以国家和权力为中心的理论范式受到越来越多的挑战。他们第一次系统性地提出了国际机制的概念，并分析了国际机制变迁的四种模式，特别是详尽批驳了作为纯粹现实主义模式的总体结构主义，并全面论述了自己建构的国际组织模式；他们的研究表明，当国家处于复合相互依赖的世界中，在解释国际机制的变迁时，问题领域模式和国际组织模式更为有效。这一结论为国际制度理论的建构埋下了伏笔。

由此，在第四部分对《权力与相互依赖》的理论批评做出回应，并将 20 世纪 80 年代以来新自由制度主义的理论发展贯穿其中，强调自身理论的价值及其限制条件，指明未来理论的发展方向。此时的理论关注点是国际机制或国际制度，其分析层次仍是研究纲领，但研究目标却已经定位为体系理论范式了。这个时候，国际关系理论发展仍然处于群雄逐鹿的阶段，但楚汉之争，即新现实主义和新自由制度主义相争已现端倪。

20 世纪 90 年代以来，国际局势发生了翻天覆地的变化，全球化驶上快车道，美国"单极霸权"的战略图谋越来越突出。世纪之交，国际社会将走向何方？在理论发展部分，两位学者敏锐地抓住信息时代、全球主义两个概念，提出如何以国际机制（国际制度）为核心，对全球主义进行治理的新思路。

作者在现代主义和现实主义之间创立独立研究纲领起步，而后，退回到传统主义的核心假定，并借此提出了功能主义的国际机制理论；此后，在新现实主义和自由主义的共同基础之上，提出了独立的研究纲领，即新自由制度主义。作者接受了现实主义的基本假定，但并没有完全放弃自由主义对多元行为体的强调。特别是随着全球化的发展，再次强调了非国家行为体——包括政府间组织（Intergovernmental Organizations）、非政府组织（Non-governmental Organization，即 NGO）和多国公司（Multinational Corporations）等的重要性。以此为现实基点，作者提出了全球主义的概念，探究全球主义治理的可行途径，从而促进了全球治理理论（Theory of Global Governance）的发展。

【分章导读】

第一编　理解相互依赖

第一章　世界政治中的相互依赖　主要对世界政治中的相互依赖进行了概念界定和分析，提出了权力与相互依赖之间的关系。在作者看来，由于世界经济的持续发展具有一定的限度，国家或国家集团并不能超越这一限度，这决定了世界政治的相互依赖性的特点。作者尤其提出了理解权力在相互依赖中作用必须区分敏感性（Sensitivity）与脆弱性（Vulnerability）二者之间关系的重要理论，并指出敏感性相互依赖既表现在经济方面（如石油价格对于一个国家的巨大影响），也表现在社会或政治方面如社会"传染效应"。但是就要理解相互依赖关系的政治结构而言，还必须理解既适用于社会政治关系，又适用于政治经济关系脆弱性。本章引用了大量的 20 世纪六七十年代发生与各国的重大事件进行说明。

第二章 现实主义与复合相互依赖 作者从现实主义与复合相互依赖的关系入手，分析了复合相互依赖的基本特征："其一，各社会之间的多渠道联系，它包括政府精英之间的非正式联系或对外部门的正式安排；非政府精英之间的非正式联系（包括面对面的交流或者通过电讯联系）；跨国组织（如多国银行或多国公司）等。"① "其二，国家间关系的议程包括许多没有明确或固定等级之分的问题。问题之间没有等级之分意味着，军事安全并非始终是国家间关系的首要问题。其三，当复合相互依赖普遍存在时，一国政府不在本地区内或在某些问题上对他国政府动用武力。"② 尤其是在当代国际政治条件下，国家之间以及非国家主体之间存在着多渠道的相互依赖，传统的问题已经没有等级之分而出现多元化的趋势。

作者认为，以往各国通过传统军事威胁来影响国际关系的现象已经不再占据国际关系的主流。军事力量常常是不能实现各国众多目标的最恰当的方式，军事打击或者说战争对于动用武力国家将武力用于非安全目标以及在这些民主国家的民众将产生消极的影响。复合的相互依赖使得各国将不同的问题相互联系起来，产生了所谓的联系战略。无论是跨国还是跨政府关系，在相互依赖的时代下，已经不再局限于某一领域或者某一行为体的行为上，国际组织在国际关系中尤其是在连接弱小国家之间产生了重要作用，使它们可以更好推行联系战略。因此，作者分析出现实主义与复合相互依赖关系条件下的政治进程有着根本的区别。

第三章 解释国际机制的变迁 从经济进程、世界的总体权力结构、各问题领域内的权力结构、受国际组织影响的权力能力等的变化提出关于国际机制变迁的四种解释模式。作者第一次系统性地提出了国际机制的概念，并

---

① 罗伯特·基欧汉，约瑟夫·奈. 权力与相互依赖 [M]. 门洪华，译. 北京：北京大学出版社，2002：25.

② 罗伯特·基欧汉，约瑟夫·奈. 权力与相互依赖 [M]. 门洪华，译. 北京：北京大学出版社，2002：26.

分析了基于经济进程的机制变迁模式的前提条件。"基于经济进程的机制变迁模式的第一个前提是，技术变革与经济相互依赖的增加将使现有的国际机制过时。基于经济进程的机制变迁模式的第二个前提是，政府必须对提高生活水平的国内政治要求迅速做出反应。基于经济进程的机制变迁模式的第三个前提是，资本、货物以及某些情况下人员的国际流动带来巨大的经济效益，并成为政府修改或重新创立国际机制、恢复其有效性的强大动力。……因此，机制变迁是一个逐渐接受跨国经济活动的新规模和新形式的过程。干扰和打破原有的机制将使经济发展付出高昂的代价，因此各国政府会抵制诱惑。"①

作者尤为详尽地批驳了作为纯粹现实主义模式的总体结构主义，并全面论述了自己建构的国际组织模式。他们的研究表明，当国家处于复合相互依赖的世界中，在解释国际机制的变迁时，问题领域模式和国际组织模式更为有效。这一结论为国际制度理论的建构埋下了伏笔。

第二编　海洋和货币领域的机制变迁

第四章　关于海洋政治和货币政治的历史回顾　回顾了 1920 年以来从关于海洋政治和国际货币机制的变迁，指出货币领域是一个定义清楚、界限分明的体系，而且具有高度功能性，而海洋领域是一个松散的问题领域，功能性联系少，但已经越来越交织在一起。他们指出，19 世纪"大英帝国治下的和平"有时被视为国际秩序的黄金时期。主要由大英帝国创立和实施的国际机制管理者国际经济相互依赖。"大英帝国治下的和平"的两个关键性领域是货币事务、海域和海洋资源。"货币领域是一个定义清楚、界限分明的体系：一个棘手的领域，联系具有过低功能性。海域和海洋资源是一个松散的问题领域，功能性联系甚少，但随着时间推移，各种联系越来越交织在一起。"②

第五章　海洋和货币的复合相互依赖　在第四章的回顾基础上，作者阐述了当代海洋和货币发生了实质性变化，即武力的作用在海域和海洋资源领域已经不再是各国尤其是大国的核心力量和主导地位。"相比海域和海洋资源而言，国际货币领域中更少动用武力或武力威胁。从这方面讲，相比海域和海洋资源政治，货币政治常常直接近于复合相互依赖。另一方面，货币政治并不完全孤立于武力政治。货币时常被用于实现政治和安全目标的工具。这

---

① 罗伯特·基欧汉，约瑟夫·奈. 权力与相互依赖 [M]. 门洪华，译. 北京：北京大学出版社，2002：41.

② 罗伯特·基欧汉，约瑟夫·奈. 权力与相互依赖 [M]. 门洪华，译. 北京：北京大学出版社，2002：105.

些联系不时走向岔路。为实现国际货币目标，军事手段也得以间接使用。当英国保有其帝国时，各殖民地是英镑力量强大的一个圆圈，因为伦敦实际上决定着它们的货币政策。"①

虽然国际货币问题并非与军事安全政治完全分离，但是使用或威胁使用武力已经变得很少见。"20世纪70年代，相比现实主义而言，两个问题领域都更接近于复合相互依赖，尽管两者并不完全符合复合相互依赖的理想模式。特别是，武力在两个问题领域中都发挥着某些作用，海洋政治更是如此；海洋问题领域的扩展以及按照登记顺序排列这些问题的难度与国际货币政治不同。"②

第六章　海洋和货币领域的决策政治　分析了海洋和货币的复合相互依赖，以及它们对决策政治的影响，特别提出了在海洋问题领域或货币政治的某些特定方面，国际组织模式对理解机制变迁政治十分关键。在本编最后，作者得出结论：出现了当今国际关系已经不再是简单的单一利益关系而存在或者接近于复合相互依赖，同时货币领域的基本权能分配和决定机制的权能分配时相当集中的，而海洋领域的基本权利资源受到了限制，国际组织的程序更加重要。

作者通过比较还得出："海洋领域的诸多政治化倾向于从美国国内政治'自上而下'，因此限制了占支配地位的政府行为体实施政策的自由。另一方面，货币领域的政治化进程一般由外及里，允许实施更具有系统倾向性的政策。由于该政治化模式的存在，相比海洋领域而言，货币领域更能得到总统的持续关注，因此更容易维持连贯的政府政策。"③ 作者认为，在政治分析中传统工具不必弃之不顾，但需要加以磨砺，并辅之以新工具。

第三编　机制与两个双边关系

第七章　美国与加拿大和澳大利亚的关系　采用比较分析方法，选择美国与加拿大之间的个案双边关系来阐释和说明当前国际关系中存在的复合相互依赖关系。"两国都发现，要想富有意义地、一致地、以任何具体形式正式列举出对另一国事务的优先考虑是不可能的。只有同时将国内政策的某些方

---

① 罗伯特·基欧汉，约瑟夫·奈. 权力与相互依赖 [M]. 门洪华，译. 北京：北京大学出版社，2002：109.

② 罗伯特·基欧汉，约瑟夫·奈. 权力与相互依赖 [M]. 门洪华，译. 北京：北京大学出版社，2002：118.

③ 罗伯特·基欧汉，约瑟夫·奈. 权力与相互依赖 [M]. 门洪华，译. 北京：北京大学出版社，2002：170.

面纳入优先考虑范围之内，从而适用于选民团体，才能做到这一点。"① 当
"国家文件""政策分析与资源配置文件"等要素积极活跃于外交领域时，他
们将具有某些控制性价值。但当它们用于控制某些主要"国内"部门和规章
制定委员会时，他们不过是一些官僚措施罢了。自第二次世界大战以来，加
美关系为给予联盟、经常磋商、禁止问题间的公开联系等机制所支配。

20世纪五六十年代，澳大利亚常常表达自己对军事安全的关注，它常常
感到自己是盎格鲁-撒克逊经济、政治和文化制度的鼓励前哨，与实际敌对或
潜在敌对的亚洲国家比邻而居。这种意识使澳大利亚建立和维持国家间的等
级结构、并将安全问题视为至关重要成为可能。作者运用了美国和澳大利亚
之间的关系来考察某些国际差别（如地理距离、传统政治友谊差异、文化差
异、经济发展水平差异等）的影响。通过比较，发现澳美关系之间更接近于
现实主义，总体结构模式更适用于解释澳美关系，澳大利亚更多依赖于美国。
在加美、澳美关系中，战前议程和战后议程之间存在巨大差异的一个根源是，
在战后联盟网络中，美国处于领袖地位。但是，在战后加美关系中，跨国组
织影响了近1/3事例中的议程形成的政治过程。由于加美关系接近于我们提
出的符合相互依赖的理想模式，这种状况并不令人惊奇。

加拿大与美国的诸多冲突以及最终的解决机制表明，加拿大在逐渐摆脱
美国的压力而采取主动的外交方式，而在这一过程中，跨政府的行为体发挥
了重要作用，而交往的多渠道也是重要因素。本章的分析虽然不能完全得出
全球政治中的一般性结论，但是对于复合相互依赖政治提供了基本的支持，
让我们对其有了深入的了解。

第四编　美国与复合相互依赖

第八章　应对相互依赖　阐述了美国作为一个世界政治经济大国应当在
相互依赖的世界新格局中的应对措施。"世界政治的重大方面将继续接近于复
合相互依赖的条件。在某些问题领域和某些国家关系上，复合相互依赖根深
蒂固。尽管这些条件并非不可逆转，但只有这些重大变革才能扭转它们。我
们甚至可以坚信这样的观点，即世界政治将越来越呈现出复合相互依赖的特
征，因其自身的深刻原因，复合相互依赖的三个条件在长期的历史变革相辅

①　罗伯特·基欧汉，约瑟夫·奈.权力与相互依赖 [M].门洪华，译.北京：北京大学出版社，
2002：181.

相成。"①

作者将美国与英国霸权衰落进行了对比，认为从某种程度上讲，美国霸权的削弱——堪与英国霸权的早期衰落相提并论——体现出了国际等级秩序遭受的侵蚀。本章提出了研究相互依赖的政策含义，不是想否定传统的认识进而简单地提出新的方法来指导现实，而是要求美国能在学术研究基础上，考察现实实践的复杂性，在传统方法的基础上，运用更为多样、务实的方法来指导国际交往实践。作者阐明了复合相互依赖中的美国应对措施，认为美国应该在新形势下改变自身的领导策略、尊重世界的多元领导，坚持国际政策协调，确立国际机制在解决国际争端中的合法性，并且应当充分发挥国际组织和国内组织的基本作用。这些分析和建议为复合相互依赖形势下的美国提出了基本外交策略，也对国际关系提出了指导性意见。

第五编　全球主义与信息时代

第九章　权力、相互依赖与信息时代　第十章　权力、相互依赖与全球主义　作者分别介绍了权力、相互依赖与全球主义和信息时代这一具有时代特色的两大流行词汇之间的相互关系。作者指出，信息革命的影响远远不是技术领域的事情，而信息作为软权力，打破了传统的封闭式政治体系而关系到政治进程的改变。"信息革命通过如下方式改变了复合相互依赖的模式：促使世界政治中传播渠道的数量呈集合级数增长，这些传播渠道不仅指某官僚机构的个人之间，也包括这整个网络中的个人之间。但是这些传播渠道似乎仍然处于现有政治结构的背景下，对不同种类信息流动的影响也迥然有异。免费信息在无规则地流动。战略信息则受到尽可能的保护——例如，采用信息加密技术。商业信息的流动则有赖于政府、商业或非政府组织是否在网络空间确立了保护知识产权的有效规则。政治将影响信息革命的方向，反之亦然。"② 以地域为基础的国家，虽然将继续构建政治结构，但是将更少依赖物质资源，而更多依赖于保持信誉的能力。信息革命的最终影响是，改变政治进程，在软、硬权力的关系中，软权力比过去更为重要。

作者进而指出，全球主义作为新世界潮流，国际关系在信息革命的推动下日益密切。在经济、军事、社会文化等领域都出现了全球化趋势。而政治

---

① 罗伯特·基欧汉，约瑟夫·奈. 权力与相互依赖 [M]. 门洪华，译. 北京：北京大学出版社，2002：238.

② 罗伯特·基欧汉，约瑟夫·奈. 权力与相互依赖 [M]. 门洪华，译. 北京：北京大学出版社，2002：263.

的全球化也变得十分重要而普遍。在这一过程中，关联性、敏感性和脆弱性使各国不得不尽力去减少成本。作者还通过美日关系举例说明了全球主义与相互依赖的关系。全球主义是相互依赖的一种表现形式，它有两个特征：1. 全球主义指的是联结网络（多边关系），并不仅仅是单一联系。2. 如果一种关系被视为"全球性的"，则它必须包含洲际距离，而非简单的区域网络①。而网络密度的增加，传播成本的降低，市场反应快捷、跨国参与使全球主义在各国关系中发挥了越来越大的影响，最终也标志着冷战的终结。抗拒全球主义的代价是巨大的。作者最后还提出了治理全球主义的五种形式。

第六编 关于理论与政策的进一步思考（1989 年） 作为本书的"跋"，叙述了本书的主要主题、关于本书研究纲领的批评、由系统政治进程所显现出来的结构理论的局限性等问题，它是作者在 1989 年第二版原文基础上做出的一些关于本书阐述的理论和政策的一些思考。

—— **【意义与影响】**————————————————————————

《权力与相互依赖》共计 40 万字，中译本由北京大学出版社于 2002 年 10 月出版。该书是一部颇有理论建树的力作，是新自由主义的经典著作。本书的译著者门洪华认为，本书是"其真知灼见力透纸背，堪称洛阳纸贵之作。"自 1977 年以来，该书一直是国际关系研究引用频率最高的著作之一，被美国学者视为"不可替代之作"，"任何研究国际关系的严肃学者都应置之案头，时时翻看"。因此，本书是政治学及国家关系学的重要论著，对我们把握当代国际特征有重要指导意义。

第一，该书的理论主题——特别是复合相互依赖模式——构成了新自由制度主义研究纲领的基石，建构新自由制度主义纲领的美国研究。20 世纪六七十年代，国际关系出现大分化、大组合，一度有美国霸权衰落之说。对此，美国学术界提出了各种各样的解释和政策建议，而《权力与相互依赖》的复合相互依赖模式公认是最有解释力的理论之一。此后，以复合相互依赖理想模式为基石，基欧汉等人建立了新自由制度主义理论模式，使之成为与新现实主义比肩而立，甚至取代其主导地位的体系理论。

第二，该书致力于国际治理的探究，提出了全球主义治理的理论框架。

————————————————————

① 罗伯特·基欧汉，约瑟夫·奈. 权力与相互依赖 [M]. 门洪华，译. 北京：北京大学出版社，2002：275.

随着信息时代的到来，全球化成为国际关系理论发展与实践变革的驱动力。《权力与相互依赖》的三个核心命题——建构复合相互依赖的理想模式，解释国际机制的变迁，探究全球主义的治理——旨在回答在相互依赖的世界上国际制度如何运作。在本书中，基欧汉和约瑟夫·奈以对相互依赖的探讨为逻辑起点，探讨国际机制变迁，从而为新自由制度主义的建构提供了理论基础；通过对全球化（全球主义）及其治理的探讨，进一步发展了新自由制度主义。

第三，该书以创建体系理论范式的雄心作为出发点，将现实主义纳入其理论框架，用新的假定加以补充，亦即对新现实主义进行扬弃，为中国的学者提供了认识和把握西方国际关系理论提供了必要的理论视角。作者在建构自己的体系理论时，坚持了复合相互依赖的基本假定，但为了理论体系的建构，他也摒弃了某些观点，走的是"中间道路"。这可谓一种立场的倒退，但是这种倒退并未造成灾难，而是造就了理论的高峰。亦即致力于发展高度简约、呈现高度科学的体系理论，因此采取的是退两步、进一步的战略——即从建构理论范式和全面否定现实主义基本假说的立场后退，着重建构新自由制度主义的研究纲领。作者借鉴理性选择理论和制度经济学的相关理论框架，强调国际进程的重要性，将国际机制作为独立的解释变量，建构起新自由制度主义的理论框架。从肯定多元国际行为体的立场后退，放弃对军事力量重要与否的探讨，其研究方法也统一到个体主义上来。这种方法使其转向研究西方旧制度如何影响国家的战略，进而塑造冷战后的欧洲，创立了在现实主义、自由主义双肩之上的新自由制度主义的研究纲领，促成新自由制度主义与新现实主义分庭抗礼的局面。

从 20 世纪 80 年代中期的国际机制研究到 20 世纪 90 年代比较完整的理论框架的建立，新自由制度主义已经成为西方国际关系学中颇具影响力的理论流派，成为能够与新现实主义在理论方面抗衡、在学理方面展开辩论的政治哲学思潮。新自由制度主义提出了国际制度的供应派理论，强调了国际制度对于国家行为的影响和制约作用，讨论了无政府状态下国际合作的可能和条件。在方法论方面，新自由制度主义从对新现实主义的证伪着手，提出了以国际系统的进程为重要原因解释国家的国际行为的理论。从政治思潮的角度来看，虽然新自由制度主义接受了一些现实主义理论假定，但它强调具有理性的人所创造和建立的制度对于人们在相互依赖的社会中决策和行动的重大影响力，强调政治进程及其可变性，强调无政府状态下的秩序与合作，淡化冲突、淡化权力结构，这些观点在西方自由主义传统中是根深蒂固的。

───【原著摘录】────────────────────────────

中文版序言 P37－42

马克思主义理论与本书

P39　我们曾思考自己的分析与马克思主义模式的异同之处。同马克思主义者一样，我们也强调政治的经济基础；经济相互依赖的作用是我们的理论基础。像许多马克思主义者一样，我们从世界政治的总体结构模式入手，将政策视为一系列政治和经济现实的衍生。但是，我们从来没有把阶级作为价值的分析概念。而且，我们坚持认为，行为的关键性资源在于具体行为体——包括国家和多国公司等非国家行为体——的利益和能力。因此，我们很快就摆脱了总体结构方式的限制，转而研究具体问题的环境和国际组织的活动如何影响政策后果。对我们而言，政治和经济结构只是分析的起点而已。政治和经济结构对后果有巨大影响，但它们自身并不具有决定性。

本书与中国

P40　1971 年的中美关系非常符合现实主义理论：安全问题至关重要，两国之间极少经济相互依赖，国际组织和国际机制在两国关系中的作用可以忽略不计。截至当前，现实主义理论不适用于中美关系的现实。现实主义理论仍然重要，因为中美都是大国，他们继续为可能发生在彼此之间的战争未雨绸缪；它们之间存在利益的战略冲突——中美之间针锋相对的台湾政策就是明证。然而，其他因素发生了巨大的变化。从经济方面讲，中美之间存在相当程度的相互依赖性：贸易和外国直接投资非常重要，美国的企业领导人源源不断地来到中国，拜望中国领导人。国际组织和国际机制在中美关系上发挥重要作用：中国是联合国安理会常任理事国，并加入了世界贸易组织。非国家行为体在中美之间也发挥着重要作用，2008 年奥林匹克运动会——其组织基础是跨国性非国家的——对中国的重要性可以佐证之。

在符合相互依赖的条件下，当许多关系派出了使用或威胁使用武力时，中国决策者需要理解如何施展影响。他们也需要预期，中国参与跨国网络如何影响国外对中国的看法，其人民如何看待本国政府。进一步说，中国公民需要了解符合相互依赖条件下世界政治的复杂性，从而对中国政府的政策做出评估、进行批评，促使政策更导向合作、和平和繁荣。

带着现实主义的眼镜看待复合相互依赖将扭曲现实并导致政策失误。

和平的相对性

P41 所有市场都在政治框架内运行，在和平时代忽视军事安全的作用，就如同忘记了氧气对呼吸的重要性。将飞机作为武器、将因特网作为传播媒介的恐怖主义再次表明，面对战争武器，和平的追求是何等的脆弱！复合相互依赖不能自动出现，它需要建设，而复合相互依赖的建设以应当确保安全为基础。

第一编　理解相互依赖 P1－60
第一章　世界政治中的相互依赖 P3－21
国际机制变迁 P19－21

P19 世界政治的游戏规则包括某些国内规则、某些国际规则、某些个人规则——而且许多领域根本就不存在任何规则。

P21 国际机制是国际体系的权力结构与该结构内的政治、节能国际谈判之间的中介因素（Intermediate Factors）。

第二章　现实主义与复合相互依赖 P22－35

P22 其一，作为整体的国家是国际政治最重要的行为体，这是一个带有双重含义的假设，即国家是最重要的行为体，国家作为一个整体单位行事；其次，现实主义假定，武力是一种可用且有效的政策工具，尽管其 P23 他工作也可以采用，使用武力或武力威胁却是行使权力的最有效工具；其三，部分和第二个假设相关，现实主义假设世界政治中的问题（Issues）有等级之分，其中军事安全最为重要：作为"高度政治"（High Politics），军事安全主导着经济和社会事务等低度政治（Low Politics）。

多种渠道 P24－25

P24 参观任何大机场，那里的繁忙景象，都可以生动地体现出发达工业国家之间存在的多种渠道联系。证实这种多渠道联系的文献更可谓汗牛充栋。各国官僚通过会议、电话和书信往来直接交流。同样，非官方的经营提供正式的商务往来、三边委员会等组织或私人基金会赞助召开的会议经常碰面。

问题之间没有等级之分 P25－26

P26 当国际政治要求多元民主国家调整国家政策时，拖延、特殊保护、分期和松散将是司空见惯的。

军事力量起着次要作用 P26－28

P30 动用武力的国家往往会在非安全目标上付出高昂代价。最后一点，西方民主国家的人民极力反对持久性的军事冲突。

武力作用的变化产生了非均衡的影响，但这些变化的重要性并未因此而减弱，却使得问题越发复杂。武力在不同问题领域的可用性有所不同，这又增加了问题的复杂性。

跨国关系与跨政府关系 P32－33

P33 复合相互依赖的多渠道联系并不局限于非政府行为体。主管同类事务的政府官僚之间的联系不仅会改变他们的预期，也会导致在具体政策问题上建立跨政府联盟。为增加成功的机会，政府机构把其他政府的行为体视为盟友，试图将它们引入自己的决策进程中。

第二编 海洋和货币领域的机制变迁 P61－157

第六章 海洋和货币领域的决策政治 P127－157

系统解释的局限性：国内政治和领导 P149－154

P153－154 领导权不仅受到高级官员认识的影响，也受制于国内集团、跨国团体和跨国组织。海洋领域的认识变化甚慢，反映20世纪30年代国内政治状况的杜鲁门宣言促进了原有海洋机制的衰落过程，该机制背离了美国的国际体系利益。政治家和政府官员开始将美国视为体系领导者，在航海自由机制上获益的集团和组织的地位得到加强。但在20世纪70年代，国内政治化和扩过联盟的发展使这些政策遭受攻击，它们的主导地位被削弱。

第四编 美国与复合相互依赖 P213－234

第八章 应对相互依赖 P215－234

复合依赖的趋势 P219－222

P221－222 非领土行为体的无形大陆的发展可以导致这样的一个世界："忠诚和地理的无须太高，以至于我们非常怀疑较大范围的世界大战是不可行的。"功能助理理论家设想世界政治将通过跨国界的——私人性的团体和公共性的官僚机构——具体利益的结合而发生转行，以至于军事能力和国家主权的逐步消亡也被视为复合相互依赖趋势的进步标志。

复合相互依赖中的领导 P222－224

P222 一般而言，领导可意味着：（1）指导或命令；（2）率先行动；（3）诱导。这些定义基本符合国际领导的三种类型：霸权，单边主义和多边主义。

多元领导与政策协调 P224－227

P225 优势国家和其他大国必须愿意接受国内政策和对外经济政策的相互监督、他国政府对这些政策的批评、某些国际市场的协调干预。认为重大的宏观经济政策完全是国内事务是一种错误的观念，必须予以放弃，寻求对本国经济体系的完全控制亦然如此。这并不意味着政府将本国经济的控制权连同主权一道移交国际组织，但相比过去而言，他们要接受决策过程中更多的国际参与。国内财政和货币政策、对外贸易、资本和汇率政策都必须接受国际社会的监督。

P225 因此，一个问题上的领导者可能需要在另一个问题上充当追随者。美国等更为强大的国家对更多的问题影响更大，但出于实质性或象征性的原因，需要几个国家发挥领导作用。这有助于削弱这些中等国家采取搭便车战略的倾向。相比集体领导而言，多元领导是描述这种有差异的、采取主动行为进程的恰当词语。

P226 换言之，即使冲突依旧存在，正式的规则难以确立，各社会之间的关系复杂性和联系多样化也有助于各国相互之间进行相当多的政策协调。……复合相互依赖政治并非无懈可击。许多人预言，当经济危机威胁时，复合相互依赖政治将是不稳定的，但事实并非如此。

确立国际机制的合法性 P227－228

P228 虽然多元领导和多元等级结构有助于在领导国之间分配地位，减少对搭便车战略的鼓励，但是各种等级结构的底层往往都是由同样贫弱的国家组成的。要使这些国家认为国际机制是合理的，就必须让他们认识到，他们在于其他国家、跨国行为体的交往中可以获得共同受益的重要份额。同样，他们必须认识到，国际体系的权力和地位等级结构是相当开放的。随着各国能力的发展，应允许他们分享地位，鼓励它们承担集体领导的责任。

结论 P233－234

P234 我们研究相互依赖政策的含义，其目的是为了分析世界政治提供一种与众不同的高妙方法，而非提供另一种简单化方法来指导现实。细致研究并非仅仅是学术游戏，它对正确应对这个时代的纷乱世界至为关键。征战沙场，剑强于笔；长远观之，却是笔指导剑。

第五编　全球主义与信息时代 P235－291

第九章　权力、相互依赖与信息时代 P237－251

信息与权力 P243－246

P243 我们可以区分两种根本不同的权力：行为权力和资源权力。前者是指获得你想要获得结果的权力；后者指的是拥有通常同你想获得结果的能力相关的资源。行为权力可以分为硬权力（Hard Power）和软权力（Soft Power）。硬权力指的是通过惩罚的威胁或者回报的承诺迫使他者去做本来他不想做的事情的能力。无论是经济胡萝卜还是军事大棒，长期以来，诱致或者强迫他者就范的能力一直是权力的核心要素。……非对称相互依赖是硬权力的重要来源。不轻易受到摆布或在相互依赖关系中以低成本摆脱控制的能力是一种重要的权力资源。在硬权力的背景下，信息不对称可以极大地增强脆弱性较小一方的能力。

P243　另一方面，软权力是一种通过让他人做他人自己想做的事情而获得预期效果的能力。这是一种通过吸引而非强迫获得预期目标的能力。他可以通过说服他人遵守或使他们统一那些能够产生预期行为的专责或制度来发挥作用。软权力可依赖某人的观念或文化的吸引力，也可依赖通过塑造他者偏好的标准或制度设置议程的能力。它在相当大的程度上取决于行为体试图传递的免费信息有多少说服力。

第十章　权力、相互依赖与全球主义 P252－291

全球化与相互依赖 P253－255

P253　全球化、相互依赖这两个概念并非完全等同。相互依赖指的是一种条件，事物的一种状态。相互依赖的程度可以增加，就像第二次世界大战结束依赖的诸多变化一样：其程度也可以减少，至少在 20 世纪 30 年代的大萧条时期如此。而全球化指的是一种不断增长的事物：全球化的程度会越来越高。但是，分析家不应假定任何事情——不管是股票市场或全球化指的是什么——仅仅处于上升状态。

全球主义的维度 P255－258

P256　经济全球主义：它指的是商品、服务、资本羁绊随市场交换信息和观念的长距离流动。

P256　军事全球主义：它指的是使用、威胁或承诺使用武力的长距离相互依赖网络。

P257　环境全球主义：它指的是物质在大气层或海洋中的长距离运送，或者影响人类健康、福祉的病原体或基因物等生物实体的长距离运送。

P257　社会和文化全球主义：它指的是观念、信息、意向和人员（即观念和信息的载体）的流动。

【参考文献】

[1] 罗伯特·基欧汉，约瑟夫·奈. 权力与相互依赖 [M]. 3 版. 门洪华，译. 北京：北京大学出版社，2002.

[2] 钟学敏，张明德. 当代世界经济与政治 [M]. 杭州：浙江大学出版

社，2007.

[3] 塞缪尔·亨廷顿. 文明的冲突与世界秩序的重建 [M]. 周琪，译. 北京：新华出版社，2010.

[4] 汉斯·摩根索. 国家间政治：权力斗争与和平 [M]. 徐昕，郝望，李保平，译. 北京：北京大学出版社，2006.

[5] 肯尼思·华尔兹. 国际政治理论 [M]. 信强，译. 上海：上海人民出版社，2008.

[6] 亚历山大·温特. 国际政治的社会理论 [M]. 秦亚青，译. 上海：上海人民出版社，2008.

[7] 塞缪尔·P. 亨廷顿. 变化社会中的政治秩序 [M]. 王冠华，刘为，等译. 上海：上海人民出版社，2008.

[8] 克里斯托弗·希尔. 变化中的对外政策政治 [M]. 唐小松，陈寒溪，译. 上海：上海人民出版社，2007.

七、《自然权利与历史》

[美] 列奥·施特劳斯　著

彭　刚　译

生活·读书·新知三联书店，2003 年

───【作者简介】───────────────────

列奥·施特劳斯（1899—1973），1899 年 9 月 20 日生于德国一个小镇。曾就读于汉堡大学，1921 年获哲学博士学位；1925 年至 1932 年，任职于柏林犹太研究学院。与他同时代的人如汉娜·阿伦特、本雅明、肖勒姆、洛维特等同属所谓"德国犹太人"。对他们那一代犹太人来说，青少年时首先目睹的是第一次世界大战的爆发以及斯宾格勒《西方的没落》的冲击，随后是海德格尔哲学革命的强烈震撼，紧接着又是第二次世界大战的爆发、纳粹德国灭绝犹太人的种族屠杀，以及他们个人作为犹太人的流亡生涯。1938 年，时年 40 岁的施特劳斯流亡到美国。1938 年至 1949 年任教于纽约新社会研究员；1949 年他被聘为芝加哥大学政治哲学教授，并受邀在当年的沃尔格林系列讲座发表演讲，其内容编入了他后来出版的成名作《自然权利与历史》（1953 年）。

列奥·施特劳斯被认为是 20 世纪极其深刻的思想家。他对经典文本的细致阅读与阐释方法，构成了 20 世纪解释学的一个重要发展；他的全部政治哲学研究致力于检讨西方文明的总体进程，强调重新开启古人与今人的争执，并由此审视当代思想的种种潮流。

列奥·施特劳斯一生著作颇丰，共出版论著、论文、论集、谈话录近百种之多，其中影响较大的有《斯宾诺莎的宗教批判》（1930 年）、《哲学与律法》（1935 年）、《霍布斯的政治哲学》（1936 年）、《论僭主》（1948 年）、《检控与写作艺术》（1952 年）、《自然权利与历史》（1953 年）、《关于马基雅维里的思考》（1958 年）、《什么是政治哲学?》（论文集，1959 年）、《城邦与人》（1964 年）、《古今自由主义》（论文集，1968 年）、《色诺芬的苏格拉底言辞：〈齐家〉义疏》（1970 年）、《色诺芬的苏格拉底：〈回忆苏格拉底〉义疏》（1972 年）、《柏拉图路向的政治哲学研究》（1983 年）、《政治哲学史》（与克罗波西主编，1987 年）等。

【写作背景】

　　施特劳斯对自然权利的研究，总体上遵循两条思想路径。第一条思想路径与施特劳斯的个人经历有关。施特劳斯早年目睹的纳粹德国的暴行，使他极为深刻地意识到邪恶的可怕。他的结论是：正义需要用强大的武力来捍卫。第二条思想路径是施特劳斯阅读古典著作的结果。施特劳斯认为，对所有人而言，最基本的问题是塑造人性的政治制度。20 世纪之所以造就了两个极权主义的政治制度，是因为现代性使人们抵制作为民主基础的道德价值和美德，抵制"理性"和"文明"的欧洲价值。为了避免悲剧重演，施特劳斯呼吁超越现代性，回归古典的自然正当。

　　现代性向古典政治哲学的回归是贯穿施特劳斯思想的主线。在施特劳斯看来，当代的一个通病往往是把现代性的黑暗面都归结为某些个别思想家，然后似乎现代性又没有问题了。他强调，重要的不是要谴责个别思想家，而是要透彻理解"现代性"的基本性格和方向，才能真正了解为什么现代性的运动会从"第一次浪潮"［马基雅维里（也译为马基雅弗利）、霍布斯、洛克等］推进到"第二次浪潮"（卢梭、康德和黑格尔、马克思），又从"第二次浪潮"推进到"第三次浪潮"（尼采和海德格尔）。尤其现代性的"第二次浪潮"和"第三次浪潮"也是现代性的两次大危机，其中卢梭、尼采、海德格尔都曾以最大的努力批判现代性而试图返回"古典"世界（例如尼采之高扬希腊悲剧，海德格尔之力图返回"前苏格拉底思想"）。施特劳斯认为由于他们都是向着现代"历史观念"的方向去努力，因此不但没有能够返回古典的自然世界，反而比任何其他人都更大地推进了现代性的方向。《自然权利与历史》一书即试图勾勒出现代性的这一方向并与"古典"思想相对照。施特劳斯学派的工作重点即是重新研究古典，但他们的"古典研究"绝不是为古典而古典的学究式研究，恰恰是由强烈的当代政治关怀出发的：深入研究西方古典的根本目的，正是为了更深刻地理解西方现代性及其危机，反过来施特劳斯也认为唯有深刻地理解现代性才能真正体会古典思想的良苦用心所在。

在对现代性的思考中，施特劳斯指出，现代性的本质是"青年造反运动"，其根源就在由马基雅维里开端的西方现代性对西方古典的反叛，由于"现代反对古代"就是"青年反对老年"，因此他称马基雅维里是近代以来一切"青年运动"的鼻祖。在施特劳斯之前，尼采在其关于"主人道德与奴隶道德"的著名论述中已经指出，"主人道德"或"贵族道德"的全部基础在于"以最大的敬意尊重老年和传统，因为所有法律的基础全在于这种对老年和传统的双重尊重"上，因此贵族道德必然"尊祖先而抑后辈"；但西方现代性则颠倒了这一道德基础，越来越不尊重祖先和老年，"现代观念"本能地只相信所谓"进步"和"未来"，尼采认为这是因为西方现代性起源于"奴隶反对主人"亦即"低贱反对高贵"的运动，因此现代性要刻意取消"高贵"与"低贱"的区别，而用所谓的"进步"与否来作为好坏的标准。施特劳斯的看法与尼采一脉相承，认为西方现代性给人类带来了一个全新的观念，即所谓"历史观念"的发现，这一发现的重大后果就是人类开始用"进步还是反动"的区别取代了"好与坏"的区别。由于这种"历史观念"已经深入人心，施特劳斯认为现代人常常忘了"好与坏"的标准本应逻辑地先于"进步和倒退"的标准，因为只有先有"好坏"的标准才有可能判断某一历史变革究竟是人类的进步还是人类的败坏，这正是 1953 年施特劳斯出版他的成名之作《自然权利与历史》的核心内容。

──【中心思想】────────────────────

自然权利问题乃是当代政治与社会哲学中首要的议题之一，《自然权利与历史》对这一主题进行了细致入微的探究，作者从古典的柏拉图、亚里士多德入手，揭示出现代自然权利理论前提下所导致的自然权利的危机。

全书的基本思想即在论证"自然权利"或"天赋权利"学说及"历史观念"的兴起，导致了西方古典的"自然正义"或"自然法"的衰亡，亦即西方现代性及其"历史观念"的发展最终导致"彻底的历史主义"。同时这种"历史观念"导致似乎人间再没有任何永恒之事，因为一切都转瞬即逝，一切都当下消解。这种"历史观念"因此导致人类生活日益平面化、稀释化和空洞化。这就是施特劳斯所谓的"西方文明的危机"和"现代性的危机"。在这样一个变动不居的世界上，是否还存在不依时间、空间、人事为转移的善恶、好坏、正义与否的标准，或者是否还存在值得世人孜孜以求的永恒之事物呢？这正是施特劳斯在本书中提出并试图解答的核心问题。

本书是作者在芝加哥大学 1949 年 10 月所做的六次讲演的扩展稿本，除"导论"外，共分为 6 章，约 25 万字。第一、二章讨论当代，中间的第三、四章讨论古代，最后的第五、六章则讨论近现代。这一安排使全书结尾处恰恰回到全书的开头（从近现代到当代），亦即全书第一章的开头实际是接着全书结尾来写。全书的中心是中间的第三章和第四章，特别是从第三章到第四章的过渡，实际是从"古典哲学"到"古典政治哲学"的过渡。第四章因此成为全书的核心所在，论述施特劳斯所谓"苏格拉底—柏拉图路向的政治哲学"。独具匠心的结构安排，体现了作者缜密的学术风格与严谨的逻辑思维。

虽然本书是由六篇演讲稿整理而成，但是整部著作并非是简单拼凑的结果，而是依据严谨的逻辑和结构关系排列起来的一部多层次的哲学著作，其中贯穿了施特劳斯系统的哲学思想。全书可以说是围绕着三个方面的内容展开：

一是对"历史主义"进行了猛烈抨击，记述了政治哲学逐步走向衰落的全过程，围绕"事实与价值的分野"提出了自然权利论的价值定位。历史主义乃是现代自然权利论遭逢危机的最终结果。在作者看来，现代自然权利论，或者说现代政治哲学的危机之所以变成了哲学本身的危机，只是由于在现代的几个世纪中，哲学本身被完全的政治化了。他通过对韦伯观点的批判性分析，强调人们通过回归古典哲学便能够理解自然权利观念的起源及建构起"自然世界"的本质特征。

二是针对自然权利的合理性进行了论述，指出自然权利是符合自然法的公平正义理念的。作者指出："如果人人生而自由，就没有人生而比任何别人更优越，因此人人就是生而彼此平等的。倘若人人生而自由和平等，把任何人看作不自由或不平等，那就违背了自然；保持或恢复自然的自由或平等乃是自然权利所要求的。"[①] 通过对苏格拉底、柏拉图、亚里士多德等古典哲学家有关自然权利的理论进行梳理，论证自然的自由和自然的平等是相互不能割离的。

---

① 列奥·施特劳斯. 自然权利与历史 [M]. 彭刚，译. 上海：生活·读书·新知三联书店. 2003：119.

三是通过对霍布斯和洛克观点的分析，表述了现代自然权利论的发展历程与立场；以卢梭与柏克的政治哲学观点为例，揭示现代"自然权利论"面临的危机，主张对自然权利的研究应当向古典哲学复归。作者认为，现代自然权利论者把理性的生活看作是由减轻痛苦的痛苦所支配着的生活。"人类努力的起点是苦难：自然状态是一个凄惨可怜的状态。通向幸福之路就是脱离自然状态、脱离自然的运动：否定自然乃是通向幸福之路。而且，如若通向幸福的运动就是自由的实现的话，那么自由就是否定性了。"① 卢梭和柏克对于德性和传统的关注，表明现代自然权利出现了危机。

施特劳斯在书中刻意用"Natural Right"一词指代两种正好对立的观念，一是他所谓的古典"Natural Right"学说；二是现代的"Natural Right"学说。前者的用法应为"自然正确""自然正当"，或译为"古典的自然正义说"；而后者则指西方 17 世纪以来兴起的"自然权利"或"天赋权利"说。施特劳斯就是巧妙地利用"Right"一词的双关语义来展开全书的论证框架的。为了彻底批判西方现代性和自由主义，避免现代性的缺陷和进步的幻想，施特劳斯选取了一个超越西方现代性和自由主义的视野，即西方古典思想。他研究苏格拉底、柏拉图、亚里士多德，重申古希腊政治哲学的核心是要追求美好生活。施特劳斯的上述研究思路鲜明地表现出本书的主旨，即回到古希腊，回归古典政治哲学，追求自然正当的美好生活，寻求合乎自然的最佳政制。

【分章导读】

导论 主要是作者对本书主要观点的概括。作者从《独立宣言》中的一段话入手，表明自然权利的观念本已植根于美国，但当今美国社会对自然权利的态度有所转变。他指出，二战以前德国盛行的虚无主义已经在美国泛滥，使得美国据以立国的自然权利论及建基其上的自由民主制度都面临着挑战和威胁，而这种虚无主义正是从现代哲学对古典自然权利论的背叛和颠覆开始的②。

作者认为虚无主义的实质就是盲目的蒙昧主义，这种思想会导致人们最

① 列奥·施特劳斯. 自然权利与历史 [M]. 彭刚，译. 上海：生活·读书·新知三联书店. 2003：255.
② 汪舒明. "埋首解经"：源于现实关怀：评列奥·施特劳斯的"自然权利说"[J]. 社会观察，2004（10）.

终放弃对自然权利的合理追求，而对自然权利的拒斥必然会导致灾难性的后果。作者在导论部分还划定了研究范围，即"将局限于那些能在社会科学的范围内加以澄清的自然权利论的问题"，体现了他一贯注重研究对象的界定的严谨学术作风。作者还指出，当前的社会科学主要通过两个理由来拒斥自然权利：历史主义、事实与价值的分野。这两个理由也是作者在本书中主要驳斥的观点。他指出："我们对于我们据以做出选择的最终原则、对于它们是否健全一无所知；我们最终的原则除却我们任意而盲目的喜好之外并无别的根据可言。我们落到了这样的地位：在小事上理智而冷静，在面对大事时却像个疯子在赌博；我们零售的是理智，批发的是疯狂。"① 由此可见，本书的论述方法是"反论点—驳论—立论"，论证有力、思路清晰。

第一章　自然权利论与历史方法　立足于对"历史主义"的批判，探讨了历史观念的发展如何最终导致"彻底的虚无主义"。其中主要论述了"历史主义""习俗主义""教条主义""怀疑论"以及"激进的历史主义"等问题。

18 世纪末 19 世纪初，历史主义逐渐在欧洲思想领域中兴起。这一历史意识，不仅强烈冲击了 17、18 世纪自由主义的普遍主义思维方式及其教条，迫使自由主义采取新的理论形式，而且还支配了 19 世纪欧洲思想的诸多领域。历史主义认为，现代人之转向历史，意味着人们推知了并最终发现了现实的一个维度——一个古典思想所没有看到的维度，亦即历史的维度。这一维度动摇了传统的自然法观念，对"历史主义"的否定是施特劳斯批驳西方现代性的利器之一。"18 世纪的政治哲学就是一种自然权利论。它是由对于自然权利的一种特殊的解释、一种具体说来是现代的解释构成的。历史主义乃是现代自然权利论遭逢危机的最终结果。现代自然权利论，或者说现代政治哲学的危机之所以变成了哲学本身的危机，只是由于在现代的几个世纪中，哲学本身完全地政治化了。"② 作者指认"历史主义"是阻碍自然权利论发展的元凶，并进而导致了政治哲学的衰败。

在施特劳斯看来，现代思想以实证主义、历史主义最为盛行，历史分析方法被广泛地运用于社会科学的各个知识部门，以至于任何称得上科学的社会理论活动都得冠以历史研究之名，都要加强自身的历史主义话语，以免遭

---

① 列奥·施特劳斯. 自然权利与历史 [M]. 彭刚，译. 上海：生活·读书·新知三联书店. 2003：4.

② 列奥·施特劳斯. 自然权利与历史 [M]. 彭刚，译. 上海：生活·读书·新知三联书店. 2003：35.

受形而上学之讥①。哈贝马斯认为，"现代性"问题本身关涉着哲学与社会批判理论的合作与分工的问题讨论，现代性意味着某种挑战，因为现代思想的主题都表明了与传统的分裂。哈贝马斯反对后现代理论否定和解构"现代性"，明确提出"现代性是一项未竟的事业"，试图重建这项"未完成"的神圣事业。而施特劳斯则把传统与现代性分裂归咎于实证主义和历史主义。他认为，现代性与历史主义相伴相生，历史研究方法也从中发展起来。然而，历史方法在传统哲学研究中是不被采纳的，换言之，不能运用历史主义去解释自然权利这一传统哲学命题。

作者认为，为了澄清当代以历史的名义来拒斥自然权利论的内涵，必须首先把握住以下两者的具体区别：即作为一种哲学渊源的习俗主义和作为 19世纪和 20 世纪思想特征的"历史感"或"历史意识"。习俗主义的根本前提无非就是把哲学视为把握永恒的努力，认为正义在自然中并无根据，但这并不否定"自然"本身。历史主义者把自然乃是规范这一前提当作一种神话而加以拒绝，他们否认自然比之任何人为的产物有着更高的尊严，他们认为所有的人类思想都是历史性的，因而，对于永恒事物来说我们根本无从把握，这就使得好与坏、善与恶之间的选择毫无标准可言，导致了彻底的虚无主义。作者指出，历史主义的顶峰就是虚无主义。

激进的历史主义看到了历史主义本身的症结所在。激进的历史主义者强调，只有对于那本身就有担当的或是"历史的"思想，别的有担当的和"历史的"思想才能彰显它自己。由此可见，激进的历史主义否认作为规范性原则的正义为人所熟知的，而这种正义也是自然权利论的假定前提。激进的历史主义者认为，并非人人都能知晓正义这一根本原则，因为一切知性的抉择都有赖于命运的眷顾，那么对于人类思想上有限性的洞见，并不是人之作为人就能通晓的，而仅仅是深不可测的命运所赐予的不可预知的礼物。"激进的历史主义迫使我们认识到了以下事实的含义：自然权利的观念预设了在完全的和原初意义上的哲学的可能性。它同时也迫使我们认识到，我们需要不偏不倚地重新审视那些其有效性是由哲学设定了的最根本的前提。……无论如何不要造成这样的印象，好像对于哲学最基本前提的不偏不倚的重新审视仅仅是一个学术或历史事件。在这种重新审视之前，自然权利论依然只能是一

---

① 曾裕华. 传统与现代性：利奥·施特劳斯的政治哲学 [J]. 厦门大学学报（哲学社会科学版），2000（1）.

个开放性的问题。"① 作者最终得出，应该从非历史主义的角度对自然权利进行考察和分析的结论，并认为古典哲学从纯粹的形式上而言就是非历史主义的思想。作者通过把历史定义为"政治史"，进而提出自然权利在政治哲学中的重要地位。

第二章 自然权利论与事实和价值的分野 主要是通过对马克斯·韦伯思想的评析来阐述自然权利论的事实和价值的分野问题。

现代性危机的根源在于现代西方哲学的极端倾向。以马克思·韦伯为代表的现代社会科学以学术的客观性为由，强调"事实—价值"的分离（即价值中立），导致了人们不再能够识别事物的本性。韦伯的出发点是某些新康德派所理解的康德观点与历史学派观点的混合。他从新康德主义那里继承了关于科学性质的一般观点和"个体的"伦理学，从而拒绝了功利主义和各种形式的享乐主义。韦伯主张事实与价值的绝对异质性，使得社会科学必须在道德上保持中立的特性，"价值中立"是其思想体系的基础。"韦伯的伦理原则最后就可以表述为'你应有所取舍'——这一'应该'的实现，完全由'是'来保证。"②

在作者看来，"韦伯的命题必定会导致虚无主义或者是这样的观点：每一种取舍，无论其如何的邪恶、卑下或无辜，都会在理性的祭坛前被判决为与任何别的取舍一样合理"③。韦伯拒绝对事物进行价值判断，"绝对命令说"是其主张的概括，也是其重要理论之一。而在作者看来，社会科学只有严格地局限在纯粹历史的或"解释性的"研究路数的范围内，才能避开价值判断。在社会科学中禁止下价值判断，会导致十分可笑的结果。因此，在社会科学研究中，"价值中立"观点是行不通的。

在本章的结尾部分，作者阐明了自然权利论研究的视角。"要把握住本质上先于科学或哲学的自然世界，人们就得回到科学或哲学初露面之前。为此目的，人们并无必要从事广泛的并且必定是假说性质的人类学的研究。要重新建构起'自然世界'的本质特征，古典哲学就其起源所提供给我们的信息就足够了，尤其是当那种信息再补充以对于《圣经》最基本的前提的思考之时，更是如此。利用那些信息，再加上对《圣经》某些前提的思考，人们就

① 列奥·施特劳斯. 自然权利与历史 ［M］. 彭刚，译. 上海：生活·读书·新知三联书店. 2003：32-33.

② 列奥·施特劳斯. 自然权利与历史 ［M］. 彭刚，译. 上海：生活·读书·新知三联书店. 2003：49.

③ 列奥·施特劳斯. 自然权利与历史 ［M］. 彭刚，译. 上海：生活·读书·新知三联书店. 2003：44.

能够理解自然权利观念的起源了。"① 这就意味着，对于科学或科学世界的分析应当以对于自然理解、自然世界或常识的世界的分析为前提，而古典哲学恰恰为研究自然权利的起源提供了充足的养料，对自然权利的研究应当回归到古典哲学的视角。

第三章　自然权利观念的起源　通过对"自然"与"习俗"进行区分，进而对"习俗主义"展开驳斥，最终说明：自然权利的存在，只要求所有的正常人在有关正义原则的问题上达成一致。这就意味着只要在"正义"的判断标准上达成基本一致，自然权利就有存在的基础。作者进一步指出，人人就是生而彼此平等的。既然人人生而自由和平等，那么把任何人看作不自由或不平等，就是违背了自然，而保持或恢复自然的自由或平等则是自然权利的基本要求。

作者指出："自然的发现，或者说自然与习俗之间的根本分别，是自然权利观念得以出现的必要条件。但并不是充分条件：所有权利都是可以来自习俗的。这恰恰就是政治哲学中根本争论的主题之所在：自然权利存在吗？"② 要理解自然权利问题，人们不应该从对于政治事务的"科学"理解出发，而应该从对它们的"自然"理解出发，亦即，从它们在政治生活中、在行动中呈现出来的样子出发——此时它们成了我们所面临的事情，我们得做出决断。这并不意味着，政治生活就必然了解自然权利。自然权利得靠人们去发现，而先于那种发现就已经有了政治生活。它只意味着，政治生活在其一切形式中都必然地要碰到自然权利这一不可避免的问题。只要自然的观念还不为人所知，自然权利的观念也就必定不为人所知。发现自然乃是哲学的工作。不存在哲学的地方，就不存在自然权利这样的知识③。

自然一经发现，自然物的"习惯"就被视为它们的本性，而不同人类部族的"习惯"则被视为他们的习俗。原先的"习惯"或"方式"的概念被分裂成了"自然"和"习俗"的概念。自然与习俗之间的根本分别，是自然权利观念得以出现的必要条件，但要论证自然权利观念的正当性，还必须说明自然权利是客观存在的，由此引出作者对否定自然权利存在的习俗主义的驳斥。

苏格拉底之前的哲学家基本都赞同习俗主义。习俗主义认为，权利是习

---

① 列奥·施特劳斯. 自然权利与历史 [M]. 彭刚，译. 上海：生活·读书·新知三联书店. 2003：81.

② 列奥·施特劳斯. 自然权利与历史 [M]. 彭刚，译. 上海：生活·读书·新知三联书店. 2003：94.

③ 列奥·施特劳斯. 自然权利与历史 [M]. 彭刚，译. 上海：生活·读书·新知三联书店. 2003：82.

俗性的，因为权利本质上来自城邦的权威，而城邦是习俗性的。习俗主义并不强调对于权利或正义根本不存在任何普遍同意的见解，但它否认公共利益的存在，理由是正义与个人利益之间存在着不可避免的冲突，这也是习俗主义否定自然权利的根本论据。事实上，习俗主义所称的"正义"恰恰是反自然的，它要求个人在追求私利的基础上去追求他人的利益，这与自然权利所倡导的"善"截然不同。自然的善是每个人出于人的本性所趋向的自身的善，而权利或正义只有通过强制和习俗才能对人的行为产生影响。在这里，作者特别区分了习俗主义所指称的"正义"与自然权利论所提倡的"正义"之区别，为下文阐述古典自然权利论的正义观念做好铺垫。

第四章　古典自然权利论　对古典自然权利论进行了系统地阐述与梳理，是本书的精华所在。作者首先将由苏格拉底始创，为柏拉图、亚里士多德、斯多亚派和基督教思想家们所发展的古典自然权利论与 17 世纪出现的现代自然权利论区分开来；然后分析了古典自然权利论对享乐主义的批判，作者积极赞同古典自然权利论的这一主张，认为合于自然的生活并非以快乐为目标，而应是人类的优异性或美德的生活；之后，作者整理了古典自然权利论的主要观点，主要涉及人的社会性理论、最佳制度等问题；最后，作者分析了古典自然权利论的三种类型：苏格拉底—柏拉图式、亚里士多德式和托马斯主义式。

施特劳斯晚年思想的落脚点之一就是对古典政治哲学传统重新进行阐释。依据其对近代政治哲学传统的理解，施特劳斯认为有必要回到源头，亦即古希腊对政治哲学重新加以审视。习俗主义的基本前提是将善等同于使人快乐的。相应的，古典自然权利论的主要部分就是对享乐主义的批判。古典派的论点是，善的事物本质上有别于使人快乐的事物，善的事物比使人快乐的事物更为根本。善的生活是与自然相一致的生活，而那些制约着善的生活的一般准则就构成了"自然法"。"自然与法律（习俗）的分别，对于苏格拉底和对于总体而言的古典自然权利论，都一直保持着充分的重要性。当古典派们要求法律要依循自然所确立的秩序时，或者当他们谈到自然与法律之间的合作时，他们预先就假定了那一分别的有效性。与对自然权利和自然德性的否定相反对，他们提出了自然权利和法定权利之间的分别，以及自然的德性和（纯然）人为的德性之间的分别。"[①]

---

① 列奥·施特劳斯. 自然权利与历史［M］. 彭刚，译. 上海：生活·读书·新知三联书店. 2003：122.

　　人的社会性是古典自然权利论的重要命题之一。人天生就是社会的存在，人性本身就是社会性。在施特劳斯看来，自然权利与公民社会之间存在着一致性，这是由于人天生就是社会性的，他完满的天性中就包括了最卓越的社会品德——正义；正义和权利是自然的。正是人自然的社会性构成了狭义的自然权利（严格意义上的权利）的基础。"自然的自由和自然的平等是相互不能割离的。如果人人生而自由，就没有人生而比任何别人更优越，因此人人就是生而彼此平等的。倘若人人生而自由和平等，把任何人看作不自由或不平等，那就违背了自然；保持或恢复自然的自由或平等乃是自然权利所要求的。"① 由此，"在有关最佳制度的问题上最终达到一个双重的答案，乃是古典自然权利论的一个特点。那答案就是：单纯的最佳制度就是明智者的绝对统治；实际可行的最佳制度乃是法律之下的高尚之士的统治或者混合政制"②。

　　自然权利是政治哲学的重要范畴，因此，对自然权利的理解离不开对相关政治制度的探讨。好的社会必然是政治社会，政治乃是人类自身优异性得到充分发展的领域，政治活动应朝向人类的完善或德性。在古典派看来，政治是一个共同体的生活方式，制度有极端的重要性。古典派所理解的最好的制度因其与对人性的卓越或完善的要求相一致，所以是最可欲的；然而，更为重要的是，这种最好的制度也是可行的。最好的制度是合于自然的。由于古典派认为人们在人类的完善方面是不平等的，一切人的平等权利就是最不公正的。在古典派的最佳制度下，社会中最好的人——贵族、智者实行绝对统治，精英的智慧优先于大众的同意（自由），人人各尽所能、各得其所、机会均等、按绩分配（荣誉和权威）；它是等级制的社会，而不是平等的。城邦（国家）的正义必须有"公民道德"——明确区分敌友，培养尚武爱国情感。政治的善，必须消除积压如山的邪恶，为了对付邪恶，最精明最有良知的政治家可以裁断③。

　　苏格拉底—柏拉图式的自然权利论认为，如果正义就是要保持善，就必须把它视作本质上独立于法律。柏拉图认为正义是城邦整体的和谐，城邦是实现正义的载体，而正义与自然权利是一致的，因此自然权利必须与城邦相

　　① 列奥·施特劳斯. 自然权利与历史［M］. 彭刚，译. 上海：生活·读书·新知三联书店. 2003：119.
　　② 列奥·施特劳斯. 自然权利与历史［M］. 彭刚，译. 上海：生活·读书·新知三联书店. 2003：144.
　　③ 汪舒明. "埋首解经"：源于现实关怀：评列奥·施特劳斯的"自然权利说"［J］. 社会观察，2004（10）.

匹配。由于最佳制度下，贵族、智者等绝对统治者的智慧优先，因此，在城邦中所能实现的正义，只能是不完美的或者说不可能是毋庸置疑的善。要想对城邦这个"人类存在"的共同体有益，就必须修正或淡化对于智慧的要求。如果这些要求等同于自然权利或自然法，那么自然权利或者自然法就必须淡化，以与城邦相匹配。苏格拉底和柏拉图认识到，"公民生活需要在智慧与愚蠢之间达成一种根本妥协，而这就意味着在由理性或理智所明辨的自然权利与仅仅基于意见的权利之间的妥协。公民生活要求以纯然的习俗性权利来淡化自然权利"①。城邦要求将智慧与意见相调和，否则自然权利会成为公民社会的火药桶。因此，出于自然而根本不同于祖传之物的善必须转变成为政治的善。苏格拉底从哲人向政治哲人的转向的意义正在于此，而政治或道德事务中对于模糊性的需要，部分地正是基于此种淡化自然权利的必要性。出于某种善意的踌躇和含混构成了苏格拉底—柏拉图式的自然权利论的最重要的特点。

亚里士多德的自然权利论认为，"在自然权利与政治社会的要求之间并不存在什么根本性的不谐，或者说并不存在什么淡化自然权利的根本需要"②。按照他的理解，一种超越政治社会的权利对人而言根本就不可能是自然的权利，因为人按其本性乃是一种政治动物。自然权利是依附于最佳制度的，自然权利乃是城邦政治权利的一部分，只有在城邦和公民中间，作为权利或正义主题的此种关系才能得到最大限度的宣扬和发展。亚里士多德关于自然权利所做的第二个断言是，"一切的自然权利都是可以变易的"，亚里士多德关于自然权利的观点与苏格拉底、柏拉图一脉相承，不存在实质上的区别。

托马斯的自然权利论，"不仅是在自然权利与公民社会的根本和谐方面，而且还在自然法的根本命题的永恒不变方面，它都不再有任何疑虑"③。它消除了前两类理论中含混不清的成分，使自然法、自然权利的主张得以明确。从理论上讲，托马斯的自然法学说是中世纪自然法观念形态的一种最成熟的形式，它同时也是对中世纪自然法的一种尝试性的超越。它打破了过去两极对立的"两分模式"而代之以具有等级性的"阶梯模式"，把自然和超自然置

① 列奥·施特劳斯. 自然权利与历史 [M]. 彭刚，译. 上海：生活·读书·新知三联书店. 2003：155.

② 列奥·施特劳斯. 自然权利与历史 [M]. 彭刚，译. 上海：生活·读书·新知三联书店. 2003：159.

③ 列奥·施特劳斯. 自然权利与历史 [M]. 彭刚，译. 上海：生活·读书·新知三联书店. 2003：166.

放于同一体系中。同时，他也把自然法和所谓永恒法、神法和人定法整合起来，使他们成为一个有机整体。施特劳斯指出，托马斯的自然权利论最后的结果是："自然法实际上不仅与自然神学——亦即与一种其实是基于信仰《圣经》启示的自然神学——不可分，而且甚至是与启示神学也不可分。"①

第五章　现代自然权利论　探讨了现代自然权利论的发展历程与主要观点。

霍布斯的自然权利学说以其鲜明的人性假说、自然状态学说及自然法为基础。在霍布斯看来，人性是"恶"的，自然人性最根本的、决定一切的特性就在于自我保全的利己动机。霍布斯从他的自私利己的人性出发，逻辑地推导出自然状态下由于人人都是是非善恶的评判者，又没有一个共同权力使大家慑服，因此使这种私人性的评判最终失去效力。按照霍氏的说法，在自然状态下，人人都拥有一样的自然权利，而所谓自然权利，就是每一个人按照自己所愿意的方式运用自己的力量保全自己的天性——也就是保全自己的生命——的自由。霍布斯从人的天性出发，认为"自然权利"先于"自然法"产生，而"自然法"则是"自然权利"的一种诉求，是为自然权利服务的。

作者称霍布斯为"自由主义"的创始人。霍布斯认为，自然权利的实质是一种自由，而这种自由之权决定人生而均等，人们由于"偏私、自傲、复仇"等自然激情而相互冲突，从而导致自然权利在自然状态中的结局只能是一种虚无的自由。人们怀着对战争的憎恶、对和平的强烈愿望而缔结了契约，形成了国家主权。人的权利形态也发生了改变，从自然权利到臣民的基本权利，人在自然状态中的行为受制于激情与自然法，而在国家状态中则受制于民约法即国法。

霍布斯的自然权利学说在政府权力与个人自我保全的自然权利之间存在着无法解决的冲突。在他那里，人们一旦将自然权利交付出去，就绝少再有反悔的余地，但人在自然状态下的权利并不因主权而丧失，正是这一冲突使霍布斯的自然权利学说陷入了理论与现实的困境。

霍布斯的政治哲学与古典政治哲学之间存在着巨大分歧。由自我保全的自然权利推演出的自然法或道德法则的努力，引起了对于道德法则内容的影

① 列奥·施特劳斯. 自然权利与历史［M］. 彭刚，译. 上海：生活·读书·新知三联书店. 2003：167.

响深远的修正，使德性简化为获取和平而必需的社会德性。霍布斯认为"德性并不因其自身，而只是因其有助于达成快乐或避免痛苦才是可取的"，而此种可以被称之为人道或仁慈的新德性对古典德性的取代被施特劳斯称为"政治享乐主义"的核心所在。

在对洛克观点的分析中，施特劳斯紧紧抓住"自然法"这一线索，对洛克的自然法理论（包括财产权理论）进行了研究。洛克在承继了霍布斯自然权利学说所开创的理论范式的基础上，集中深刻地阐发了自然权利的思想。他首先设定一个先于公民社会的"自然状态"，在自然状态下人们依循"理性"（也就是他所说的"自然法"）平等地生活，并不一定产生战争状态，任何人都可以做自己认为适宜做的事。洛克认为，自然权利是人生而有之的，而自然法却不是，这在自然状态下也不例外，人们在自然状态下就是"他自己的人身和财产的绝对主人"。

洛克赋予自然权利三项基本内容：自由、生命和财产。按照他的观点，人的自然权利"既不能变更，更无从否认"。在基本的自然权利中，洛克又特别强调了人们对于财产的私有权利。财产学说是洛克自然权利思想中最核心的部分，也是最具特色的部分。作者对洛克的学说给予了高度评价："洛克的财产学说以及他整个的政治哲学，不仅就《圣经》传统而言，而且就哲学传统而言都是革命性的。"① 洛克通过将重心由自然义务或责任转移到自然权利，个人、自我成为道德世界的中心和源泉，这与施特劳斯对自然权利的基础——自然状态中的个人中心观点不谋而合。

但是，尽管使用了自然法、道德法、启示等传统话语来包装自己的理论，洛克的政治哲学实际上恰恰拒斥了传统的自然法教义，而转向了由霍布斯肇始的现代自然权利论。洛克默然追随着霍布斯，他也从非社会的人的最低下的、与低等动物共有的自我保存的欲望出发，建立了他的先于社会义务、宗教义务、道德义务的自然权利论。自我保存的欲望的目标只是消极性的——逃避死亡，因此，人的目标也是消极性的，人不再被"善"所吸引，而是被强烈的欲望所"驱使"。于是，从自然权利派生出来的现代政治社会的功能也是消极的，它不再致力于实现人性完善；现在，它只满足于通过各种手段保障个人的权利。

---

① 列奥·施特劳斯. 自然权利与历史 [M]. 彭刚，译. 上海：生活·读书·新知三联书店. 2003：253.

　　第六章　现代自然权利论的危机　评述了卢梭和柏克的自然权利论，指明自然权利论遭受到了"现代性"的挑战，而解决危机的最好方法就是回归古典政治哲学。

　　施特劳斯认为，现代性后果对前后展现为三个阶段，即"现代性的三次浪潮"。首先，是马基雅维里使道德从属于政治，"降低了政治生活的标准"，实现了与古典政治哲学的分离，掀起了现代性的第一次浪潮。卢梭以公意为政治判断的标准，排斥了政治研究对自然法的诉求，确立了从历史而不是从自然中寻求标准的原则，从而引发了现代性的第一次危机，同时又掀起了现代性的"第二次浪潮"。这次浪潮产生了黑格尔的历史观，这种历史观为现代性"第三次浪潮"的出现铺砌了道路。尼采反黑格尔的历史观，否定从历史中寻求永恒标准的可能性，从而引发了现代性的第二次危机。但是，尼采接受了历史无所不能的看法，并在对历史主义这一前提的认同上竟与黑格尔的历史观达成了一致性。这样，尼采掀起了现代性的"第三次浪潮"，这次浪潮延续至今①。

　　卢梭的思想引发了现代性的第一次危机。他以两种古典观念的名义来攻击现代性：一方面是城邦与德性，另一方面是自然。卢梭谈论城邦主要是相对于现代国家而言的。然而，卢梭之所以谈论城邦，并不仅仅意味着他要返回城邦；事实上，他之所以返回城邦，目的在于由城邦而诉诸"自然的人"——处于自然状态下的人。因为，在他看来，要确立自然权利就必须返回自然状态。

　　在施特劳斯看来，卢梭在《论人类不平等的起源和基础》中的"自然的研究"就等于是对自然权利的基础，也就是道德的基础的研究。卢梭认为，德性是个人与社会之间无法解决的冲突中的关键因素。卢梭以德性的名义来攻击象征公民社会的科学与艺术，他所强调的德性自身与科学和艺术是不相容的。德性主要是一种政治品德，爱国者的品德，或者是整个民族的品德。德性以自由的社会为前提，而自由的社会又以德性为前提，德性与自由的社会彼此相属②。

　　卢梭同霍布斯一样预设了自然人的非社会性。他认为理性不是自然的，

---

　　① 曾裕华. 传统与现代性：利奥·施特劳斯的政治哲学 [J]. 厦门大学学报（哲学社会科学版），2000（1）.

　　② 列奥·施特劳斯. 自然权利与历史 [M]. 彭刚，译. 上海：生活·读书·新知三联书店. 2003：260.

自然人是先于理性的。既然自然人不具备理性，他也就不可能得到任何关于自然法的知识，自然人是先于道德的次人。他首先关心人的独立自由，在他看来，"自由是比生命更高的善"，社会中的自由，只有通过每个人都彻底服从于自由社会的意志才成其为可能。他还认为，自由社会植根和依赖于实在法对自然权利的吸纳。当自然权利被一个社会的实在法所合法地吸纳于其中，民主制下的公意取代了自然法的地位。

卢梭的德性与古典派的观念发生了偏离，德性不再诉诸理性，转而诉诸卢梭所谓的"良知"或情感。按照施特劳斯的现代性理解，现代性就是与古典政治哲学的决裂，反对现代性的卢梭通过其基于自然情感的人性论进一步加剧了决裂的程度，最终在抵制现代性的基础上推进了现代性的进程。

在本章中，施特劳斯用了半个章节的篇幅重新检视了柏克的政治理论，提出了评判。与众多其他批评者相比，施特劳斯并没有盯住所谓柏克的"保守主义"不放，而是悄悄地把眼光放在了柏克保守主义的基础和论据之上。施特劳斯认为，柏克的"保守主义"和古典思想是完全一致的，但他对"保守主义"的阐释却是以应对人类事务、处理实际问题为出发点的。因此，柏克的"保守主义"比之法国革命中理论家们的"激进主义"要更加偏离古典思想。柏克站在西塞罗和苏亚雷斯的立场上来反对霍布斯和卢梭，他毫不吝啬地谈论"自然权利"，但他对于自然权利的所有议论都是直接服务于具体的实践目的的。

柏克反对沉思精神或者理论侵入实践领域，对此，施特劳斯强调，这可看作是对古典传统的回归，尤其是回归亚里士多德，即理论不足以指导实践。对柏克来说，在政治和道德领域，理论是虚幻无益的。柏克反对教条，不仅是道德教条在实质内容上的变化，还包括道德教条在方式上的变化：新的道德教条是用几何家思考图形和平面一样来思考人类事务。柏克对法国大革命的攻击，其主要理由就是：指引着法国革命的"理论教条"纯粹是政治性的。这种由实际的行事方式到理论化的行事方式的根本性变化，赋予了法国革命独一无二的特质。"它的成功不能由激励着它的政治原则来加以解释。那些原则一直以来就有着强大的感染力，因为它们'最能迎合没有头脑的大众的天然倾向'。"[1]

---

① 列奥·施特劳斯. 自然权利与历史 [M]. 彭刚，译. 上海：生活·读书·新知三联书店. 2003：308－309.

柏克承认，公民社会的宗旨是要维护人权，尤其是追求幸福的权利；每个人都有自我保全或追求幸福的自然权利。但是，柏克否认幸福可以与德性分开，只有经由"德性对激情所施加的限制"，幸福才能获得。因此，对理性、政府、法律的服从等限制，与他们的自由一样，都应被视作在他们的权利范围之内。在施特劳斯看来，柏克眼中的"德性"实为人为的德性，而非古典自然权利论追求的"自然的德性"。柏克不是从"虚幻的人权"，而是在"满足我们的欲望，服从我们的义务"之中来寻找政府的基础，他否认自然权利本身可以成为判断制度合法性的标准，而是认为只能由经验对现行制度的合法性加以判断。由此可以看出柏克否定了自然权利的基础性地位，而在作者看来，这恰好体现了柏克思想与古典自然权利论的分歧。

柏克在健全社会秩序起源的问题上与古典派意见不一，在他看来，健全的社会或政治秩序与最大可能程度的"人身自由"无法相容；国家必须追求"最大量的纷繁各异的目标"，必须尽可能少地"为了别人或整体而牺牲他们中的任何一个人"。它必须关注"个性"，或者对"个人情感和个人利益"给予最大可能限度的考虑。柏克把"追逐财富"以及繁荣，与"一系列纷纭复杂的偶然事件"以及健康的政治秩序之间的联系，视作天意秩序的一部分。在施特劳斯看来，柏克的政治哲学为"历史学派"铺就了道路，这种现代的自然权利论是享乐主义的，全然忘却了人类对于自然德性的完善和超越。

── 【意义与影响】 ────────────────────

本书共计 28.8 万字，中译本由生活・读书・新知三联书店于 2003 年第一次出版发行。《自然权利与历史》一书在施特劳斯的学术生涯与其政治哲学理论的发展历程中占据着里程碑的地位。它是施特劳斯在芝加哥大学 1949 年 10 月所作六次讲演的扩展稿本，这六次演讲是在查尔斯・R. 瓦尔格伦基金会支持下进行的。书中某些内容曾予发表。第一章曾刊于《政治学评论》1950 年 10 月号；第二章刊于《尺度》1951 年春季号；第三章刊于《社会探究》1952 年 3 月号；第五章 A 部分刊于《国际哲学评论》1950 年 10 月号；第五章 B 部分则刊于《哲学评论》1952 年 10 月号。施特劳斯学派在 2001 至 2002 年间曾连续召开三次学术讨论会，以纪念《自然权利与历史》出版五十周年。

首先，该书以当代政治与社会哲学的重要议题作为线索，揭示出现代自然权利理论前提下所导致的自然权利的危机。像许多伟大的思想家一样，列奥·施特劳斯致力于一些根本的思想问题凸显出西方文明中深刻的精神紧张。他对于当代思想中的实证主义、历史主义以及自由主义的批判，使他更加深入地投身于古典政治哲学的研究。这种从古代思想汲取养料用来解决当代现实问题的研究思路，对于后来的东西方学者在研究方法上产生了深远的影响。

其次，该书被认为是施特劳斯"最为融贯而又完整地陈述自己观点"的著作。施特劳斯一生著述甚丰，发表了大量的学术成果，其中要了解施特劳斯的思想特质，该书无疑是"一个最好的入口"①。林国荣在评价该书时称："可以认为《自然正当与历史》（即《自然权利与历史》）是施特劳斯最为平易的著作。施特劳斯不是那种给听众写书，或者为博取掌声而写书的人。但他的《自然正当与历史》却是向一般学者开放的，甚至是专门为他们写的，至少在表达形式上是这样。似乎有理由期望施特劳斯的政治哲学工程计划能够显白于这本书中。"② 该书出版之后，施特劳斯在政治哲学领域中的研究日渐成熟，特别是在 1963 年出版的《政治哲学史》标志着施特劳斯政治哲学学派的初步成型。

最后，该书是施特劳斯政治哲学理论的浓缩，这些思想精华同样构成了施特劳斯学派的灵魂与核心。施特劳斯学派无疑对美国保守主义产生了深远影响，他对虚无主义、相对主义的批判和对古典原则的修复启发了许多美国人，为新保守派分析问题提供了一个必不可少的起点，使他们在激进自由主义泛滥的时代"幡然醒悟"，开始转向保守，从而为新保守主义的崛起注入了强大的动力③，并为新保守主义提供了抨击现代性的工具。施特劳斯也被誉为"新保守主义的精神领袖"，而《自然权利与历史》则是新保守主义的"圣经"。在该书中，施特劳斯主张的对西方现代性和自由主义传统进行最彻底批判的政治哲学，在 20 世纪 80 年代后期以来，成为美国政界的官方政治哲学，特别是成了美国共和党高层的政治理念。施特劳斯本人也被称为"共和党革命的教父"和对"当今美国政治最有影响的人物之一"④。

① 彭刚. 施特劳斯的魔眼 [J]. 读书，2003 (7).

② 林国荣. 解读柏克：以《自然正当与历史》第六章为例 [J]. 战略与管理，2001 (4).

③ 汪舒明. "埋首解经"：源于现实关怀：评列奥·施特劳斯的"自然权利说"[J]. 社会观察，2004 (10).

④ 列奥·施特劳斯. 自然权利与历史 [M]. 彭刚，译. 上海：生活·读书·新知三联书店. 2003：5.

──【原著摘录】────────────────────

导论 P1-9

P7 对于自然权利论的需求的紧迫性当然并不能证明这种需求就能够得到满足。愿望并不等于事实。即使是证明了某种特定的观念对于幸福生活来说必不可少，那也只不过是证明这种观念仍是人们理当崇敬的神话：人们并没有证明它是真确的。效用和真理是完全不同的两回事。

第一章 自然权利论与历史方法 P10-36

"习俗主义"与"历史主义"

P14 历史主义是在19世纪时在这一信念的庇护下崭露头角的：对于永恒的知识或者至少是对于永恒的预测乃是可能的。……指引着历史学派的思想远不是纯然理论性的。历史学派是作为对于法国大革命以及为那场浩劫做好了铺垫的自然权利论的反动而出现的。

P17 历史学派在力图发现那同时既是客观的、又与特定的历史处境相关联的标准之时，就给历史研究赋予了它此前从未具有过的更大的重要性。在历史学派看来，人们所能够从历史研究中期望得到的，并非历史研究的成果，而是那些直接或间接地出自18世纪自然权利论的假设。

"怀疑论"与"历史主义"

P21 怀疑论和历史主义完全是两码事。怀疑论在原则上把自己视为与人类思想同在；历史主义则认为自己属于某一特定的历史情形。对于怀疑论者而言，所有的断言都是不确定的，因而本质上乃是任意武断的；对于历史主义者而言，在不同时代和不同文明所盛行的断言远非任意武断的。历史主义源自某种非怀疑论的传统——它源自那一现代传统：这一传统力图划定人类知识的范围，并且因而它也就承认在某些限度内，真正的知识乃是可能的。与所有的怀疑论相反对，历史主义至少是部分地以对于人类思想的这样一种批判为基础的，它声称它所表达的就是所谓的"历史经验"。

激进的历史主义

P25 倘若在一切的历史变迁之中，那些根本的问题保持不变，那么人类思想就有可能超越其历史局限或把握到某种超历史的东西。即使力图解决这些问题的一切努力都注定要失败，而且它们之注定失败是由于"一切"人类思想都具有的"历史性"，情况仍然会是这样的。

历史主义与自然权利

P31　历史主义的成败取决于对于理论形而上学、哲学伦理学或自然权利论的可能性的否定，取决于对那些根本之谜有可能得到解决的否定。依照历史主义的看法，那绝对的时刻必定就是根本之谜不可能求得解决的这一特性完全彰显，或者人类精神所陷入的根本性的骗局得以驱散的那一时刻。

P34　"历史的经验"并未使这样的观点变得可疑：诸如争议之类的根本问题，无论它们可能会被某些时候对它们的合理性所做的否认弄得多么含糊，也无论人类对这些问题所提出的一切解决办法是多么的变化不定，它们仍然在一切历史变迁之中保持着其同一性。在了解和把握这些问题时，人类精神将自身从它所具有的历史局限性中解放出来了。……哲学就是对于人的无知的知识，也就是说，哲学是关于人们不知道什么的知识，或者说是对于那些基本问题、因而也就是对于那些与人类思想相生相伴的、为解决问题所可以做出的基本选择的意识。

P36　哲学的政治化恰恰是基于文人与哲学家之间的区别——这种区别早先被看作一方面是高尚之士（Gentleman）与哲学家之间的区别，另一方面是诡辩派或修辞家与哲学家之间的区别——日趋模糊而最终消失了。

"教条主义"与"历史主义"

P23　教条主义——或者说是那种"把我们思想的目标等同于我们在厌倦思考时所到达的地方"的倾向——对人而言几乎是出自天性，它不大可能只会停留在过去。我们还得去猜想，历史主义就是教条主义在当今借以出现的面具。在我们看来，所谓的"历史经验"不过是思想史上一种很粗疏的观念，它既相信必然的进程（或者说是人们不可能再回到从前的思想），又相信差异性和独特性所具有的最高价值（或者说是所有文明或时代都具有平等的权利），它就是在这两种信仰的交互影响下来看待历史的。激进的历史主义似乎已不再需要这些信念了。但是，它从来也没有检审过它所说的"经验"是不是那些颇有疑问的信念所产生的结果。

第二章　自然权利论与事实和价值的分野 P37－81

历史主义对自然权利论的立场

P37　历史主义的立场可以简化为这一断语：自然权利是不可能的，因为完全意义上的哲学是不可能的。只有存在着某种与历史上变动不安的视域（Horizon）或洞穴截然不同的绝对的或自然的视域，哲学才成其为可能。……然而哲学的可能性只是自然权利的必要条件而非充分条件。哲学的可能性所要求的只不过是那些基本问题永远是一样的；可是倘若政治哲学的根本问题不能以某种终极的方式来加以解决，那就不可能有什么自然权利。

对韦伯观点的批判性分析

P41　所有的科学都假定科学是有价值的，可是这一前提本身就是特定文化的产物，因此也就是历史上相对的。而在有着无数变异的具体的、历史的价值观念中，包含着超历史的因素：终极价值与逻辑原理一样是没有时间性的。对于无时间性的价值的认可，是韦伯区别于历史主义的最要紧之处。与其说是历史主义，不如说是某种对于无时间性的价值的特殊观点，成了他拒斥自然权利论的依据。韦伯从未解释过他对于"价值"是如何理解的。他首先关注的是价值与事实的关系。事实与价值绝对是不同质的两码事，就像是有关事实的问题和有关价值的问题之绝对不同质所明白显示的。我们从任何事实中都抽绎不出它的具有价值的特性，我们也无法从某物之被视为有价值的或可欲的，而推断出它在事实方面所具有的秉性。

P46　人之所以有尊严，人之所以远远高出于一切纯然自然之物或野性之物，端在于他自主地设定了他的终极价值，把这些价值变成了他的永恒的目的，并理性地选择达到这些目的的手段。人的尊严就在于他的自律，也就是说，在于个人自由地选择他自己的价值或理想，或者说在于服从"成为你之所是"的戒条。

韦伯的价值判断观点

P54　在社会科学中禁止下价值判断，就会导致这样的结果：我们可以对在集中营中所能观察到的公然的行动做出严格的事实描述，而且或许也能够对于我们所考察的行动者的动机做出同样的事实描述，然而，我们却被禁止去谈到残忍。

P57　社会科学只有严格地局限在纯粹历史的或"解释性的"研究路数的范围内，才能避开价值判断。

P63　拒绝价值判断使得历史的客观性面临着危机。首先，它使得人们不能够直言不讳。其次，它危及到了那种合理地要求放弃评价的客观性，亦即解释的客观性。

P65　韦伯之拒绝价值判断的真实内涵可以表述如下：社会科学的研究对象是由价值关涉建构起来的。价值关涉就预设了人们对于价值的欣赏。此种欣赏使得社会科学家们能够、也迫使他们去评价社会现象，亦即在真诚与虚伪、高级与低级之间做出分别。……价值关涉与中立态度是不相容的，它绝不会是"纯粹理论性"的。

P76　现代生活和现代科学的危机，并不必定就使得科学观念成为可疑的。……没有了光明、指引和知识，人是无法生活的；只有具备了对于善的知识，他才能找寻他所需要的善。因此，根本问题就在于，依靠他们的自然能力来进行孤立无助的努力，人类是否能够获得有关善的知识——没有了这种知识，他们就不能个别地或集体地指导自己的生活；或者，他们是否要依赖于有关天启的知识。没有什么选择比这更为根本：人的指引还是神的指引。

第三章　自然权利观念的起源 P82－120
自然权利与权威和神启法

P85　对于自然权利的发现来说，权威之被质疑和摆脱是何等的不可或缺。

P86　一旦自然权利的观念出现并成为理所当然的之后，它就会很轻易地与存在着神启法的信仰相调和。

P87　我们想说的只是，那种信仰的支配地位阻碍了自然权利观念的出现，使得对自然权利的追寻无足轻重：如果人们通过神启能够知道正确的道路何在，他就用不着靠自己无助的努力来找寻那条道路。

P90　简而言之，我们可以说自然之发现就等于是对人类的某种可能性的确定，至少按照此种可能性的自我解释，它乃是超历史、超社会、超道德和超宗教的。

对习俗主义的驳斥

P98　从所有方面来说，如果权利的原则是可变的话，就不会存在什么自然权利了。然而习俗主义所指陈的事实似乎并未证明权利的原则是可变的。

P99　自然权利的存在，只要求所有的正常人在有关正义原则的问题上达成一致。普遍一致之未能实现，可以解释成是因为那些漠视真正原则的人的人性遭到了败坏，出于明显的原因，此种败坏比之在有关感官性质的知觉方面出现的败坏要更加频繁和厉害。

P102　法律自身表现得像是某种自相矛盾的东西。一方面，它号称是本质上就是善的或高贵的：它乃是拯救了城邦和别的一切的法律。另一方面，法律自身又表现得像是城邦（也即成千上万的公民）的共同意见或决定。这样，它就绝不会在本质上就是善的或高贵的。它很可能是愚蠢的和卑下的产物。……法律就其有利于公共利益而言是正义的。然而如若正义被等同于公共利益，那么正义或正确（Right）就不会是习俗性的了：一个城邦的习俗不会给城邦带来事实上对它来说至关重要的好处，反之亦然。

P107　正义并没有自然为其依据。公共利益证明是某个集体的私利。集体的私利来自于集体中唯一自然的因素亦即个人的私利。人人出于本性都在追求他自己的利益，而且仅仅是它自身的利益。正义却告诉我们要追求别人的利益。正义所要求我们的乃是违反自然的。自然的善、不依赖于人们的奇思异想和愚蠢的善、这种实质的善乃是被称作"权利"或"正义"的那种虚幻不实的善的反面。此种自然的善乃是每个人出于本性所趋向的他自身的善，而权利或正义只有通过强制，而且最终通过习俗才具有了吸引力。

人生而自由平等

P119　自然的自由和自然的平等是相互不能割离的。如果人人生而自由，就没有人生而比任何别人更优越，因此人人就是生而彼此平等的。倘若人人生而自由和平等，把任何人看作不自由或不平等，那就违背了自然；保持或恢复自然的自由或平等乃是自然权利所要求的。

第四章　古典自然权利论 P121－167
古典自然权利论对享乐主义的批判

P127　习俗主义的基本前提乃是将善的等同于使人快乐的。相应的，古典自然权利论的主要部分乃是对于享乐主义的批判。古典派的论点是，善的事物本质上有别于使人快乐的事物，善的事物比使人快乐的事物更为根本。最为寻常的快乐是与欲望的满足联系在一起的；欲望先于快乐；仿佛是欲望为快乐提供了穿行其中的通道；它们决定了什么可能是使人快乐的。首要的事实不是快乐或者对快乐的向往，而毋宁是欲望和争取满足它们的努力。正是欲望的多样性，才能解释快乐的多样性；快乐种类的不同不能从快乐而只有从欲望才能得到理解，欲望才使得多种多样的快乐成为可能。不同种类的欲望不是一堆捆在一起的驱动力；欲望有着自然的顺序。不同种类的存在者寻求或享受不同种类的快乐：一只驴的快乐不同于一个人的快乐。

P128　正是人的自然构成的等级秩序，为古典派所理解的自然权利提供了基础。……善的生活就是与人的存在的自然秩序相一致的生活，是由秩序良好的或健康的灵魂所流溢出来的生活。善的生活简单说来，就是人的自然喜好能在最大程度上按恰当秩序得到满足的生活，就是人最大限度地保持头脑清醒的生活，就是人的灵魂中没有任何东西被虚掷浪费的生活。善的生活就是人性的完美化。它是与自然相一致的生活。故而，人们可以将制约着善的生活的一般特征的准则叫作"自然法"。合于自然的生活是人类的优异性或美德的生活，是一个"高等人"的生活，而不是为快乐而求快乐的生活。

古典自然权利论的主要观点

P130　人天生就是社会的存在。他乃是这样构成的，除了与他人生活在一起，他就无法活下去或活得好。……正是人自然的社会性构成为自然权利——在狭义的或严格意义上的权利——的基础。由于人天生就是社会性的，他完满的天性就包括了最卓越的社会品德——正义；正义和权利是自然的。

P136　由于古典派们就人的完善着眼来看待道德事务和政治事务，他们并非平等主义者。并不是所有的人都同等地为自然所装备来向着完善前进，或者说，并不是所有的"天性"都是"好的天性"。……不管自然能力方面有何差异，并非所有的人都是以同等的热忱来追求德性的。

P147－148　倘若人类的终极目的是超政治的，自然权利似乎就应该有一个超政治的根源。……人性是一回事，德性或人性的完善又是另外一回事。德性，尤其是正义的确切性质无法从人性中推演出来。……德性在绝大多数情形下（如果不是在所有情形下的话），乃是一个激励人们的目标，而非已完成之物。因而，它更其是见之于言而非行。

第五章　现代自然权利论 P168－256

P173　霍布斯既是数学的机械论者，又是唯物主义的机械论者，他的自然哲学乃是柏拉图的物理学和伊壁鸠鲁的物理学的结合。

P220　洛克的全部政治学说是建立在自然状态的假说之上的。这个假说与《圣经》全然不同。

第六章　现代自然权利论的危机 P257－330

P265　卢梭是凭借着科学或哲学建立起了这样的论旨：科学或哲学与自由社会、从而与德性是不相容的。

P303　柏克承认，公民社会的宗旨是要维护人权，尤其是追求幸福的权利。然而，只有经由德性、经由"德性对激情所施加的限制"，幸福才能获致。

───**【参考文献】**───────────────────

[1] 列奥·施特劳斯. 自然权利与历史 [M]. 彭刚, 译. 上海：生活·读书·新知三联书店. 2003.

[2] 马德普. 历史主义的兴起及其对自由主义普遍主义的冲击 [J]. 政治学研究，2003 (4).

［3］杨晓东. 自然权利在近代欧洲政治自由主义形成中的作用［J］. 深圳大学学报（人文社会科学版），2008（5）.

［4］汪舒明."埋首解经"：源于现实关怀：评列奥·施特劳斯的"自然权利说"［J］. 社会观察，2004（10）.

［5］曾裕华. 传统与现代性：利奥·施特劳斯的政治哲学［J］. 厦门大学学报（哲学社会科学版），2000（1）.

［6］柏拉图. 理想国［M］. 郭斌和，张竹明，译. 北京：商务印书馆. 1986.

［7］彭刚. 施特劳斯的魔眼［J］. 读书，2003（7）.

［8］林国荣. 解读柏克：以《自然正当与历史》第六章为例［J］. 战略与管理，2001（4）.

［9］杨晓东. 马克思与欧洲近代政治哲学［M］. 北京：社会科学文献出版社，2008.

［10］列奥·施特劳斯，约瑟夫·克罗波西. 政治哲学史［M］. 李天然，等译. 石家庄：河北人民出版社，1993.

八、《权力精英》

[美] 查尔斯·赖特·米尔斯 著

王 崑，许 荣 译

南京大学出版社，2004 年

───【作者简介】───────────────────────

　　查尔斯·赖特·米尔斯（1916—1962），美国社会学家，文化批判主义的主要代表人物之一。曾在威斯康星大学师从 H. 格斯和 H. 贝克尔，广涉社会与政治理论，兼修史学和人类学，1941 年获博士学位。20 世纪 50 年代初，米尔斯以《白领：美国的中产阶级》一书一举成名，并任教于哥伦比亚大学社会学系。他在知识社会学和美国社会阶层研究这两个方面都有杰出的成绩，1962 年病逝于纽约，年仅 46 岁，死后被誉为"当代美国文明重要的批评家之一"。

　　米尔斯深受德国古典社会学理论和 G. H. 米德的实用主义社会学的影响，在政治社会学和社会心理学领域内颇有建树。米尔斯批判了 20 世纪五六十年代在社会学领域占主导地位的以 T. 帕森斯为代表的结构功能主义"大理论"和以 P. F. 拉扎斯菲尔德为代表的"抽象的经验主义"，指出当代西方社会学正面临着深刻的理论危机。为深入理解个人与社会结构之间的关系，为对资本主义社会进行批判，米尔斯倡导社会学的想象力，强调社会学要加强对历史的研究，加强对社会心理的研究。他继承了马克思和韦伯的传统，深刻分析了当时美国社会的阶级、政治和权力结构。他指出，美国社会的统治阶级是商业、军事和联邦政府的官僚组织的典型代表，广大民众的权力的丧失恰好体现出上层社会权力精英们的专横跋扈。米尔斯的社会学理论强调社会的冲突和矛盾，并具有浓厚的价值判断和人文主义色彩，对后来的冲突变迁理论产生了深远的影响。

米尔斯的主要著作有《韦伯社会学文选》（与格斯合译，1946年）、《性格与社会结构》（与格斯合著，1953年）、《白领：美国中产阶级》（1953年）、《权力精英》（1956年）、《社会学的想象力》（1959年）等。

── 【写作背景】────────────────────────────

查尔斯·赖特·米尔斯写作《权力精英》之时，正值美国战后的"繁荣时期"，美国俨然成为世界上最美好的自由国度。无论在普通百姓还是知识分子的内心世界中都或多或少洋溢着自鸣得意的心态，此时美国人生活在米尔斯所称的"物质繁荣、国家主义甚嚣尘上和政治真空"的时代。由于冷战时期美国的社会状态，人们接受了美国生活中军队的重要意义，军队的思想极大地影响了民意。正如阿兰·沃尔夫在本书的后记中极具形象的描述："这就不难理解为什么美国人会像米尔斯所指的那样自鸣得意。让我们假设在1956年你是一个典型的35岁的投票人。设想一下你的生活是什么样子。在你8岁的时候，股票市场崩溃，由此导致的大萧条正在你刚进入三、四年级的时候开始。因此，压在你幼小心灵的，就是要在贫穷和失业的威胁下苦苦挣扎，那是美国历史上唯一的一次最严重的经济灾难。当你长到21岁，官方划定的成年年龄时，日本偷袭了珍珠港，因为你正年轻，特别你又是男性，那么就有可能被派到欧洲的战场上或在亚洲的一个个岛屿之间奔波。如果你很幸运活了下来，你就会在24岁的成熟时期回到家乡准备重新开始正常的生活——就在此时，你又目击了朝鲜战争、麦卡锡主义和与苏联之间的'冷战'的爆发。

"这就不奇怪，在1956年总统选举时，你打算投票赞成艾森豪威尔了。毕竟，他在二战中统帅过盟军部队。诚然，他常常在讲话中显得很平庸，而他与富商们有着最融洽的联系，那些富商几乎全都是男性、白人、基督徒，并在政治倾向中偏于保守。此外，艾森豪威尔为生活中充满动荡的投票人提供了稳定感。由于国务卿约翰·福斯特·杜勒斯关于苏联威胁的虚张声势的谈话，总统自己反倒显得与对外政策无关了。而他的国内计划也就是修建高速公路，这可以在人们想去洛杉矶找工作时派上用场，那里有艾森豪威尔不久后称作'军工联合企业'的工作机会。"

正是在这种环境下，诞生了《权力精英》这部著作。

米尔斯用《权力精英》揭示了美国社会的权力结构，批判权力精英作为美国社会的权力核心阻碍了大众社会利益诉求的表达。战后美国社会对军事的重视催生了军事精英的萌芽，在政治精英和经济精英的支持下，三种势力形成了美国社会坚不可摧的核心力量。权力精英的出现形成了"压力集团"，打破了原本多元利益群体的均衡和妥协机制。在充分利用大众传媒的基础上，权力精英控制了大众社会，使大众甘愿成为统治阶级的拥护者。这种社会顶层占有、中间阶级僵持、底层社会失语的状态，就是米尔斯指称的美国的阶级结构，米尔斯在《白领：美国中产阶级》中提出的疑问，至此逐渐展现答案。

───【中心思想】──────────────────────────────

该书共计 15 章，在不同部分，米尔斯从政治、经济、军事三个角度对美国权力精英的历史演变进行了分析。

米尔斯对权力精英的概念进行了概括，并对美国社会权力精英的历史演变进行了分析，米尔斯认为现代社会权力主要集中于政府、企业和军队。而且"在这三个已经扩展和集中了的领域的最上层，由经济、政治和军事精英组成的上层圈子正冉冉升起。在经济的最上层，在公司富豪中间，是行政长官；在政治秩序的顶层，是政治领袖；在军事机构的顶端，是围绕在参谋长联席会议（the Joint Chiefs of Staff）和军方高层周围的身兼军职的政治家精英。鉴于这三大领域彼此间的渗透融合，鉴于决策在结果上趋向于追求整体，三种权力的掌门人，军界领袖（the Warlords）、企业行政长官（the Corporation Chieftains）、政治董事（the Political Directorate），倾向于齐心协力，共同组成美国的权力精英"[①]。在美国，权力精英主要是大都会四百强、名流显贵、大富翁、行政长官以及军事长官等，随着行政权力的集中，权力精英已经打破了美国原有政治系统中的平衡。权力精英在很多时候能够在政界、经济界和军界进行角色的互换，而且围绕着权力精英的是一个权力圈，这种情况已经打破了社会原有的均衡。米尔斯认为美国正在由公众社会转向大众社会。

───────────────

① 查尔斯·赖特·米尔斯. 权力精英［M］. 王崑，许荣，译. 南京：南京大学出版社，2004：7.

——【分章导读】————

第一章　上层阶层　在该部分，米尔斯对上层阶层尤其是权力精英的概念以及范围进行了分析。米尔斯认为，权力精英一方面与大众相隔离，另一方面由于其占据着现代社会等级制度和组织结构的上层建筑，其积聚的权利、财富和声望以及做出的决策等，都对普通大众产生着巨大的影响。米尔斯认为现代社会权力主要集中于政府、企业和军队。"在这三个已经扩展和集中了的领域的最上层，由经济、政治和军事精英组成的上层圈子正冉冉升起。在经济的最上层，在公司富豪中间，是行政长官；在政治秩序的顶层，是政治领袖；在军事机构的顶端，是围绕在参谋长联席会议和军方高层周围的身兼军职的政治家精英。鉴于这三大领域彼此间的渗透融合，鉴于决策在结果上趋向于追求整体，三种权力的掌门人，军界领袖、企业行政长官、政治董事，倾向于齐心协力，共同组成美国的权力精英。"① 而政治、经济、军事三者是相互影响，相互作用的，这三者也在一定意义上重新塑造着家庭、学校和教会，从而构建着当代历史的框架。米尔斯认为，由于独特的历史先决条件的存在，美国的上流阶层并不是从传统宫廷贵族、地主等蜕变而来的，而是脱胎于"中产阶级"。由于没有传统阶级的束缚，美国的统治阶级能够在发展商业和大工业的历史进程中依附于资本主义精英。米尔斯认为应该从权力精英的心理、制度结构以及其内部的协调一致性等方面进行研究。他认为应该把权力精英的概念与权力精英的角色进行区分。"由于权利的制度化手段和沟通手段彼此融合，已经变得越来越有效率，那些现在指挥着它们的人逐渐掌握了人类历史前所未有的统治工具。"② 而美国权力精英也并不是软弱无能的，米尔斯所研究的美国权力精英的对象包括大富翁和行政长官在内的上流阶层。

第二章　地方社会　在该部分，米尔斯对地方社会中的新、老上流阶层的情况进行了分析。米尔斯认为，"在美国的每一个市镇和小城，都存在一个上流家族圈，他们凌驾于中产阶级之上，屹立在由广大平民百姓和工薪阶层堆积起来的金字塔的塔尖。这个圈子的成员所占有的远远超过当地的其他普通人；他们掌握了当地决策的命脉；他们拥有报纸和广播电台；他们还拥有

---

① 查尔斯·赖特·米尔斯. 权力精英［M］. 王崑，许荣，译. 南京：南京大学出版社，2004：7.
② 查尔斯·赖特·米尔斯. 权力精英［M］. 王崑，许荣，译. 南京：南京大学出版社，2004：22.

多家主要的地方工厂和街道两旁绝大多数的产业；他们支配着银行"①。随着现代化进程的发展，新兴上流阶层与传统上层阶层开始分化，前者主要是企业主，后者则是食利者和传统家族，对于传统上流阶层而言，他们讲究血统和家族荣誉，掌握着地方的金融机构，并享有良好的社会声望。作为不断崛起的新兴上流阶层，他们主要依靠钱财而声名鹊起，但是并不具备全国性的声望。米尔斯认为地方社会不仅仅是一种权力结构，而且还是身份地位显著的层级划分。在地方社会中占据决策地位的人主要是大商人、银行家等老派上流阶层人士，不同人群构成着各自不同的圈子，而且这些圈子是相互联系的。第二次世界大战以后，随着全国性大公司向社会各个方面渗透，地方社会中上流阶层的经济平衡被打破，随之而来的是权力结构受到冲击。

第三章　大都会四百强　在该部分，米尔斯对美国大城市的上流阶层进行了分析。米尔斯认为，在美国内战之前的一段时期内，由于社会阶层的固化，上流阶层也具有稳固性的特征，随着社会的变迁，新权贵与旧家族之间的斗争开始逐渐显现。在美国历史上，曾经出现的《社会名流录》记载着一个具有相同门第、宗教信仰和出身，同时又非常低调，传承传统的老派上流阶层。大都会的上流阶层通过各种贸易或俱乐部活动而相互联系，并通过共同的活动彰显自身的社会地位。米尔斯认为上流阶层的生活方式如穿着、外表、教育方式等都具有同一性。对于新兴权贵而言，他们也通过各种途径形成着具有共性和凝聚力的阶层，他们通过各种联系，不断增进自身的能力，从而逐渐形成适合上流阶层的外表形象和内涵特质。

第四章　名流显贵　在该部分，米尔斯对现代社会下新潮先生、淑女与传统上流阶层相竞争进行了分析，并提出随着国家经济的发展、军事力量的凸显以及国家集权的增强，国家精英阶层逐渐形成并占据着财富和权力的顶端。米尔斯首先以咖啡社会潮流的兴起为例，说明了随着传媒行业的发展，美国明星体系逐渐建立，这些明星包括电影明星、百老汇演员、流行歌手等，他们因媒介的发达而崛起，并为了保持自身的影响力而不断努力博取名望，这些因素导致了传统上流阶层如"大都会四百强"的衰落。米尔斯认为在美国尤其是华盛顿，随着权力和金钱优势的助长，"权力精英因为他们所处的地位和所掌握的决策权额成为名流显贵"②。在企业，由于现代管理制度的完善，

① 查尔斯·赖特·米尔斯. 权力精英 [M]. 王崑，许荣，译. 南京：南京大学出版社，2004：34.
② 查尔斯·赖特·米尔斯. 权力精英 [M]. 王崑，许荣，译. 南京：南京大学出版社，2004：98.

大公司获得了诸多地位特权，政治家则随着国家权力的扩大而成为名流显贵，军事长官则由于军队作用的凸显而成为国家权力秩序中不可缺少的环节。米尔斯对凡伯伦声望概念进行了分析，提出随着社会的发展，政治、经济和军事精英开始走向融合。

第五章　大富翁　在该部分，作者主要对美国大富翁在不同历史发展阶段中的产生途径和社会影响进行了分析。在学术界，不同学者从不同角度对美国大富翁的形象和地位进行了研究，米尔斯认为对产生富豪的政治和经济结构进行研究很有必要性。在美国，工业化进程中的私有企业衍生出了众多千万富翁这一副产品。同时，美国政府在保护私有企业方面制定了各种制度和法律，这也为大富翁的产生提供了政治条件。尤其值得注意的是，战争时期美国政府的政策倾斜为大企业的发展和崛起提供了良机。米尔斯认为应该把美国19世纪90年代崛起的一批人称之为第一代富豪，而1925年和20世纪中叶的则分别称为第二代和第三代富豪。通过对三代富豪的个人出身、出生地、教育背景等方面的阐述，米尔斯认为晋升富豪阶层有两个特征，即大跃进和资产的积累。在大跃进和资产的积累过程中，大机遇的来临，前几代人资本利润的积累等先后发挥着重要作用。随着大企业的稳定发展和财富拥有者的不断传承，以财富为基础的有钱有闲、品位高雅的富裕阶层逐渐形成，这个阶层不但在经济领域中长袖善舞，而且逐渐渗透到政治领域中，通过借助政治权力来维护自身利益。

第六章　行政长官　在该部分，米尔斯对大企业的顶层行政长官的出身背景、作用影响以及角色转变进行了分析。"行政长官指的是上百个大企业内占据最终两三个领导位置的那些人，这些大企业无论在销售业绩还是资本上，都是佼佼者。"[①] 企业界的行政长官大都是美国白人中产阶级的新教徒，他们主要是企业家、家族经理和专业人员。米尔斯把大企业的行政长官分为不同阶层，其中，大富翁和行政长官是第一阶层的一部分，这一阶层的许多人在有产阶级群体中具有很大的影响力，这是因为为了维护企业的利益，行政长官必须具有较为广阔的人际关系网络。米尔斯最后对行政长官的选拔和晋升程序进行了分析。

第七章　公司富豪　在该部分，米尔斯对美国公司富豪的特点及在不同历史时期的地位进行了分析。米尔斯认为，美国公司富豪的权力与资本主义

---

① 查尔斯·赖特·米尔斯. 权力精英［M］. 王崑，许荣，译. 南京：南京大学出版社，2004：161.

发展之间具有连续性和一致性的共同特点。公司富豪包括老派的有产阶级家族富豪、企业高收入阶层、大城市富翁以及大公司的行政长官等。米尔斯以美国不同人群收入的历史变迁为依据，阐述了美国公司富豪如何运用逃避纳税、基金收益等各种手段实现财富和资本收益的快速递增，同时，美国公司富豪不仅拥有很高的财产收入，而且还获取了各种特权，这些特权已经逐渐被公司制度化和合法化。最后，米尔斯对美国公司富豪尤其是行政人员与政府之间的关系进行了论述，他认为随着社会的发展，经济领域的上层参与政治的深度越来越强，这构成了美国社会的重要特征。

第八章　军界领袖　在该部分，米尔斯对美国军事长官政治影响力的崛起进行了分析。米尔斯认为，由于军队等级制度的存在，军人以荣誉和身份为奋斗目标。在早期的美国社会，较好的地理环境和政治气候促成国民对其本国军事力量的忽视，人民坚信和平民主的价值观，美国早期的政治家也通过立法的形式减少军事力量参与政治领域的威胁，无论是陆军还是海军的军事长官在社会中的作用都是有限的。美国社会通过较为完善的文官系统限制和控制着美国的军事力量。但是，随着20世纪的到来，科学技术的进步以及两次世界大战、朝鲜战争等战争的洗礼促使美国精英阶层的和平观和战争观发生了巨大的变化，军事高级将领开始在美国精英阶层中崛起并发挥着愈加重要的作用。军事力量的集中影响着美国社会的各个方面，高级将领开始行政人员化，而较高的军衔等级意味着财富、身份和地位的提升。在军事将领的培养方面，最初的出身背景显得不甚重要，美国军队通过西点军校、海军学院等机构重塑着参军人员的价值观，纪律、服从、忠诚和自信成为军事将领的重要品质，这些因素促使军职人员在与文职人员竞争时占据着极大的优势，并使军队人员在国家决策层取得越来越大的发言权。

第九章　军方的入阁　在该部分，米尔斯对军界领袖逐渐扩大其军事、政治和经济等方面的影响力进行了分析。由于受到文官政治制度的制约，军界领袖在参与政治的过程中也显得缺乏技能和目的，而同时，军人训练和职业又给他们带来了很强的自信心。高层军方政治化的过程促使作为职业官员的高级将领形成着既得利益，军队与政治之间的关系日益密切，军队高层和政治家之间不断达成各种密切关系。米尔斯认为，军事高层对美国的权利精英带来了巨大的影响，其显著表现为军事人员开始逐渐渗入外交和政治圈子，由军方人员转为外交人员成为美国外交发展的一个重要特点，而无论是个体政治家还是作为充当制约的国会，都开始试图拉近与军方的关系。米尔斯认为美国军事力量的增长与经济有着密切关系，随着历次战争的影响，军事预算占据了美国财政支出的一大部分，这种情况同样存在于科研经费领域，而在教育领域，军方也在通过借助提供经费等手段对学校施加影响。同时，军方也通过新闻宣传和公关来发挥自身的软实力。总之，米尔斯认为美国社会存在着一个军事小集团，亦即"由经济的、政治的以及军事的各方共同利益不断增长的人们所组成的"[①] 权力精英。

第十章 政治董事 在该部分，米尔斯对美国政治领域中文职人员的雇佣制度即"政治外行"现象进行了分析。米尔斯认为，"政治外行（Political Outsider）是一种将工作生涯的大部分置于严格的政治组织之外的人，而且——如果情况允许的话——是强加于他，或者是不得不在政界中出入的人"[②]。这种政治外行主要是党派政治家、职业行政人员等，他们通过掌权者的任命而进入权力的中心。米尔斯认为，美国政治精英的成长过程具有几个方面的趋势，即跳过地方而进入国家级权力中心；没有在全国性立法机构中工作过；经过任命而非选举；用于整治投入的工作时间越来越少。这导致了政治、经济和军事权力精英的固化和集中化。

第十一章 平衡理论 在该部分，米尔斯提出，随着行政权力的集中，权力精英已经打破了美国原有政治系统中存在的平衡。米尔斯认为，在早期美国社会中，由于中产阶级的存在，权力呈现出多元化的格局。"平衡理论的主要关注点是美国的国会，它的主要任务都是国会议员。"[③] 国会议员代表着不同集团或群体的利益，他们主要关注区域性和地方性的利益，并通过辩论、协商等形式达成妥协。随着行政长官权力的扩大，国会议员的作用受到极大的限制，他们开始向国家权力中层下放。米尔斯对美国社会的政治变动进行分析，即以农场主为代表的利益集团影响力的扩大；企业内部新中产阶级的兴起；劳工领袖的精英化以及工人阶级权力的低迷等。最后，米尔斯提出，随着职业政治家上升为决策者的地位，中产阶级的政治自主性开始下降，存在于权力体系中的均衡也随之衰落。

第十二章 权力精英 在该部分，米尔斯对美国权力精英进行了时代划分，并提出这一时代划分是美国政治、经济和军事制度变迁的过程。米尔斯

① 查尔斯·赖特·米尔斯. 权力精英 [M]. 王崑，许荣，译. 南京：南京大学出版社，2004：281.
② 查尔斯·赖特·米尔斯. 权力精英 [M]. 王崑，许荣，译. 南京：南京大学出版社，2004：294.
③ 查尔斯·赖特·米尔斯. 权力精英 [M]. 王崑，许荣，译. 南京：南京大学出版社，2004：321.

认为，在美国权力精英的第五个时代，政治领域与经济领域的关系更为密切，政府行政部门权力的扩大促使大公司的人物占据了政治优势，国会等部门的职业政治家向权力的中层下放，同时，军界领袖崛起并参与到政治和经济范围之内，政治、经济和军事三者构成了权力精英的狭小圈子。米尔斯认为权力精英的出身各不相同，而且其代表的利益主体也具有迥异性。权力精英在很多时候能够在政界、经济界和军界进行角色的互换，而且围绕着权力精英的是一个权力圈，这种情况已经打破了社会原有的均衡。

第十三章　大众社会　在该部分，米尔斯认为美国正在由公众社会转向大众社会。米尔斯对公众社会和大众社会之间的区别进行了分析，他认为由公众社会向大众社会的转变意味着美国社会结构的变化。在公众社会下，讨论是主要的交流方式。而大众社会中的媒介作用更为强大，人们更多地处于倾听和接受的客体地位，同时，人们之间的资源联盟也开始受到弱化，尤其是随着大众传播媒介的更新换代和意见领袖的强势作用，以往处于公众社会中主体地位的公众开始成为被控制、被管理、被操纵的对象，这种趋势也渗透到教育领域，教育机构逐渐沦为宣传、培育大众社会人员的一部分。总之，米尔斯认为："美国现代社会的顶层日益一体化，并常常进行看似随意的合作；在顶层，已出现了权力精英。中间阶级是一种漂浮不定的僵持、平衡的力量；中间层并没有将底层与顶层联系起来。社会的底层在政治上一盘散沙，甚至作为一种消极的现实，越来越没有权利：在底层大众社会正在出现。"①

第十四章　保守情绪　在该部分，米尔斯对美国社会存在的保守情绪进行了分析。米尔斯认为，在大众社会中，由于人们过分追求物质财富而缺乏精神追求，人们的政治反抗意识逐渐消亡，而且伴随着美国知识界的保守主义盛行，导致美国权力精英并没有形成自身的意识形态，权力精英通过人们的保守情绪获取着利益，巩固着自身的地位。

第十五章　高层的不道德　在该部分，米尔斯对美国高层的不道德现象进行了分析，提出"高层的不道德是美国精英的一个系统性特征；对它的普遍认可是大众社会的一个本质特征"②。米尔斯认为，在美国，金钱至上的标准不仅影响着商业人员，而且也渗透于政府部门，美国政界、商界和军界的高层人员一致试图塑造出身底层，经过艰苦奋斗而跻身精英阶层的自我形象。

① 查尔斯·赖特·米尔斯. 权力精英［M］. 王崑，许荣，译. 南京：南京大学出版社，2004：406.
② 查尔斯·赖特·米尔斯. 权力精英［M］. 王崑，许荣，译. 南京：南京大学出版社，2004：430.

米尔斯认为，随着时代的发展，美国精英并不能实现知识、财富和权力的兼顾，"高层圈子里的人不是代表人物；他们的高位不是道德完善的结果；他们巨大的成功与值得赞美的才能没有切实的联系。那些掌权者是由权力手段、财富资源和名人机制所挑选和塑造的"①。

—— 【意义与影响】

本书共计 37.8 万字，中译本由南京大学出版社于 2004 年出版。该书对美国权力精英的历史演变进行了分析，其影响主要有以下几个方面：

第一，米尔斯成为第一个著书批评艾森豪威尔时代的美国知识分子，其著作不亚于当头一棒，把陶醉在美梦中的人们拉回到现实世界当中来。该书出版的时代，正值美国战后的繁荣时期，美国俨然成为世界上最美好的自由国度，无论在普通百姓还是知识分子的内心世界中都或多或少洋溢着自鸣得意的心态。在米尔斯之前，美国的分层研究基本上受到帕森斯为代表的功能主义的影响，分层被看作由各个职业地位组成的一套连续型等级体系。而在当时，学术界对美国社会权力结构的普遍看法是，在美国一个集团总是要和其他的权力相平衡，所以在美国并不存在权力的过分集中的问题，但米尔斯的结论无疑彻底否定了这样的乐观态度，他不仅颠覆了认为美国社会是一个充分整合的稳定分层社会的研究传统，而且促使人们去正视美国并非想象中的那么民主这一事实。因此，无论从何种意义上说，米尔斯的《权力精英》都无愧于"一部发人深省的现代经典"的称号。自米尔斯的《权力精英》一书出版之后，类似的社会批判著作开始大量出现。更重要的是，米尔斯的结论和论证方式对美国社会学界长期以来形成的分层和权力研究的传统或范式构成了强烈的冲击。

第二，该书对于在民主化时代大力开展公众教育具有极为重要的启发意义。作者把主要的关注点投注到美国的"权力精英"上，对于美国的权力精英的构成、特点及变化等问题重点加以分析，阐明了权力精英的一体化正成为最为重要的力量。他想要说明的是，与一个权力精英联盟的生成同步的，是一个中层僵化不前和底层趋向解体的过程，只有这样三者俱备，历史上美国曾经拥有的"均衡社会"才终会被打破并变异成今日的模样。正是因为权力精英联盟的崛起，使得他们可以利用手中的权力，有意无意地控制中层、操纵大众，才使得

---

① 查尔斯·赖特·米尔斯. 权力精英 [M]. 王崑，许荣，译. 南京：南京大学出版社，2004：447.

中层逐渐僵化，底层成为政治碎片。对于这种境况，有必要大力开展公众教育，防止公众被压制，帮助制造不会被压制的、训练有素的、见多识广的头脑；帮助发展不会因生活的压力而沉沦下去的勇敢、明智的个体。

第三，精英统治理论是分析美国政治的一种理论，该书对于分析外交决策具有十分重要的参考价值。精英论者认为，一切社会都是精英统治的。美国社会中的权力精英具有相似的社会和教育背景，他们组成一个高度统一的、紧密结合的全国性寡头集团，控制着美国的政治、经济和社会生活。这个精英集团是由政治、经济、法律等各界权势人物所组成的一个复合体，其权力优势是美国历史发展的产物，而强大的科技力量又促进了它的不断膨胀。在美国的权力结构中，政治权力集中在少数行政精英手中，经济大权操纵在专门的经理人员手中，而行政部门的官员则在外交决策和战争决策中具有举足轻重的影响。现代生活不仅使决策复杂繁多，而且助长了权力的集中。权力精英代表的领域或机构是互相联结的，其所要谋求的利益是彼此一致的，因此，他们抱成一团，结成一个寡头统治集团。由于这些机构的领域互相一致，每一领域的决定涉及更为广泛的范围，其主要人物——高级官员、公司经理、政治领导人——势必结合起来，形成美国的权势统治集团。

第四，在社会主义初级阶段，基于按劳分配的分配制度，不同人在创造社会物质、精神财富方面有着差异化表现，因此，这要求人们必须正确认识经济、政治和文化等各个领域中形成的不同利益诉求，以及由此产生的阶层分化趋势，正确看待政治、经济和文化等领域的权力和职责、权利和义务的关系。该书对美国政治、经济、文化领域中权力精英的形成背景、过程、特点进行了分析，这为中国探索转型期社会利益关系失衡的解决路径，进而正确调整不同阶层利益诉求，最终实现共同富裕的目标提供了必要的理论启示。

──【原著摘录】────────────────────────

第一章　上流社会 P1-33

P6　少数大企业的决策依赖于世界军事、政治和经济的发展；军事部门的决策取决于政治生活以及一定层面的经济活动，同时又酿成政治生活和经济活动的悲悲戚戚；政治领域内的决策制约着经济活动和军事计划。一方面，经济；另一方面，政治秩序，包括军事设施对政治和赚钱已经不再无关紧要。在许多方面，政治经济与军事机构及其决策已经携起手来。沿着中欧和亚洲边缘大陆分割的世界两极的每一边，都存在着持续增长的经济、军事和政治的结构交错。如果政府干预企业的经济活动，反之，企业也有可能插手政府事务。在结构意义上，这种权力三角是纵横交错的联合董事会的源泉，是当代历史框架的重中之重。

P7　人们常常根据其成员的所有来判断那些处于领导地位及其周围的上流阶层：这些人比其他人拥有更多的价值昂贵的物品和经验。从这个角度看，精英是一群拥有可能拥有的一切的绝大部分，通常包括金钱、权力和声望等，以及由此产生的整个生活方式的人。但精英不单单是拥有最多东西的人，因为，如果他们在重要机构中没有地位，他们就不可能"拥有最多东西"。这种制度是权力、财富和声望的必要基础，同时，也是行使权力、获得和保持财富、用金钱支付声望的更大需求的主要手段。

P9　权力并非属于个人，财富也不会集中在富有者身上，声望并不是任何人格的内在属性。要想声名显赫，要想腰缠万贯，要想权倾天下，就必须进入主要机构，因为个体在机构中所占据的位置，很大程度上决定了他们拥有和牢牢把握这些有价值的经历的机会。

P11—12　美国精英是作为一个事实上无对手的资产阶级进入现代社会历史的，在此之前或以后，没有哪个国家的资产阶级，拥有这样的机遇和优势。没有军事邻国，他们轻而易举地盘踞了一块独立的大陆，这块陆地蕴藏着富饶的自然资源，广泛邀请来自世界各地的自愿的劳动力。权力框架以及为之辩护的意识形态已经蓄势待发。为了反对重商主义的种种束缚，他们继承了自由主义（Laissez-faire）的原则；为了反对南方的种植园主，他们推行了工业主义的原则。独立战争（The Revolutionary War）期间，反对独立的人逃往乡村以及众多地主的破产宣告了殖民贵族自命不凡的终结。杰克逊主义的兴起催生了地位革命，摧毁了昔日新英格兰传统家族世代相传的高贵血统所造成的傲慢自负。内战打破了原本介于南方上流社会拥有的权力和声望。整个资本主义的发展速度，使世袭贵族在美国的成长和延续毫无可能。

第二章　地方社会 P34—54

P34　在美国的每一个市镇和小城，都存在一个上流家族圈，他们凌驾于中产阶级之上，屹立在由广大平民百姓和工薪阶层堆积起来的金字塔的塔尖。

P35　阶级意识（Class Consciousness）在美国社会的诸多层面并不相同：上流阶层表现得最为明显。在美国各地的普通老百姓中，在界线划分、房屋和穿着的身份象征，以及赚钱和花钱的方式方面，存在着严重的混淆和模糊。

中下阶层的人当然在价值观、物品和经历方面存在个体差异，这些都是由收入的不同导致的，但是往往他们既不了解自己的价值，也不了解自己的阶级属性。

另一方面，只要他们在数量上占少数，上流阶层的人能更容易彼此熟悉，保持共有的传统，意识到自己是属于哪一类的。他们有闲有钱维持他们的共同标准。有产阶级，或多或少也是一群特立独行的人，他们荣辱与共，形成具有共同要求的紧密圈子，定位自己是当地社会的主流家族。

P37　作为声望的基础的古老家族系谱的延续，受到新兴上流阶层挥金如土的张扬的生活方式的挑战，第二次世界大战更使新贵们肆意扩张、暴富和冷血。老派上流阶层感到，这些人的生活方式正在取代旧式的、更宁静的生活方式。在这种紧张局面下，不少老派上流阶层家族的经济基础往往开始走下坡路，在很多城镇，主要表现在房地产上。可是，老派上流阶层大体上仍然牢牢掌握着当地的金融机构。

P38　于是新旧上流阶级立足于中小城市，带着明显的敌意紧紧盯着对方，眼里既有蔑视，又有嫉妒和羡慕。一方面，上流阶级中有人把老派上流阶层看成是拥有他所渴望的声望，同时却又是阻碍重要的商业和政治交易的老顽固，把他们视为与当地背景有千丝万缕联系的、眼界狭隘的、缺乏进取意识的老朽。另一方面，上流阶级中也有人认为新兴上流阶层钻进了钱眼里，只晓得赚钱，贪得无厌，却没有与其财富等级相适应的社会背景或有品位的生活方式，对都市的社交生活不感兴趣，参加社交仅仅是出于个人目的，与活动原本的宗旨大相径庭。

P50　美国所有小城镇的上层社会阶级仅仅靠累计在一块儿是成不了全国性的上流阶层的；他们的势力仅仅靠叠加在一块儿也成不了全国性的权力精英。全美各地都存在上流家族，虽然各地存在一定的边际差异，但这些家族是十分相似的。然而全国性的阶级结构不仅仅是相当重要的地方环节的简单罗列。地方社会的阶级、地位和权力体系之间分量并不均衡；它们不是自治的。就像国家的经济体系和政治体系一样，声望和权力体系不再由若干分散的小层级构成，如果说它们彼此之间还存在任何联系的话，那也是微弱而松散的联系。现在，存在于乡村和小城镇、小城镇与大都市、大都市之间的各式各样的关系，组成了范围上的全国性结构。此外，在直接和间接的控制方式的影响下，在地位、权力和财富的地方层级的左右下，那些从本质上讲并不扎根于任何城镇或都市的既定势力，如今也在变化当中。

第三章 大都会四百强 P55-82

P55-56 尽管缺少官方的和大都会的统一体，在美国大城市，一个公认的且在许多方面步调一致的上流社会阶层繁荣昌盛起来。在波士顿、纽约、费城、巴尔的摩和旧金山，传统富裕家族形成的坚固核心被新派富裕家族的松散圈子所包围。

P57 18至19世纪，旧家族和新权贵之间的斗争在全国范围内展开。那些在内战前就确立了地位的旧家族试图阻止内战后崛起的新贵们步入他们的圈子。他们的失败，主要由于新贵的实力是如此强大以至于旧富们无法与之抗衡。此外，新贵们已经不是单单某个区域所能容纳得了的。正如联邦疆域不断扩张那样，新富豪和新权贵以家族的形式，现在又以公司的形式，扩张到全国范围。市、县、州已经无法容纳这些具有社会力量的财富。它的拥有者无处不在地蚕食着大都会古老家族的地盘。

P58 名门望族从来也不会承认未经注册的家族进入他们的社交圈，尤其拒绝那些尚未注册便已抢占了他们银行业地盘的家族。只有那些先祖们在两三代前刚刚进入古老家族体系的家族对后来者才会竭尽全力阻挠。古老家族和暴发户之间的竞争始于建国之初，并延续至今，在小城镇和大都会并无二致。竞赛的一个固定规则是，如果持之以恒，执着追求，任何一个家族无论其财力大小，都可以在任何一个层面胜出。绝对的、赤裸裸的和粗俗的金钱，毫无例外地为其拥有者赢得进入美国社会任何地方的入场券。

从身份地位的角度来看，它总是以家族血统为基础，这就意味着阻碍人们进入上流阶层的高墙不断被摧毁；从上流阶层较之区域社会更为开阔的眼界来看，顶层总在不断变更之中。这也就是说，无论如何骄傲自负，美国的上流阶层不过是一个富有的资产阶级，无论其成员如何有权，他们都不可能杜撰出原本不存在的贵族历史。一位细心的系谱学家声称，本世纪初，在纽约的富裕家族或传统家族中，仅有"不超过十个拥有显赫社会地位的家族，其祖先的名字出现在杰伊夫人的宴会名录中"。

第四章 名流显贵 P83-115

P89-90 1. 职业名流——约占总数的30%，包括演艺明星、运动健将、艺术家、新闻传媒大亨，以及时事评论员。这其中最大的次属群体（Subgroup）是娱乐从业人员，尽管他们中的少数人被视为演艺界的"经营者"（Businessmen）。

2. 大都会四百强——仅仅占总数的12%，继承了家族血缘和财富。他们中的一些人看上去似乎只有家族背景，但大部分人已经利用家族资源在商业活动中占据了一席之地。

3. 新大都会四百强——超过了半数，占 58％ 强，他们在社会主要层级制度中占据关键的位置：他们中的大多数人是政府和企业的官员，甚至许多人在从政和经商之间游刃有余。此外，还有少数是科学家、医生、教育工作者、宗教人士和工会领袖，这些人约占总数的 7％。

P98　权力精英因为他们所处的地位和所掌握的决策权而成为名流显贵。他们之所以成为名流，是因为他们有名气；他们之所以有名气，是因为被认为握有权力或财富。的确，他们必然进入名流圈，成为大众传媒的素材，但是他们被媒体当作素材挖掘时，他们是干什么的，他们对媒体的态度怎样，几乎被大家忽略了。

P102　精英若没有权力就无法获得声望；他如果没有好名声就无法维持声望。往日的权力和成功塑造了好名声，在此基础上还可以维持一阵子。但是，对于纯粹建立在美誉度之上的精英的权力而言，要想抵抗建立在权力基础上的威望的进攻，已经不再可能了。

如果精英圈的声望包含有很大的道德威望成分，那么即使精英们失去了相当一部分的权力，他们也能保住声望；相反，如果精英们有声望却少有好名声，那么他们的声望很可能被暂时的甚或是相对的权力消解所摧毁。这或许正是美国地方上流社会和大都会四百强所面临的问题。

第五章　大富翁 P116-139

P116　作为生产百万富翁的机器，美国资本主义的运转状态比不稳定的悲观主义的象征意义要好得多。大富翁们，以及纯粹的百万富翁们，在我们身边仍然有很多；此外，由于第二次世界大战时美国的组织机构，造成了一批拥有新式权力和特权的新式"富翁"加入到他们的行列中。他们共同构成了美国的公司富豪，今天，他们的财富和权力，能与世界历史上任何时代、任何地方的任何一级一比高低。

P137　成为富豪的途径有好几条。20 世纪中叶的美国，聚敛或保持足够的财富，一步步爬到最高层，已经越来越难了。金钱联姻变得很微妙，如果婚姻牵涉到一大笔金钱，往往会带来不便，有时甚至是不安全的。如果你还没有发达，巧取豪夺便显得危机重重。如果你已经下了赌注，并坚持不懈，那么最终你的资产会保持平衡；如果赌局是既定的，而你确实想获利、想夺取，或两者兼而有之，取决于你坐在赌桌的哪一边。单凭辛辛苦苦把小公司盘成大企业来积累巨额财富，这可不是常规，也从来没有成为主流事实；在官僚体制下按部就班地升迁，爬到最高层，同样也不是常规，当然也从未成为主流事实。爬到最顶层是很难的，很多人爬到半路就跌落下来了。但是如果你出生于顶层，那就容易得多，也安全得多了。

第六章　行政长官 P153—191

P163　今天典型的行政人员，与以往一样、一出生便具有很强的优势：他们的父辈在职业和收入上至少属于上中产阶层；他们是新教徒、白人、出生在美国。这些出身方面的因素直接赋予他们另一个较大的优势：他们受过正规的大学教育以及大学毕业后的继续教育。出身方面的既定事实，是他们教育优势的关键所在。从这一简单事实可以清楚看到，在他们中间，就像我们可能研究的任何群体一样，出身优越的人拥有接受正规教育的最好机会。

P164　行政人员并不构成一个"有闲阶级"，但是如果没有高品位舒适的生活的如影随形，他们也不会存在。到了五六十岁的时候，大多数的行政长官拥有令人艳美的住宅，通常坐落在乡间，距离"他们的城市"并不遥远。他们在小镇里是否有住处，取决于他们居住的城市。他们更愿意住在纽约或波士顿，而不是洛杉矶。如今他们从薪水和股息中获得高收入，股息也许和薪水一样多，甚至更高一些。基于这一点，他们在不断地挖掘各种赚钱的方法。许多人拥有规模宏大的农场，继而又豢养宠物。

第十一章　平衡理论 P315—347

P315　由于不希望被政治经济的道德争端所困扰，美国人坚持这样的观点：政府是一架自动机器，由竞争利益的平衡所约束这种政治图景，完全出自组织系统官方映像的遗留：两者都因各种利益的牵扯而达到一种均衡，每一方又只受墨守成规的和非道德范畴的现有情况所许可的解释所限制。

P319　当说到"权力的平衡"存在时，也许意味着没有一种势力能够将它的意愿或话语强加于他人；或者任一种势力都可以创造一种僵局；或者在一段时间内，先是一个势力，然后是另一个势力，以一种轮流对称的方式相继实现自身；或者所有政策都是妥协的结果，没有谁赢得所有他们想得到的，但每种势力都得到了一些补偿。所有这些可能的意义在于，实际上，尝试描述什么事情可能何时发生，是永久的还是暂时的，存在着所说的"讨论权力的平等"。

第十三章　大众社会 P380—408

P386　在大众社会里，（1）表达意见的人要比倾听意见的人少得多；因为公众共同体变为从大众媒介接收印象的个体的抽象集合；（2）流行的传播的组织形式使个体立刻回击或使其奏效很难、也不可能；（3）意见付诸实施由组织与掌握这类行动渠道的官方控制；（4）大众没有任何权威，相反，权威机构渗入到大众中去，并尽量减少任何可能因讨论过程而形成的自治。

P406　美国现代社会的顶层日益一体化，并常常进行看似随意的合作：在顶层，已出现了权力精英。中间阶级是一种漂浮不定的僵持、平衡的力量；中间层并没有将底层与顶层联系起来。社会的底层在政治上一盘散沙，甚至作为一种消极现实，越来越没有权力。在底层，大众社会正在出现。

第十五章　高层的不道德 P430－449

P434　这个高层圈子和中间层普遍相信一个布满欺诈之网的社会，不会造就出有内在道德感的人；一个只讲究私利的社会不会造就出有良心的人。一个把"成功"狭隘地定义为赚大钱并据此将失败作为主要的罪恶来诅咒的社会，一个把金钱置于绝对价值地位的社会，只会产生狡猾的投机商和不正当的交易。玩世不恭的人受到祝福，因为只有他们才有成功的机会。

P447　高层圈子里的人不是代表人物；他们的高位不是道德完善的结果；他们巨大的成功与值得赞美的才能没有切实的联系。那些掌权者是由权力手段、财富资源和名人机制所挑选和塑造的，他们的社会流行这些。他们不是与知识和情感的世界有联系的文官制度所挑选与塑造的。他们不是由负责任的全国性政党所造就的人，这种政党会分别、明确地就这个国家规定在遇到的不明智问题进行讨论。他们不是受自愿组织的多元化责任制约的人，这种组织会把有争议的公众与决策高层联系起来。掌握着人类历史上从未有过的权力，他们已在美国有组织的不负责任的体系内获得了成功。

──【参考文献】────────────────────

［1］查尔斯·赖特·米尔斯. 权力精英［M］. 王崑，许荣，译. 南京：南京大学出版社，2004.

［2］米切尔·哈特曼. 精英与权力［M］. 霍艳芳，译. 北京：中国社会科学出版社，2011.

［3］伊恩·N. 理查德森，安德鲁·P. 卡卡巴德斯，纳达·K. 卡卡巴德斯. 欧美权力精英：他们如何达成共识并影响世界［M］. 李庆，译. 北京：新华出版社，2012.

［4］陈玲. 制度、精英与共识：寻求中国政策过程的解释框架［M］. 北

京：清华大学出版社，2011.

［5］汤姆·伯内特，亚历克斯·盖姆斯. 谁在真正统治世界［M］. 曾贤明，译. 北京：中信出版社，2010.

［6］丹尼尔·阿尔特曼. 全球经济12大趋势［M］. 陈杰，王玮玮，译. 北京：中信出版社，2012.

［7］卡尔·博格斯. 政治的终结［M］. 陈家刚，译. 北京：社会科学文献出版社，2001.

九、《全球化时代的权力与反权力》

[德] 乌尔里希·贝克 著

蒋仁祥，胡 颐 译

广西师范大学出版社，2004 年

——【作者简介】

乌尔里希·贝克（1944—2015），德国著名社会学家，曾在慕尼黑大学研究社会学、哲学、心理学与政治等，现任慕尼黑大学和伦敦政治经济学院社会学教授。

贝克，1944 年 5 月 15 日出生于斯武普斯克市的波美拉尼亚镇。1966 年，贝克进入弗赖堡大学学习法律，但在第二学期，他就转到慕尼黑大学主修社会学、哲学、心理学和政治学。1972 年，贝克以优异的成绩毕业，获哲学博士学位，并留校任职。1979 年，晋升为讲师。1979—1981 年，贝克担任明斯特大学教授，1981—1992 年，担任班贝格大学教授。自 1992 年起，贝克开始在慕尼黑大学任社会学教授，并任慕尼黑大学社会学研究所所长。1997 年，伦敦政治经济学院聘请贝克为英国社会学杂志百年访问教授。

1980 年以来，贝克一直担任《社会世界》杂志的编辑。目前发表文章 150 多篇，著有多本著作。1995 年至 1997 年，贝克曾担任德国未来委员会的委员。1999 年至 2006 年，贝克担任的德国研究协会（DFG）自反性现代化研究项目的负责人。与英国社会学家吉登斯和拉什共同提出"第二现代"的观念，力图在现代与后现代之间开辟出"第三条道路"。贝克是位思想型的学者，思想独到，语言艰深，他的著作往往不易阅读和理解。长期从事社会发展和全球化问题的研究，提出了"风险社会""再现代化"等产生广泛影响的重要概念。

贝克获得众多国际奖项和荣誉，如 1997 年获得慕尼黑市文化荣誉奖，1999 年获德—英论坛奖，2006 年和 2007 年，贝克分别被意大利的马利拉塔大学和西班牙马德里联合大学授予荣誉博士头衔。他的著述较多，比较有代表性的包括《风险社会》（1986 年）、《戒毒剂：有组织的不负责任》（1988 年）、《自反性现代化：在现代社会秩序下的政治、传统和美学》（1994 年，与吉登斯、拉什合著）、《正常混乱的爱情》（1995 年）、《风险时代的生态政治》（1995 年）、《重塑政治：全球社会秩序下的自反性现代化》（1996 年）、《民主的敌人》（1998 年）、《世界风险社会》（1998 年）、《全球化是什么?》（1999 年）、《勇敢的新型工作世界》（2000 年）、《风险社会及其超越：社会理论的批判性议题》（2000 年，与芭芭拉·亚当合著）、《个体化：制度化的个人主义及其社会的和政治的后果》（2002 年）、《与乌尔里希·贝克对话》（2003 年，与威尔姆斯合著）、《全球时代的权利》（2005 年）、《世界主义视野》（2006 年）等。

——【写作背景】

200 多年来被康德、马克思、尼采等预测并不断被人们认为已经开始、已经成为现实的"全球化"，终于发展至今天的"世界帝国"理论、"世界主义国家"理论，难道今天已经到了谈论"世界主义的国家体制"的时代? 未来世界一体性的"帝国"到底将是什么模样，相信现在的我们是无法想象的；即使能提出一些天才的构想，这些构想在未来的"帝国"也只是一些抽象的属性，而不是身处"帝国"的人们所获得的具体表象和具体感受，而我们所需要关注的是在这一走向未来"帝国"的过程中，现实中的人们的现实生存是如何不被这一过程搞得人仰马翻，而这一需要就要求我们对全球化过程及其可能的结果不断地做深刻的研究和思考，为现实中的人们争取和维护自己的现实权利提供有益的启示。

在全球化的讨论中，一部分人将"全球化"一词当作胡说不予理睬，而另一部分人则把它高度概括为人类必须遭遇的新的命运。社会科学界对这两种互不相让的观点至今未做评判，由此提出了两个比较特别的方案。第一个方案在日益扩大的相互关系方面，也就是说，在相互依赖、相互交织、跨国流动、身份地位和社会网络的意义上，思考和研究全球化问题。第二个方案强调通过时间扬弃空间，通过这种扬弃将有可能形成新的交往中介。越来越多的个人经营跨国界，恋爱跨国界，婚姻跨国界，生活、旅游、消费跨国界，生儿育女跨国界，也就是说，通过世界各地的电视和互联网接受教育。在这个意义上，西方有些社会学家尝试对全球化进行重新定义，甚至认为全球化不再是民族国家的社会空间之间的日益紧密的相互交织，而是民族国家的社会空间的内在的全球化本身。

从第三个千年开始，人类的未来发生了改变，小政治的时代已经一去不复返，将开始争夺世界政治的斗争——实行大政治，将以世界主义为着眼点。麦克尔·哈特在《帝国》中宣言全球化使民族国家的主权不可逆转地衰落了，形成了一种新的全球规则和全球结构，几乎同时，德国社会学家乌尔里希·贝克也论证了民族国家需要转型的事实，并提出了主导全球化时代权力游戏规则的"世界主义国家"这一新的主权概念。作者在书中以独特的视角论述了第一次现代化向第二次现代化的转型问题，审视了世界经济、国家和公民社会运动之间的全球性权力游戏，分析了民族国家的传统观念在全球化时代遇到的矛盾和挑战，提出了如何打破民族国家模式，在世界主义视角下发展国家概念和国家理论的问题，提出了民族国家是未完成的国家，将被世界主义国家所取代。《全球化时代的权力与反权力》正是在这一背景下诞生的。

【中心思想】

《全球化时代的权力与反权力》一共包括8章，前3章是对全书主要思想的简要介绍，主要内容包括以世界主义为着眼点的新批判理论，民族视角的批判以及改变规则的世界内政：经济、政治和社会失去边界。第四章、第五章和第六章介绍了全球化时代的各种战略，包括全球化时代的权力和反权力：各种资本战略；再国有化和跨国化之间的各种国家战略以及各种公民社会运动的战略。第七章是总结部分，介绍了国家和政治在第二次现代化中的概念转变和形式转变。最后的第八章是作者写给正在到来的世界主义时代的简短悼词，是作者对未来的预测及对全书的总结。作者在书中以独特的视角论述了第一次现代化向第二次现代化的转型问题，审视了世界经济、国家和公民社会运动之间的全球性权力游戏，分析了民族国家的传统观念在全球化时代遇到的矛盾和挑战，提出了如何打破民族国家模式，在世界主义视角下发展国家概念和国家理论的问题。全书中心思想概括如下：

首先，作者表达了所要实现的主要目的，"理解本书"为"实行全球化"所需："实行全球化需要人们转变视角，即从民族国家的视角转向世界主义的视角，而且要设法理解这种视角的转变以及它的现实意义和重要性（还有危险）。"作者认为：世界主义视角"最大限度地决定世界主义超级游戏的玩家的活动机会"①，而全书核心其实是力图赋予在全球化过程中围绕"权力"的三种基本力量（世界经济、国家、公民社会）以"定义政治"的新视角、新方法，即"世界主义视角"。在这三种基本力量中，重点又落在"国家"这一环："国家的行为能力的自我定义正在成为超级权力游戏中的战略变量。"②

其次，作者指出，民族国家是未完成的国家，将被世界主义国家所取代。在超级游戏中有三种组织，即国家、世界经济的代表和世界公民社会的代表。旧规则是"在原有的民族—国际的游戏中，占支配地位的是国际法的规则，结果是，国家在自己的疆域内可以与公民一起做自己想做的事"③，新规则是：世界主义国家"通过世界主义的包容性原则，使各个不同地位民族的并存成为可能"④。该书的分析具体表现为这一新旧规则的变化逻辑及这三种组织在这一变化逻辑中的"参与游戏的角色"。它令人信服地指出任何一方只有走双赢的道路才有出路，而双赢的可能就在于"世界主义视角"的获得及对自己的政治行动的重新定义。

最后，作者批判了美国的国际政策，指出美国推行的是新自由主义政策，是跨国资本所打造的新自由主义国家，但新自由主义在2000年"9·11"事件之后就表现了明显的自相矛盾："在恐怖危险的压力下，美国政府要求国会通过追加预算，这与它的新自由主义信念是矛盾的。"作者进一步指出："在一个充满全球风险的世界，新自由主义用经济代替政治和国家的口号正在迅速失去说服力。"⑤ 同时，作者认为："欧洲作为一个世界主义的国家联盟，联合驯化经济的全球化，尊重而不是抹平或官僚主义地否认其他国家——欧洲合作的国家——的特点。这一点可能是或者会成为一种非常现实的想象。"⑥

① 乌尔里希·贝克. 全球化时代的权力与反权力 [M]. 蒋仁祥，胡颐，译. 桂林：广西师范大学出版社，2004：5.
② 乌尔里希·贝克. 全球化时代的权力与反权力 [M]. 蒋仁祥，胡颐，译. 桂林：广西师范大学出版社，2004：173.
③ 乌尔里希·贝克. 全球化时代的权力与反权力 [M]. 蒋仁祥，胡颐，译. 桂林：广西师范大学出版社，2004：4.
④ 乌尔里希·贝克. 全球化时代的权力与反权力 [M]. 蒋仁祥，胡颐，译. 桂林：广西师范大学出版社，2004：95.
⑤ 乌尔里希·贝克. 全球化时代的权力与反权力 [M]. 蒋仁祥，胡颐，译. 桂林：广西师范大学出版社，2004：273.
⑥ 乌尔里希·贝克. 全球化时代的权力与反权力 [M]. 蒋仁祥，胡颐，译. 桂林：广西师范大学出版社，2004：98.

并指出："把世界主义国家的思想移植到世界的其他地区是完全可能的。"① 在阅读中我们也能鲜明地感受到行文中的欧共体模式。不过，作者的另一句话也许已经提示了这种经验对立的历史原因："世界主义国家的概念是从 20 世纪右派和左派的恐怖体制的历史以及殖民主义和帝国主义没完没了的暴力史中得出的结论。"② 关于"恐怖体制史"和"暴力史"的体验，对于 20 世纪欧洲人来说，无疑是刻骨铭心的。美国虽然有对自由很好的描述，但那毕竟是来自早期移民在原住地所受的一国之内的压迫记忆；美国人即使有二战的经历及后来的经历，但毕竟是战胜国或者是主动方的经历，这与欧洲人所经历的全民性的国家之间的暴力痛苦无法相提并论。

──【分章导读】────────────────────────

第一章　以世界主义为着眼点的新批判理论　作者对世界主义的批判理论进行了基本介绍。贝克认为，世界政治走向"超级游戏"，其含义是"运用规则的旧的世界政治和改变规则的新的世界政治是相辅相成的"③。这种超级游戏即世界主义，在超级游戏中，国家、世界经济的代表和世界公民社会的代表是其三种主要组织形式。贝克认为这种超级游戏具有规则变化的逻辑，其标志着世界政治再次出现转型，人们面对着如何看待民族国家以及国际关系体系的问题。在世界政治的超级游戏之中，以往具有民族性的国家特点，如"福利国家"等都必须得到重新审视，资本及公民的权力和反权力获得了不同以往的发展，世界公民社会的反权力以消费者以个人权力的伸张而有了新的表现。在世界公民社会的影响下，国家面临转型的挑战，这种转型意味着国家必须重新界定自己的权力。其中，国家的跨国的自我转型分为两种类型：虚假的和真实的转型战略。而自 2001 年"9·11"事件以后，恐怖组织体现了战争的个人主义化，这种发展趋向要求各国必须团结起来，通过结盟和合作的形式消除恐怖主义的威胁。因此，恐怖主义、全球性金融危机、全球生态危机等全球性的风险为跨国权力的建构提供了一定的条件。在超级游戏之中，由于资本、国家、世界公民社会的战略能力的权利具有不对称性，

────────────────

① 乌尔里希·贝克. 全球化时代的权力与反权力 [M]. 蒋仁祥，胡颐，译. 桂林：广西师范大学出版社，2004：99.

② 乌尔里希·贝克. 全球化时代的权力与反权力 [M]. 蒋仁祥，胡颐，译. 桂林：广西师范大学出版社，2004：98.

③ 乌尔里希·贝克. 全球化时代的权力与反权力 [M]. 蒋仁祥，胡颐，译. 桂林：广西师范大学出版社，2004：2.

因此，三者必须调整自身的自我定义、自我定位和自我设计。只有这样，才能正确地应对全球化带来的矛盾、冲突和挑战。贝克认为，在世界主义条件下，世界公民社会的目标是为了形成公民社会和国家的联合。这种世界政治体系的建立，需要人们跳出民主国家的视角，并以世界主义的视角看待问题。总之，"全球化时代赋予以世界主义为着眼点的新批判理论的一个关键任务是，它必须揭示和打破范畴体系和研究习惯中现有的社会科学方法论的民族主义的禁区，以便看到比如民族国家在巨大不平等体系中的合法作用"①。

第二章　民族视角的批判　在世界主义者看来，人具有世界公民和城邦公民的双重属性。在全球化条件下，各种风险促使人们逐渐形成了标准意识。贝克对方法论的民族主义理论进行了分析，并从新批判理论的角度对其存在的一系列问题进行了修正。首先，贝克认为，在政治科学领域必须将民族视角的界限、范畴、秩序观念引入社会科学进行慎重考虑，人们应该从世界主义的角度出发，对国家的内政政策与外交政策之间的传统界限进行重新界定，其次，贝克对民主国家中心论进行了批判，提出基于新自由主义的国家转型方案，建立世界公民社会，超越权力的民主性，实现国家政权的民主化。

第三章　改变规则的世界内政：经济、政治和社会失去边界　作者首先对世界经济的超级权力进行了论述。贝克认为，在全球化时代条件下，国家开始逐渐失去其在世界政治中的核心地位。资本开始逐渐突破主权规则的限制而成为超级权力游戏的主要参与者，"跨国经济的权力公式是：蓄意的、目的明确的不入驻。这种不使用暴力的、无形的、蓄意的、无所不在的'不'入驻，不需要别人的同意，也不能要别人的同意"②。世界经济的形成改变了民族国家的权力规则，民族国家面临着被资本排斥的风险。世界经济参与者拥有的权力手段——财富，具有高度的灵活性。贝克认为世界超级经济权力的形成促使"亚国家形象"的形成，而且如恐怖袭击等暴力形成扩散的趋势。

在全球主义视域下，以维护人权为核心的全球公民社会的超级权力也逐渐形成。出于对个人权利的关注和维护，人道主义干涉是西方国家在近些年来对外活动的重要行动。贝克认为，随着世界政治秩序的改变，国家内部的

---

① 乌尔里希·贝克. 全球化时代的权力与反权力 [M]. 蒋仁祥，胡颐，译. 桂林：广西师范大学出版社，2004：34.

② 乌尔里希·贝克. 全球化时代的权力与反权力 [M]. 蒋仁祥，胡颐，译. 桂林：广西师范大学出版社，2004：54.

事物逐渐成为各国之间共同的事务，对个人人权的诉求促使国家之间和国家内部的权力结构发生了变化。超越国家政权的"世界公民权的准制度化"不断形成。贝克认为，在全球化的背景下，军事武装力量必须向维持世界公民社会的新型武装力量转变。

贝克认为，"跨合法的统治"是既不合法也不非法的中间状态，它是一种"亚国家"形态，跨合法的超级权力是跨国的超级权力、立法的超级权力、亚国家确定自己职权范围的权利、创新的超级权力、跨法律的统治等。这种跨合法的亚国家主体可以分为跨国企业、公民创议运动等。

关于新自由主义体制，贝克认为其是"作为一个亚世界政党建立起来的，它在各国的政党内部和政治舞台上发挥自己的影响，但同时要求人们代表和维护全球性的价值，而不是代表和维护经济的利益"①。在新自由主义体制的影响下，亚国家一致为挣脱国家主权和居民的界限而努力。新自由主义政策在世界各国以及国际组织中占据着主导地位。贝克对新自由主义在促进全球化过程中的矛盾性进行了分析，提出世界主义体制的建立有赖于对新自由主义规章制度的学习和应用。

在如何处理全球问题与地方问题的辩证关系方面，民族国家面临着无力解决的困境。在主权意识强烈的民族国家条件下，国家陷入民族性的陷阱，国家之间围绕争夺投资的竞争加剧，而国家的民族性成为国际政治和跨国发展的主要障碍。贝克认为各国政府应该相互合作，在国际和国内为民主化提供必要的条件。贝克以"9·11"事件以后美国对恐怖分子跨国处置为例，驳斥了国家主权与全球化不具有协调性的错误观点。贝克认为，世界主义立足于跳出民族性的陷阱，在促进国家之间合作的过程中实现双赢。贝克提出世界主义国家的建立是全球化在政治方面的表现，其必须正确处理民族性与跨国化之间的矛盾，一方面尊重民族的多元性和多样性，另一方面通过建立跨国制度，实现各国的一致行动。世界主义国家的建立并非具有统一标准，国家的世界主义化必须在与地域化结合的过程中实现，如欧盟的形成等，这种民族国家的世界主义化在一定意义上能够为长期的民族冲突和帝国依赖性的和平战略提供解决方案。贝克认为金融危机和文明危机下的权力具有不对称性，金融危机由于危及个人财产和所有权而为民族国家主义者提供了生存机

---

① 乌尔里希·贝克. 全球化时代的权力与反权力 [M]. 蒋仁祥，胡颐，译. 桂林：广西师范大学出版社，2004：79.

会，而文明危机的出现使人们认识到必须打破狭隘民族思维，树立全球标准意识，这为世界主义提供了机遇。贝克认为，在全球化条件下，世界性的风险越加增大，技术革命导致了风险后果的不确定性，出于对这种不确定性的忧虑，国际性的话语、价值观、标准观以及对联合行动的需求得以出现，这导致了对国家政权的限制，标志着世界政治权力进行着重新的分配。贝克对欧洲以及亚洲、非洲等地区不同国家的现代化历程进行了简要分析，提出由于不同国家处于现代化的不同阶段，形成了"命运相互重叠的社会"，这在一定意义上为世界主义社会的形成提供了一定基础。最后，贝克对世界主义的现实主义的范式、结构等方面进行了阐述。

第四章　全球化时代的权力和反权力：各种资本战略　作者对世界经济尤其是资本的各种战略进行了分析。贝克认为，在全球化的影响下，资本的超级权力正在走向最大化，而且其在寻求为经济活动开辟新的合法性源泉，如通过国家新自由化而拓展经济的自我转型；通过法律制度的改进，促使各种规则能够为保护资本契约提供法律支撑等；通过跨国的、制度化的权威机构建构，推动不同国家内部自由主义制度地位的建立和完善等。贝克把世界经济的资本战略分为侵犯战略、替代战略、垄断化战略以及预防性优势战略等四大战略，四大战略下又囊括了不同类型的子战略。随后，贝克对资本的自给自足战略、侵犯战略、创新战略、全球化战略、退出权战略、经济主权战略、垄断化战略、经济的合理化垄断化战略、经济之间的外交战略、预防性优势战略、流氓国家战略、国家的新自由化战略等进行了分析和阐述。

第五章　再国有化和跨国化之间的各种国家战略　作者力图解决的问题是国家在跨国化形势下实现自我转型。对于这个希望政治在全球化时代得到复兴的问题，贝克认为，可以由四种相关的运动来回答。贝克介绍了再国有化和跨国化之间的各种国家战略，进一步阐述了世界经济、国家、全球公民社会之间紧密的相互依赖中的战略游戏逻辑，并说明了区分各种国家战略的标准。

再国有化和跨国化之间的各种战略可以详细分为："不可放弃"战略，其目的是在全球化时代重新赢得政治的优先权，该战略包括"国家的非空间化"战略和大政治战略；"不可替代"战略，包括跨国权限战略和经济合理性非垄断化战略；避免世界市场垄断的战略；缓解国际竞争的战略，包括国家特色化战略、社会民主党的共识战略、低工资战略、税收天堂战略、霸权战略、跨国化战略、经济合理性、战略合理性、政治合理性；政治的再政治化战略，包括全球问题全球解决、多边合作战略、全球风险战略、民族事务的世界主义化、全球"新政"战略；国家的世界主义化战略，包括内政外交相互交织的战略、双赢战略、法的世界主义化战略，多样性可以开发创造性，区域性世界主义化，民族国家不再无辜。世界主义民主是权力的源泉，人权即战略。"区别各种国家战略的标准应当是：这些战略在多大程度上不分青红皂白地接受政治的民族国家先验性，或者，在经济优先的条件下，它们在多大程度上向往或放弃民族国家的自我封锁和自我服从，也就是说在多大程度上实行国家的世界主义的再定义和政治的再政治化。"①

第六章　各种公民社会运动的战略　在经济和国家的非国有化、非区域化和跨国化的形势下，国家统治的合法性受到一定的侵蚀，统治的民主化与跨国空间的非民主化之间的矛盾愈加突出，在世界政治范围内的统治和政治必须重新进行定义。全球公民社会的创议运动可以利用消费者的说"不"权力对跨国化的资本存在的合法性基础进行质疑。贝克认为"全球公民社会的创议运动是全球性价值和规范的拥护者、创造者和仲裁者"②。创议运动包含生态的、人权的、宗教的等各种多元性的表现形式，其利用自己所掌握的信息资源制造公众舆论，从而使自身成为与资本战略和国家战略相并列的权力三角。贝克认为创意运动所掌握的信息资源是其合法性的来源，而且也在一定意义上强化着自身的合法性。贝克对创意运动的四种战略，即合法性资本及其不可兑换性、风险戏剧化战略、民主化战略、世界主义化战略进行了分析。

第七章　国家和政治在第二次现代化中的概念转变和形式转变　作者立足于对方法论的民族主义的批判，对国家和政治在第二次现代化中的概念转变和形式转变进行了分析。首先，贝克认为，关于民族国家视角下的政治终结的预测是不恰当的，在世界主义条件下，民族国家的存在在一定时期内具有合理性，其作为全球公民社会和资本集团的对立面而对世界主义有着促进作用，而且在这一过程中，"政治、国家和跨国的超政治只有与自己的世界经济和公民社会的权利网络实行联网，才有可能完成从民族国家的范式向世界

---

① 乌尔里希·贝克. 全球化时代的权力与反权力 [M]. 蒋仁祥，胡颐，译. 桂林：广西师范大学出版社，2004：174 - 175.
② 乌尔里希·贝克. 全球化时代的权力与反权力 [M]. 蒋仁祥，胡颐，译. 桂林：广西师范大学出版社，2004：244.

主义范式的转型"①。贝克通过对莎普夫和霍布斯两位学者观点的阐述，提出全球性风险意识促使人们形成一种共识，这种共识构成了全球统治的合法性基础。贝克认为第二次现代化中的国家类型具有多元化，其主要分为：种族国家、新自由主义国家、跨民族的国家。随着全球风险意识（以"9·11"事件为例）的增加，新自由主义国家的发展理念和影响力受到冲击。贝克认为应该从肯定原则对民族国家视角和世界主义视角之间的关系进行考察，他认为应该建立一个新型的政治主体——世界公民党，这个党具有多国性，其价值和目标是世界公民的，它把全球性问题视为政治关注的焦点，并从纲领和制度上反对民族性的桎梏。贝克认为世界主义的建立需要不同国家的政党和政府从内部进行转型，他对左翼的和右翼的政治转型类型进行了分类阐述，并对世界主义左翼的反权力能够得到加强的三方面原因进行了分析，第一，世界主义左翼能够在保持自身内部、策略和战略多样性的基础上形成有组织的统一体；第二，世界主义左翼通过容纳国家和资本的战略开拓跨国的活动空间和权力空间；第三，世界主义左翼通过自我批判性而获得人们的信任。最后，贝克对新批判理论在世界主义中的集中批判和自我批判进行了分析。

第八章　写给正在到来的世界主义时代的简短悼词　首先对世界主义与普世主义、文化多元主义等之间的差别进行了阐述。强调同一性和差异性的两种普世主义是世界主义能够超越的两种倾向。文化多元主义是集体范畴的，其注重个人主义化的世界主义有所不同。世界主义通过坚持五个原则而承认差异性，这五个原则分别是："（1）承认文化不同的他人的异样性（异样的文明和现代化）。（2）承认未来的异样性。（3）承认自然的异样性。（4）承认客观的异样性。（5）承认其他合理的异样性。"② 贝克认为，一些个人或组织为了反对全球化而联合起来，这在一定意义上从反面加快了全球化的进程和合法化。因此全球化是依靠与对手矛盾的联合向前推进的，其表现为公民创议运动和资本、国家之间的角色重叠。贝克以"9·11"事件以后美国政府的行为为例，说明了政府作为全球化参与者，其在人类自相损害的过程中消解了民主。贝克认为全球化权力的来源——人权，正在取代民主而实现自我合法化。他从"理性的法""法的实证主义"和"法的实用主义"三个方面对世界

---

① 乌尔里希·贝克. 全球化时代的权力与反权力 [M]. 蒋仁祥，胡颐，译. 桂林：广西师范大学出版社，2004：257.

② 乌尔里希·贝克. 全球化时代的权力与反权力 [M]. 蒋仁祥，胡颐，译. 桂林：广西师范大学出版社，2004：292.

主义主权的来源进行了分析。最后，贝克对世界主义的体制和制度进行了理论构思，并提出当下的问题是"为世界主义的现代化找到或发明民主与人权相结合的另一种结构，并把这种结构运用于具体的改革计划和改革步骤"①。

【意义与影响】

该书共计30.6万字，中译本由广西师范大学出版社于2004年9月出版发行。第一，该书是乌尔里希·贝克的一部新作，对于人们认识和了解全球化有很大的帮助，无论在理论创新还是对于现实都具有重大的意义和影响。

第二，该书详细地介绍了世界主义的国家发展的若干基本情况，回答了第一次现代化向第二次现代化转型的重大核心问题，分析了民族国家的传统观念在全球化时代遇到的矛盾和挑战，提出了如何为民族内部的全球化，发展国家概念和国家理论的问题。

第三，该书回答了如下重大的理论问题，右翼民众主义怎样在精神上、道德上和政治上发生转变的问题：如果不顾国内和国际的旧标准，在构想上和政治上开辟世界内政的权力空间，那么，政治和国家的世界主义将有广阔的前景（同时宣布右翼民众主义的反动）。达成这个意义上的共识，弘扬承认他人渗透着种族的、民族的和宗教传统的、在交往中复苏的精神，是一个生存的问题，而且恰恰是军事强国的生存问题。实行全球化需要人们转变视角，即从民族国家的视角转向世界主义的视角，而且要设法理解这种视角的转变以及它的现实意义和重要性（还有危险）。

第四，该书认为，在政治、经济、文化的日益全球化的今天，亚洲国家，特别是东亚各国的各种矛盾日益突出。因此，亚洲各国必须经受共同的历史挑战。它们的任务首先是确定自己当前的地位，同时必须解决两个方面的问题——过去和现在以及国家、地区和世界的关系问题。贝克的这些观点和设想，对于亚洲国家来说，在如何对待全球化的问题上，也许有一定的借鉴作用，值得我们反思。

第五，该书对全球化的描述对人们认识全球化有一定的启示意义，但是，就其内涵而言，在今后的很长一段历史时期内具有很大的空想性。民族和国家作为历史发展的产物，其在不同社会发展阶段有着不同表现形式。贝克力

---

① 乌尔里希·贝克. 全球化时代的权力与反权力 [M]. 蒋仁祥，胡颐，译. 桂林：广西师范大学出版社，2004：317.

图以人权和民主为基础，超越民族国家，建构一个具有世界主义的制度体系。从根本上而言，这种观点是基于西方发达国家的社会状况而做出的分析，这种构想对于西欧等区域化高度融合的地区而言，具有一定的现实性。但是，从全球而言，由于众多发展中国家尚未或者正在进行第一次现代化转型，而现代化并不是西化，每个国家必然需要走出适合自身国情的发展道路。在全球化条件下，一方面，国家作为社会发展的组织形式，其在维护本国人民利益方面发挥着重要的作用。处于现代化进程中的各国人民的国家意识、民族主义意识不断强化，众多国家正是通过对民族主义、爱国意识的强化来凝聚民心，实现把政治动员能力转化为社会推动力，进而促进本国社会的发展。另一方面，从国际政治和国际合作角度而言，当下如联合国、世界银行等都是立足于民族国家作为成员个体而构建和发展而来的，其作用和效用在很长一段时期内并不能被人权组织等公民组织所取代。因此，贝克力图实现超越民族国家的世界主义视角在短期内并不具有现实意义。

总之，本书使人们对于全球化，世界主义的视角及世界主义的国家有了更深的了解，在多方面都给人们以启示，产生了很大的影响。

──【原著摘录】────────────────

第一章 以世界主义为着眼点的新批判理论 P1-35

P19 所有游戏的己方和对方都绝不可能单独取胜，因为他们都是联合作战。比如，可以说得简单一点，资本战略的目标是建立资本和国家的联盟，以便树立新自由主义国家的形象，从而挖掘新的合法性根据。世界公民社会及其参与者的目标则相反，是要建立和发展公民社会和国家的联合，即建立和发展国家的世界主义形式。新自由主义国家的联盟形式和目标，是使国家成为资本利益在世界范围内得到优化和合法化的工具。相反，世界主义国家的公民社会形式的目标，是描绘和实现可以争论的多样性和一种后国家秩序，甚至可以说是后世界秩序。在新自由主义的议事日程中，重点是开始一个自我规制，自我确定合法性的新纪元。相反，在公民社会的议事日程中，重点是开始一个全球性道德的新纪元，为写作彻底民主的全球化这部伟大小说而斗争。可见，世界政治的超级游戏是以这样的方式公开自己意识中的方案和反对意见的。

P26 对于使社会不平等合法化的问题，可能至少有两个答案：一是效用原则，二是民族国家的原则。第一个答案是众所周知的，精心制定的和得到确证的，然而这个答案是来自对民族国家的理解并涉及一个国家内部的不平等。第二个答案是在世界主义观点的参考框架内得出的，涉及全球不平等的"合法性"问题。

P34－35　新批判理论也是自我批判的理论。要求是，只有世界主义视角才能与现实一起指明21世纪初面临的深渊。这种批判的理论关注的是正在实现世界主义化的现代化的矛盾、困境、不知不觉的和无意识的副作用，并且从政治的自我描述及其自然科学的观察中得出自我批判的定义。这个论点说明，世界主义视角将开辟和确立民族国家的视角所掩盖的行为空间和行为战略。这个说明是有说服力的，因为世界主义视角开辟的行为空间反对民族观点在行为者以及科学问题上预测的无选择性。

在关于全球化的讨论中，问题完全不涉及民族国家及其主权（比如像沙普夫和奥佛所说的那样）的作用，而是涉及一种新世界主义观点在整个权力领域的胜利，这种新世界主义观点考察没有界限的政治的新参与者和参与者网络、权力机会、战略和组织形式，因为世界主义从一种新批判理论和经验的视角出发，对以民族国家为中心和框架的政治和政治科学进行批判，因而在经验上和政治上具有重要意义。

第二章　民族视角的批判 P36－51

P51　"全球化"——迄今为止总结的论据——归根结底是出于这样的考虑：社会科学必须在概念上、理论上、方法上，甚至组织上重新论证为跨国的经济科学，其中包括："现代社会"的基本概念——家政、家庭、阶级、民主、政权、国家、经济、公众舆论、政治等——必须摆脱方法论民族主义的固定模式，在方法论的世界主义的框架内重新定义和重新设计。

第三章　改变规则的世界内政：经济、政治和社会失去边界 P52－119

P64　有权力就有反权力。世界主义社会的诞生和它的敌对阵营的形成，是同一运动的两个反面。世界经济的超级权力的"跨合法性"，虽然能使反全球化运动和反现代化运动取得合法性，但这种合法性保卫合法统治的民族机构——国家和民主——防止全球资本的破坏性。现代化和与现代化有关的毛病和弊端总是使人怀念失去的安全，保卫传统的价值和道德。

P65　20世纪的梦魇过去以后，我们不得不等待更可怕的事情发生，当然我们也必须睁大眼睛明辨是非，在经济的超级权力的视野内，怎样化解民族国家统治的前提条件，在世界各国、世界经济和公民社会运动之间的相互作用下，怎样修改游戏规则，而这一切都是在没有合法地位、借助"跨合法的"手段

（在新自由主义下是闻所未闻的，不可设想的）的情况下，非军事地、"和平地"发生的。因此，在第二次现代化中必须重新架构国家的标准和理论。

P66　全球化话语是一种高度合法的、权威的权力话语，一方面，它允许被压迫、被威胁的集团使自己的权力合法化，在内部与外部世界舆论的支持下进行斗争，另一方面，它又为政府和非政府组织提供长期的、原则性的发言权和参与权。

P73　介于合法和非法之间的统治是指长期的、在一定程度上得到制度化的、在民族的体制和职能界限以外对国家的决策和改革结果施加影响的机会，因此它的优势与世界市场发挥的优势是一致的。

P79　"新自由主义体制"不仅遵循优化经济利己主义的政治原则，而且要求实行分配公正这种新的世界政策。可见，新自由主义是作为一个亚世界政党建立起来的，它在各国的政党内部和政治舞台上发挥自己的影响，但同时要求人们代表和维护全球性的价值，而不是代表和维护经济的利益。

P90　在经济全球化的条件下，国家正在陷入民族性陷阱：如果国家坚持民族国家政策的主权要求，那么，国家之间围绕投资的竞争和剥夺国家参与者权力的、形成世界市场垄断的危险都会加剧。与此相反，如果它们通过各自承担责任的联合，减少相互之间的竞争，从而巩固自己在世界经济面前的地位，那么，它们就必须限制自己的民族自治权。如果国家固守民族性和狭隘性，在经济全球化的时代，必将妨碍政治和国家的跨国的创新和发展。

这个矛盾表明了世界主义群体的一条重要经验，按照民族的范式联结在一起的事物——国家独立、民族自决和重大问题（福利、法律和安全）的政治解决——既是独立的，同时又按新的方式相互联合。各国政府必须放弃民族的独立，携起手来，相互合作，步调一致，加快解决重大的民族问题，不仅在国际上，而且在国内为反对派和公众舆论提供新的活动机会。

P94　全球化包含两层意思：参与者可以不管距离的远近进行活动，开拓新的机遇，从而扩大自己的主权，而在整个国家这样发展的反面，就是丧失自己的自治权。（集体和个体的）参与者越是扩大实际的主权，就越是降低形式上的自治权。换言之，在政治全球化的过程中，民族排他性基础上的自治权实现向跨国包容性基础上的转型。起决定性作用的并不是创建国家联系的网络，而是像网络一样观察、评价和组织国际联系。

P109　我们只要注意定义关系的这种认知的权力基础，就能更加清晰地看到风险和权力之间的联系，但是问题的关键是，如何通过改变定义关系——比如重新分配举证义务或调整对产品的责任——才能影响风险冲突的政治动力。定义权力关系的改变不仅能够改善抗议运动的机会，而且能够使全球性的企业为它们可能造成的后果承担社会责任。

第七章 国家和政治在第二次现代化中的概念转变和形式转变 P255－286

P255 在我们的眼前、在我们的手中完成政治的概念转变和形式转变，由于缺乏历史的适当的标准和观察形式，迄今妨碍了对这个概念的运用和研究，本书试图弥补这个缺陷。政治的结构可能打破民族国家和国际的二元论，在"全球"空间安家落户。世界政治变成了撤除民族国家政治的边界和基础的世界内政。政治经济学从一开始就论及的新内容，不是资本战略对国家施加压力，使他们处于不得不采取行动的境地，而是让他们该怎么做就怎么做：世界政治的经济权力如何解决恐吓性的撤资问题，从而如何战胜已经吓呆了的政治。所以说，世界经济的参与者原则上并不比国家更强大，但是他们早已从民族正统观念的狭隘中解放出来，这就是新内容。

P263 在全球化时代如何采取政治行动呢？通过意识到的危险的全球性，这种全球性顷刻之间就能使国际政治和民族国家政治的似乎牢不可破的体系变成松散的和可塑的。在这个意义上，只要对世界风险社会进行政治反思，就能获得可以利用各种不同方式的准革命的活动机会。

第八章 写给正在到来的世界主义时代的简短悼词 P287－318

P292 世界主义不主张一劳永逸地（像全球主义那样）抹平或消除一切差别，完全相反，考虑到最后，主张在五个原则上不同的方面重新找回和承认他人：

(1) 承认文化不同的他人的异样性（异样的文明和现代化）。

(2) 承认未来的异样性。

(3) 承认自然的异样性。

(4) 承认客观的异样性。

(5) 承认其他合理的异样性。

──**【参考文献】**────────────────────────────

[1] 乌尔里希·贝克. 全球化时代的权力与反权力 [M]. 蒋仁祥，胡颐，译. 桂林：广西师范大学出版社，2004.

[2] 约瑟夫·格里科，约翰·伊肯伯里. 国家权力与世界市场：国际政治经济学 [M]. 王展鹏，译，北京：北京大学出版社，2008.

［3］莫伊塞斯·纳伊姆. 权力的终结：权力正在失去，世界如何运转［M］. 王吉美，牛晓萌，译. 北京：中信出版社，2013.

［4］艾伦·麦克法兰. 现代世界的诞生［M］. 管可秾，译. 上海：上海人民出版社，2013.

［5］李景鹏. 权力政治学［M］. 北京：北京大学出版社，2008.

［6］刘德斌. 国际关系史［M］. 北京：高等教育出版社，2003.

［7］李少军. 国际政治学概论［M］. 3 版. 上海：上海人民出版社，2009.

十、《权力与繁荣》

[美] 曼瑟·奥尔森　著

苏长和，嵇　飞　译

上海人民出版社，2005 年

——【作者简介】

曼瑟·奥尔森（1932—1998），1932 年 1 月 22 日出生于美国北达科他州。1954 年，奥尔森获北达科他州立大学学士学位，并经由州立大学的推荐，领取了罗氏奖学金，有幸到牛津大学深造，1960 年获牛津大学硕士学位，1963 年获哈佛大学博士学位。后来，奥尔森成为马里兰大学著名教授，1990 年他在马里兰大学创立了"体制改革与非正规部门研究中心"，并亲自担任中心主任，专门对发展中国家和转型经济国家进行研究。

奥尔森是公共选择理论的主要奠基者，也是当代最有影响力的经济学家之一，其学术贡献远远超越经济学范围，对政治学、社会学、管理学以及其他社会科学的发展产生了重大作用。他的主要著作有《战时短缺经济学》（1963 年）、《集体行动的逻辑》（1965 年，中文版 1995 年上海三联出版社）、《一份准备中的社会报告》（1969 年）、《没有增长的社会》（1974 年）、《健康护理经济学新方法》（1982 年）、《国家的兴衰探源》（1982 年，中文版 1993 年商务印书馆）、《通向经济成功的一条暗道》（1992 年）、《专制、民主与发展》（1993 年）、《掉到地上的大面额钞票没人捡：为什么有的国家富裕，有的国家贫穷》（1996 年）、《经济学展望杂志》等。

──【写作背景】─────────────────────────────

　　权力与繁荣问题一直是很多学者关注的问题。在《权力与繁荣》这本书序的一开始，就指出了这一大背景：几个世纪以来，人们一直思考着权力如何与繁荣相关的问题。早在1340年前后，画家安布鲁吉奥·劳伦扎蒂就有两幅著名的壁画《坏政府的寓言》和《好政府的寓言》，在画中，反映了政治与经济、权力与繁荣的关系，壁画为奥尔森本书所要探讨的问题，提供了一个早期的而又简化的看法。由此，奥尔森开始追问为什么在坏政府崩溃之后不会出现经济繁荣？壁画抽象地回答了这个问题，而奥尔森则以经济学学科的训练和理论创新，用一生的时间追问公共与私人繁荣的根源，系统地论证和阐述权力与繁荣的关系。

　　奥尔森本书中的思想和观点，受到了当时学术环境和前人理论观点的影响。英国剑桥大学的著名历史学家阿克顿早在1910年《法国大革命讲稿》中就提出了对"自由政体"的理解，这为奥尔森的研究提供了参考。奥尔森认为，民主在于它是否保证了政府产生于自由的政治竞争过程，从而确保拥有共荣利益的精英掌握政治领导权。这一思想，在政治学家卡尔·施密特1926年的论文《论议会制和民主制的抵牾》中有所涉及，在熊彼德1942年的《资本主义、社会主义与民主》一书中也有所阐述。此外，"科斯定理"也影响了《权力与繁荣》一书的论证。与此同时，肯尼斯·阿罗还认为奥尔森的思想形成来源于达尔文的进化论，他认为奥尔森心中的精神英雄是达尔文，一方面因为奥尔森在很多场合表达过对达尔文的敬意，另一方面也是因为奥尔森全书的风格，颇像达尔文的进化论般简洁、解释力强并且覆盖广泛。

　　就社会背景而言，20世纪50年代早期，当曼瑟·奥尔森在欧洲游历途中，他便对德国经济迅猛发展而英国经济却举步维艰感到困惑不解。第二次世界大战后，战胜国担心德国和日本会再次成为一个侵略性的独裁国家，所以他们不希望后者发展强有力的工业经济或者甚至成为一个统一国家。相反，后来冷战胜利一方的国家却想帮助曾经是共产主义的国家发展为成功的西方意义上的民主国家。然而，事实却是战败后的国家的经济绩效要比苏联共产主义崩溃后国家的经济绩效要好很多，战败的轴心国与崩溃的苏联共产主义国家之间经济绩效存在着巨大的难以想象的差异，引发奥尔森的思考。1991年8月19日当苏联强硬派发动反对戈尔巴乔夫政变时，奥尔森正投入一项研究，以对前共产主义国家和第三世界国家提供经济政策和制度改革建议。同时，他对亲市场的皮诺切特统治下的智利、朴正熙和全斗焕领导下的韩国、李光耀治理下的新加坡等国家在经济绩效上取得的成绩给予密切的关注。这就使他一直在思考一个问题：是什么使一些市场经济国家变得富裕而其他国家变得贫困？一个国家到底需要什么样的政策和制度，从而可以从一个小贩和集市一样的市场经济转到可以产生很多富人的市场经济上？他从 1997 年东南亚金融危机中，得出了政府可以在扩大或者强化市场上发挥关键作用的结论。

奥尔森创造了一个概括何种政府可以获得繁荣的词语。他认为，一个政府，如果有足够的权力去创造和保护私有产权并去强制执行合约，而且受到约束不去剥夺这些个人权力，那么这样的政府就是"强化市场型政府"。关于好的制度怎样才能实现的问题，不独是发展中国家或者转型国家的问题。因为即使是民主国家也会出现有利于狭隘而不是更共容利益的现象。因此，他对政府行为的一般结果持一种悲观看法。但这不是他的描述风格，从个性上讲他是个精力充沛、对自己的理解力非常自信的人。

——【中心思想】————————————————————————

《权力与繁荣》一书共有 10 章，奥尔森通过引入政府权力于经济增长之中，说明了国家权力与私人权力之间的相互联系决定了繁荣程度。奥尔森认为，政府对经济活动有重要的作用，因此，政府成为经济繁荣一个必不可少的条件。

在这部著作中，奥尔森分析的问题包括：为什么有的市场经济国家贫穷，有的富裕？为什么市场经济不是保证国家繁荣的唯一条件？什么样的市场经济能够带来经济繁荣？为什么苏联共产主义在早期取得了比较迅速的发展，而在转向民主改革、采用市场经济体制后却不如改革前？等等。

首先，奥尔森分析了权力的逻辑。权力是政治学的圣杯。繁荣是经济学的研究领域，而繁荣来自于人的劳动创造以及贸易收益，经济的繁荣促使分工和贸易的发展，并带动了个人权利的发展。而政府作为社会权力的最大拥有者，拥有着垄断性的强力手段。政府同时又受到个人或集团的影响。奥尔森认为，处理好政府强权与个人权利之间的关系，关乎社会繁荣或衰败的发展趋向。

其次，奥尔森从经济学和政治学交叉学科的角度，对专制和民主两种制度的产生进行了分析。奥尔森认为，早期人们在实践的过程中基于对无政府状态下的成本比较分析，专制统治在特定条件下会为了维护自身的利益，而给予人们一定的稳定性和契约性，这是专制制度存在的权力基础。而由于民主制度是大多数人的统治，其具有分权的性质，能够为社会提供稳定的法律基础和政治秩序，从而明晰地界定财产权利和权利义务，而且民主政府能够通过私营部门转嫁治理成本，从而对个人活动具有积极的激励作用，最终从整体上维护了共容利益的实现。奥尔森对专制制度转化为民主制度的条件进行了分析，如专制统治内部的军官叛乱以及民主国家的外部干预等。

最后，奥尔森对集体行动逻辑进行了分析。对于小集团而言，由于人数的偏少，集团内部的个体能够充分估量集体行动为自己带来的益处，因此，基于成本支出和利益收入的对比，小集团通常能够采取一致的集体行动。而对于大集团而言，个人付出所取得的公共服务与个人的支出之间的比例是微不足道的。这导致个人对集体行动的无视和漠不关心。奥尔森从经济学和权力维护的角度对苏联模式进行了分析，他认为苏联体制由于隐性税收的税收体制，而在一段时期内保持着经济社会的快速发展，但是由于在苏联内部的小团体的狭隘利益的出现，侵蚀了苏联整个政治经济体制，最终导致了苏联的解体。奥尔森最后对繁荣和权力的关系进行了分析。他认为市场的存在是繁荣的重要源泉，人类社会存在着自发型、不可抑制型等市场类型，保护贸易、合同契约的法律制度，政治秩序的存在，个人权利的保护以及运气等共同构成了市场繁荣的原因。

总之，奥尔森的这一著作完全立足于微观经济学关于个人理性的假定，是对他前两部著作的进一步发展。奥尔森的一个主要特点是使用浅显的理论，解释尽可能多的问题。《权力和繁荣》也体现了这一点：市场经济并不一定能够保证繁荣；但是没有市场经济，繁荣在长期内却难以实现。

──【分章导读】────────────────────────

第一章 权力的逻辑 首先提出了一个问题，什么是对繁荣最不利的因素？人们比较一致的看法是："当存在激励因素促使人们去攫取而不是创造，也就是从掠夺而不是从生产或者互为有利的行为中获得更多收益的时候，那么社会就会陷入低谷。"[①] 奥尔森以小偷和黑手党家族犯罪集团为例子，说明

---

① 曼瑟.奥尔森.权力与繁荣 [M].苏长和，嵇飞，译.上海：上海人民出版社，2005：1.

妥当的共容利益能够促使权力所有者运用强制性的权利来维护、促进社会的稳定和繁荣。在共容利益的驱使下，固定的匪帮会努力减少其权力范围内的偷窃行为，并从减少窃税率中持续获得收益，与此同时，固定的匪帮会为其领土范围内的纳税人提供公共物品，从而促进社会生产力的发展。由此，这种匪帮模式说明了臣民为何宁愿选择专制国家而竭力避免无政府状态，历史上自利专制者的共容利益与经济增长是紧密联系的。奥尔森把权力由破坏性到建设性转变过程中的"另外一只看不见的手"称之为"在共容利益指引下使用权力"。在这只看不见的手的影响下，专制统治者会由于共容利益的存在而限制其对社会的掠夺程度。奥尔森对专制型国家与民主型国家处理自身利益和社会公共利益之间的差异性做法进行了比较分析。在大多数人统治形态下，统治者会基于共容利益的考量，实现自身与人民利益的互惠性，而且这种大多数人统治可能在一定条件下摆脱对自身狭隘利益的追求，从而在社会中代表更大范围的共容利益。

第二章 时间、收入与个人权力 首先对专制统治下人们对统治者的期望进行了分析，奥尔森认为，专制王权的继承是一个社会性问题，其继承的稳定性在一定意义上影响了专制统治以及社会生产的长远发展。虽然在专制统治条件下，统治者为了共容利益而会采取措施保护其领土范围内的生产实践活动。但是，仍然存在统治者为了满足自己的利益而侵害社会生产的可能性。这也必然会损害其臣民的财产安全和契约延续性。奥尔森对民主政权取代专制统治的可能性进行了分析，其中一个途径是由于专制统治内部的混乱如军官叛乱等，另一个途径则是民主国家从外部改变专制国家的制度，进而用民主制度代替专制制度。而关于民主的自发产生，则需要依靠几个必要条件，即权力平衡格局的出现以及民主制度下免遭周边政权征服的益处。为了达到权力平衡，权力在领导人之间的分享显得尤为重要。在和平的秩序下，"界定和保护财产权，以及执行合约和解决纠纷的机制就成为大家的共同利益"①。最终，一个保护财产权和契约权的代议制政府逐渐形成。奥尔森对英国的光荣革命及其影响下的美国代议制民主制度的形成进行了考察，而意大利北部城市国家的代议制则呈现出有限的行政权力与更强的财产权利的特征。随着民主制度的确立和选举的实行，并不意味着绝对稳定的契约和财产权利，这决定了稳定的民主制度的重要性。

① 曼瑟. 奥尔森. 权力与繁荣 [M]. 苏长和，嵇飞，译. 上海：上海人民出版社，2005：29.

第三章　科斯谈判、交易成本与无政府社会　首先对科斯的"互利交易的起点""交易成本""市场失灵""科斯定理"等四个问题进行了介绍。随后，奥尔森认为，科斯的理论主要是聚焦于谈判和交易成本分析法，一些学者运用科斯的这种谈判与交易成本分析法对政府和政治进行分析，这具有极大的理论突破意义。科斯谈判与交易成本分析法的一个重要特点在于其对交易成本的重视。因此把这种思想引入到政治理论领域同样适用。奥尔森认为，无政府状态与国家的贫困有重大关联，当把权力纳入交易和契约达成的分析之中时，政府的强迫特性就显现出来了。而第三方强制性的存在对于交易达成是必要的。尤其是当人们意识到和平秩序下社会收益是巨大的，人们会为了实现共同利益而放弃对无政府状态的选择。

第四章　理性的人与非理性的社会　对集体行动逻辑进行了分析。奥尔森认为，由于集体行动能够为小集团中的个体提供更多的物品供应，而且小集团中的成员能够明显地受到其内部合作或不合作的影响，这构成了小集团内部战略互动的可能，因此，小集团通常能够成功地进行集体行动。奥尔森以囚徒困境为例，驳斥了关于两个人之间不会为了共同利益而合作的观点。而在大集团内部，由于集体物品具有很高的成本—收益比，集团内部的成员由于缺乏合作的动力而导致大集团集体行动的失败。在大集团内部，不供应的威胁也是失败的。而且"在大集团中由于集体行动问题，理性的个人行为意味着个人会尽力不去进行科斯谈判，因而常常使科斯谈判无法发生，即使交易成本是零也如此"[①]。奥尔森对大集团集体行动的条件进行了分析，即正向的和反向的选择性激励。总之，集团为了实现集体利益，必须在一定环境下才能实现，即其一为集团成员很少时，其二为实行选择性激励。

第五章　治理与经济增长　作者提出基于集体行动的逻辑，小集团的集体行动效力会随着集团的扩大而逐渐弱化，但是为了维护和平秩序以及集体利益的实现，专制型政府或代议制政府才最终出现。奥尔森认为，公民在如何选择才能实现大多数人利益的问题上，存在"理性的无知"现象，而一些职业组织则为了狭隘的利益而努力说服"理性的无知"的人们，从而在一定意义上会损害集体的利益。奥尔森提出，为了克服大集团的无力，必须经过许多努力才能实现正向的、有选择的激励，民主国家的发展历程印证了这一观点。而对于一些专制国家，它们一方面有较为稳定的人口增长，另一方面

---

① 曼瑟．奥尔森. 权力与繁荣 [M]. 苏长和，嵇飞，译. 上海：上海人民出版社，2005：67.

则拥有强有力的、比较稳定的，而且相对治理有方的政策支持，因此这些专制国家也实现了惊人的经济增长。

第六章　执法与腐败的根源　提出，在许多国家中，维护法律和秩序的成本在很大程度上是微不足道的。奥尔森认为，一方面这是由于政府通过建立警察等武装力量，政府的力量远大于公民个人的力量；另一方面，政府把这些成本转嫁到私营部门，通过私营部门的激励机制来提高政府部门的执法能力。而在一个成熟的市场经济体制条件下，个人以及私营部门会为了自身的利益而维护法律和秩序的实行，从而有利于防止腐败的产生和政府执法能力的增强。

第七章　苏联模式的专制理论　作者从经济学和权力维护的角度对苏联模式进行了分析。奥尔森认为，"斯大林的革新是，为其自身目的征收国家内几乎所有的自然资源存量和有形资本存量，然后使用这些资源生产一系列斯大林所需要的产品，这些产品具有比在其他生产方式下生产要高得多的资本物品和其他物品密集程度"[①]。奥尔森对斯大林体制下的税收制度进行了独特描述，提出斯大林征收的资源和资本，大部分都是通过隐性税收的形式获得的。这种隐性税收一方面体现了工人工资水平的低下，另一方面体现了对额外的、高标准的劳动生产率的鼓励，通过以上两种手段，斯大林实现了在征得大量税收的同时，保证着最大化人们从事生产的愿望。奥尔森对苏联的社会主义农业发展进行了分析，认为集体农庄的建立并不是基于意识形态的考量，而是为了高强度地征收农村剩余。总之，奥尔森认为，高储蓄率和高投资率是共产主义经济体制的重要特征，这种体制在动员资源和征收税收方面是有效的，但是由于对私营部门的压制，其在长远发展过程中无法实现劳动生产率的有效增长。最终导致了苏联型社会的僵化并最终走向灭亡。

第八章　共产主义的演进及其遗产　作者对苏联内部的狭隘利益形成过程进行了分析。在苏联计划经济体制下，为了实现资源配置的最优化，官僚体制必须掌握最优配置实施所需要的全部信息。这种信息必须经过层层官僚传递，而在这一信息搜集和传递过程中，苏联体制下管理者之间存在的序列关系促进着信息传播的有效性，而隐瞒或夸大的动机则损害着经济计划的实施。尤其是随着共谋隐瞒的演化，共谋集团越加扩大，最终形成能够影响国家经济计划的隐性集团。奥尔森认为"预算软约束"就是这种共谋集团影响

---

① 曼瑟. 奥尔森. 权力与繁荣 [M]. 苏长和，嵇飞，译. 上海：上海人民出版社，2005：88.

力的有力证据。总之，随着共谋集团的扩大，其造成政府的普遍腐败和执法能力的下降，最终形成部门或个别群体的狭隘利益逐渐代替整个国家共容利益的局面。

第九章　对转型的意义　作者对冷战之后苏东等社会主义国家由计划经济向市场经济转型过程中出现的问题进行了探讨。后共产主义国家转型的核心是国有企业的私有化，而关于转型的方式，不同学者给出了迥异的答案，其中，休克疗法与渐进主义是两条主要观点和方法。奥尔森认为，苏东国家转型的过程标志着以隐性税收为核心的税收体制的衰落和瓦解。由于国有企业游说力量的强大，以及其与公民联盟的结合，国有企业私有化过程只有在国有企业内部人员的主导下方能取得成功。奥尔森提出，后共产主义国家的国有企业私有化所遇到的问题，本质上是新型企业与旧国有企业所代表的两种人利益的冲突。这种由于企业内部联合而成的狭隘利益会损害经济效率，抗拒市场导向的改革，从而迟滞转型的步伐。最后，奥尔森对后法西斯国家与后共产主义国家转型的两种路径进行了比较，最终得出小团体的狭隘利益阻止了共容利益的发展，最终导致这些国家社会的不同社会发展形势。

第十章　达致繁荣所需要的市场类型　作者对不同的市场类型进行了考察。首先，许多市场是自发形成的，这种市场条件下的贸易"是没有共同的政府或机构，而且可能是没有共同的宗教或语言的个人之间的交易"[①]；其次，在苏联等国家，存在着以易货为方式的不可抑制型贸易市场。在不可抑制型市场，非正规部门的存在具有重要作用。奥尔森认为政府的错误干预行为对社会生产的效率产生了巨大损害，但是这一观点并不足以完全解释众多第三世界国家的贫穷。奥尔森认为，保护贸易、合同契约的法律制度，政治秩序的存在，个人权利的保护以及运气等共同构成了市场繁荣的原因。总之，可靠而界定清晰的个人权利以及不存在任何形式的强取豪夺这两个条件构成了繁荣的市场经济的必要要求。

──**【意义与影响】**────────────────────────

该书共计16.5万字，中译本于2005年4月由上海世纪出版集团、上海人民出版社出版。第一，《权力与繁荣》是一本探讨政治与经济关系的经典著作。该书已成当代经典，对经济管理和人文社会科学的研究产生了非常深刻的影响。

────────────

① 曼瑟. 奥尔森. 权力与繁荣［M］. 苏长和，嵇飞，译. 上海：上海人民出版社，2005：136.

《经济学家》杂志曾经在奥尔森逝世两周年的时候发表专文，评价奥尔森的这本《权力与繁荣》，该文的结束语写道："奥尔森是不可替代的，但有这样一部杰作对我们来说也算是一种安慰了。"《权力与繁荣》这本书作为奥尔森思想的归结，其学术贡献远远超越经济学的范围，对政治学、社会学、管理学以及其他社会科学的发展都产生了重大的作用。奥尔森在这本书中的研究结合了经济学家严谨的分析方法，政治学家对体制结构的关注和重视，以及历史学家对世间事物复杂性与微妙性的深刻理解，为跨学科的社会科学研究树立了典范。

第二，该书深化了政府在经济增长和经济发展中的作用。分析政府在经济发展中的作用向来是经济学研究的主线之一，自经济学产生以来，关于政府干预与经济自由的争论一直不断。政府究竟能不能起作用？诺斯（D. C. North）认为，政府既是经济增长的动力，也是经济衰败的原因。但是他仅把这种原因泛化为一种制度安排，泛化为既得利益集团的冲突。但就政府对经济繁荣的影响而言，制度安排的结构如何，制度的产生与重建、制度变迁与演化如何，等等，他并没有进行深入分析。诺斯没有分析政府在什么情况下起积极作用，在什么情况下起消极作用。奥尔森以微观经济学的角度，从个体追求最大利益的动机出发分析政府的作用，弥补了关于政府作用的传统理论只从政治学或宏观经济学角度分析而缺乏微观基础的缺陷，扩大了分析政府作用的理论视野。他通过提出市场繁荣的两个条件，分析了政府在促进经济增长、保证经济繁荣中的作用。如果政府不具备相应的条件，可能就会对经济繁荣起阻碍作用，甚至导致经济衰退。从这个意义上说，他把国家兴衰的理论更推进了一步，增加了对政府限制或保护权利作用的分析，深化了对政府作用的认识。

第三，该书提出"市场扩展性的政府是经济成长的关键"的理论是该领域的最新研究成果及理论创新，它为社会主义经济体系解体、亚洲经济危机及其他发展中国家的经济政策进行改革与研究提供了一个有用的分析框架。自《集体行动的逻辑》一书完成之后，奥尔森将其研究领域扩展到组织的演进和政治的演进上，使经济学与现实世界结合得更为紧密，更能合理地解释现实世界一些问题，并为那些以往无法解释的问题注入了新的活力。同时，奥尔森的"市场扩展性政府"也为政府行为提供了一个可为可不为的范围。

第四，该书的理论研究是开放性的，为相关领域和方向的研究奠定了基础，激发了人们进一步思考和探讨的责任和兴趣。同时，这本书增加了专业研究的后续性和可能性。正如他在全书的最后结尾所说的："如果我们这些从职业的角度关注社会应如何治理的人们，以及我们所有的对很大程度上决定我们的经济和社会如何运作的政策抱有强烈兴趣的人们，工作得足够努力和足够好，进一步的理解也是有可能的"。

第五，该书推动了关于政治与经济的研究和如何实现权利与繁荣统一发展的广泛性教育的开展和深化，为中国特色社会主义实践提供了理论启示。在此基础上，他也提醒人们要从体制与市场矛盾失败的经验中汲取社会教训。全书的理论观点具有很强的现实借鉴和指导意义。奥尔森非常重视中国社会的问题，对中国当时社会进行了细致地考察和研究，在本书的序中，卡德韦尔就写道："如果有一天，中国也可以进入我们的话题的话，那么这就将涉及人类五分之一人口的福利问题。正是在这个意义上，奥尔森希望本书以及其不同的侧重点可以对我们理解这些问题有所帮助。"当下的中国社会正在中国共产党的带领下，在全面深化改革过程中构建具有中国特色社会主义的发展道路。中国特色社会主义是在改革开放的实践中，并在由社会主义计划经济向中国特色社会主义市场经济的转变过程中逐渐形成的，中国特色社会主义是中国特色社会主义市场经济、中国特色社会主义民主政治、中国特色社会主义先进文化、中国特色社会主义和谐社会、中国特色社会主义生态文明五位一体的建设布局。建设中国特色社会主义，需要汲取人类文明发展过程中的一切有利因素。该著作对苏联等社会主义国家过程中权力分配与经济社会发展的关系进行了独特的研究。这些思想启示我们在进行社会主义市场经济建设过程中，要努力避免苏联走过的弯路，正确和有效地转变政府职能，凝聚改革发展的共识，使各个阶层在中国共产党的带领下，能够以社会整体利益为重，不断提高自身的生产积极性和主动性，并在促进经济发展效率不断提高的基础上充分保障个人权利，不断促进实现社会主义条件下的共同富裕。同时，值得注意的是，该书在一定意义上尚未挣脱冷战时期的意识形态偏见，对社会主义制度下各国发展情况的分析有一定的偏颇，我们要客观看待这些观点。

───【原著摘录】────────────────────────

第一章　权力的逻辑 P1—21

罪犯的比喻/固定活动范围的匪帮/历史事实/专制统治与大多数人统治的比较/更具共容利益观的大多数/其他的一些含义

P3　罪犯从一个更为富裕的社会中偷窃所能获得的收益，与社会因为偷窃行为而导致的福利水平的降低，都会使犯罪活动有报偿。只有社会对犯罪活动进行惩罚才可以使罪犯为自己的行为支付成本，然而，施加惩罚并不总是很充分全面的。虽然在一个繁荣社会中，每一个罪犯都有其自己的利害考虑，但是这个利害是如此微不足道，以致其一直受到忽略，所以他总是照偷不误。

P8—9　一般而言，由于一大帮有足够能力组织大规模暴力的人的理性自利因素，为这一大帮人利益服务的政府因而就会产生。这些暴力团伙一般不愿意把自己称为匪帮，相反，他们总是给自己及其继任者以吹捧性的称号。他们有时甚至声称是基于神授权利而统治的。由于历史总是由胜利者书写的，那些处于统治地位的王朝当然把其解释为是基于高尚的动机而不是自利的因素而产生的。各种各样的专制者总声称他们的臣民希望其来统治，这种说法因此滋生了一种错误的假设，认为政府的出现总是由于臣民自愿选择的结果。

P15　要记住的是：同样的互惠规则既决定居支配利益地位的人不会从再分配于自己的利益行为中获益，也决定他会将多少钱投资于公共物品的供应上。这种互惠规则对所有类型的政权——不管是民主体制还是专制体制——都是适用的。

第二章　时间、收入与个人权利 P22—36
"国王万岁"/匪帮的终结/民主的自发产生/代议制政府的财产和契约权利制度/持久的民主意味着持久的财产和契约权利

P28　任何政府，特别是那些新政府，必然赋予其领导者能够设计一些可能使其成为专制者的计划的特殊权力。由于来自民主的反对因素总是极为令人厌烦的，而且专制的位子的确充满诱惑，具有很高的回报，代议制政府中的很多领导人总是利用各种机会做终身总统或者其他类型的专制者。

P29　一旦社会中确立了和平的秩序，社会中大部分人就通过生产和对彼此有益的贸易来获得自己的利益。为了有效地生产，他们需要一些可以保护财产权的制度安排。为了从相互贸易中获得利益，还需要一个第三方的执行机构，因为社会中的个人需要确立制度安排以确保合约的执行。因此，界定和保护财产权，以及执行合约和解决纠纷的机制就成为大家的共同利益。那些确立并维持代议制政府的人，因此就会有兴趣在司法制度内强制执行协议并解决协议冲突。

第三章　科斯谈判、交易成本与无政府社会 P37—55
互利交易的起点/交易成本/市场失灵/科斯定理/对科斯理论的概括/无政府社会/对理论的附加说明

P40　如果等级制公司在竞争性市场中繁荣的话，他们的等级结构必须能够以比市场本来可能引起的更低的成本来协调公司内部的生产和活动，也就是说，比由市场自发协调的单个的工人、原料的供应商以及机器的主人的成本要更低。在一个竞争性的环境下，如果等级制公司生产的东西比市场更贵的话，这个公司是很难成功的。当等级制公司是可盈利的时候，所有利用市场的交易成本或不利因素——在科斯学派的经济学家那里把所有这些合在一起成为交易成本——必须超过利用等级制去协调生产的成本。

P44 科斯谈判和交易成本分析法中还有需要我们注意的地方，也就是交易成本有时可能是高得让人负担不起的。也就是说，交易成本如此之高，以致从交易中的所获远远被谈判的费用和其他交易成本所抵消。显然，这种交易是不会实现的。没有完成的交易也耗费了有价值的资源，因此，如果在界定经济效率过程中不计入这些因素，那显然是荒谬的。

P48 如果一个人拥有比他人多得多的权力，他也许可能通过武力威胁或使用武力而不是自愿交换来实现自己的利益。他可能毫不费力而不是花很大代价就能得到很多。

第四章 理性的人与非理性的社会 P56－70

小集团常常可以成功地进行集体行动/战略互动/一个寻常的错误/要是没有交易成本的时候会如何？/有选择的激励/小结

P58 即使在五人集团中，也会存在一些单方面供应集体物品的可能性，尽管考虑到需求或者共同利益或者集团理性因素，这种可能性要比两人集团小得多。

P63 一句话，在现实生活的任何大集团中，在没有强制情况下唯一可以运用的威胁——威胁不供应集体物品——本质上会因为两个原因而失败。第一，大集团中的供应者从威胁不供应中失去的东西要比进行任何一项谈判策略所能获得的都要多。第二，在同样的时间长度里，他们失去的要比他们从一个搭便车者进行供应行为中所得到的要多得多。

P66 当其他人员已支付公共物品时，搭便车的联盟或者次集团显然能够获得更多的好处。不管有多少搭便车者，哪怕只有一个，这个看法也是对的。集团中理性的个人的一个目标就是别人付费时自己免费搭车。如果公共物品没有被提供出来，这就与科斯定理假设的不存在交易成本或者谈判成本的情况是矛盾的。

P67 大集团在能够得到有选择激励的条件——这与集体物品自身是不一样的——下会进行集体行动，当然，是针对个人是否供应集体物品来进行有选择性的激励。有选择的激励可能是正向的（Positive）也可能是反向的（Negative），例如，它可能是对那些不协助集体物品供应的人进行惩罚。

第五章　治理与经济增长 P71－79

治理的演变/拥有组织自由的社会的僵化问题

P74　个人对公共物品的觉悟所带来的收益一般惠及整个集团或者整个国家，而不只是惠及那个因为觉悟而愿意承担公共物品成本的人本身。

P78　资本常常从专制社会或者不成熟的民主社会（即便该社会资本是高度稀缺的且回报很高的）流向持久的民主社会中（即便该社会中资本供应相对充足且回报是很低的）。因此，世界上各个国家之间极为不平衡的资本分配是与第二章所说的观点极为一致的，不管是在最近还是在以前，专制社会的经济绩效通常总是表现平庸甚至是灾难性的。

P78－79　那些经济上非常成功的专制者不仅趋向采取长远的规划，而且也抵制并打击特殊利益集团。他们愿意有一个强国家，通常也并不把政策屈就于那些特定职业或产业的特殊利益集团。尽管对任何国家经验的完全描述都需要考虑到许多其他的重要因素，这已经超出了这里提供的理论的范围，不过，总的模式还是与我们的理论非常一致的。

第七章　苏联模式的专制理论 P86－104

专制者攫取的限度/增加储蓄和投资的财产征用/税收如何能提高工作意愿？

P88　长期执政预期的专制者一般不能从没收资本类财产中获益，因为没收这类财产通常意味着未来投资和收入的减少，进而使税收的减少。因而，对资本物品的征用，因为会降低未来的投资和收入，看来并不能在长时间内增加专制者的税收。

P95－96　尽管该政权攫取了能力较强的人所生产的、超出其生存水平的较大剩余的大部分，但政权无法得到这一剩余的全部。为了激励能力较强的人们从事产出率较高的工作，并激励他们在这些工作上更加努力，政权必须让他们获得其边际产出的全部或大部，而这些收入高得足以保证这些工人最终得到高于生存水平的消费。

第八章　共产主义的演进及其遗产 P105－120

连贯性计划所需获得的信息/官僚机构内的竞争/隐蔽的共谋/共谋的证据：预算软约束/执法与腐败

P107　官僚之间或官员同工人之间的竞争就是这样一个反作用因素。苏联型社会领导人所面对的从事生产的强有力动机，之所以有时能够被转换成实际经济表现，是因为存在着对官僚机构的信息错误传达和玩忽职守的制约。每个官僚都会受到处于生产活动同一链条或同一序列的其他官僚的限制，即受到那些他们所管理的活动，或者使用该管理者所管理活动的产出，或者向该管理者所管理活动提供投入的官僚的限制。我将处于同一生产序列的经理人与工人称之为序列官僚。每位官僚也可能会受到平行经理人和工人的监督，即那些在市场经济中是竞争者的监督。

P114　理性经济一个不可或缺的要求——不能弥补成本的企业和经营活动最终必须停止消耗资源，从而停止减少社会收入——已不复存在。

第九章　对转型的意义 P121－133

一种税收体系的衰落与崩溃/内在矛盾/尚未完成的工作

P127－128　更深层次的问题产生于两种人之间的利益冲突，一种人工作于具有社会生产效率的新型企业中，而另一种人由于历史的意外而被留在了许多国有企业之中，仅能依赖从社会其余部分获得的补贴而生活。对经济效率和接受补贴者的利益两方面而言，影响最大的问题是补贴，而不是私有或公共所有的身份。在许多（如果不是大部分）情况下，起作用的不是私有化的速度问题，而是资产清算的速度问题。私有化和资产清算之间很可能存在着间接的联系；补贴在计划经济中比在市场经济中很可能来得不那么显眼，而且私营业主除非得到补贴，否则不会继续从事仅能招致损失的经营活动。然而理性的计划经济和公开竞争的市场一样，不会让许多国有企业继续处于那种僵化状态中，所以私人或公共管理问题不是事情的本质。最为核心的是寄生性部门和生产性部门之间的冲突。

第十章　达致繁荣所需要的市场类型 P134－155

种类不同的市场/为什么市场无处不在？/错误导向的干预主义是否导致市场几无用处？/社会规划型市场和权利密集型生产/作为繁荣动因的个人权利/回到前言部分

P145　在市场经济中，只有当个人和厂商拥有一套广泛而牢固的个人权利之时，源于贸易的大量重要的收益才会形成，许多重要类型的生产活动才会发生。事实上，超过原始社会所能得到的贸易收益，只能在个人权利既广泛又牢固的环境中才会产生。类似的，至少是在市场经济中，那些不是如此基本以致可以自我保护的生产类型，只能在财产所有权和合同执行十分可靠的条件下才会出现。

P147　部分地由于运气起了很大的作用，因而在所有的地方都存在着某种趋势，将非常高的利润率视为不合理的现象，并且将异乎寻常的损失视为社会性问题，而仁慈的政府应该对其加以解决。这一思路反过来又常常导致了对亏损行业、企业和地区的财政补助。在转型经济中，这些补助是前面某一章中所分析的预算软约束的组成部分。

P147 在个人的水平上，用运气好的人的意外之财来弥补运气不好的人的部分损失，具有道德上的意义。在市场民主体制中，私人保险市场和现代福利国家的社会保障体制对坏运气的受害者进行收入的再分配。我在其他地方说明了，从收入最多的人到收入最少的人的某些消费转移，可以增加社会中的个人的福利和效用。

P150 世界上大部分国家里的收入水平之所以很低，是因为这些国家内民众没有可靠的个人权利。界定清晰的可靠的个人权利，也使得社会从浪费资源的活动向产生净财富的活动转移资源变得更为容易。如果这个社会拥有社会保障体系或社会安全网络以保护运气不佳的个人，这一点就会格外的正确。

【参考文献】

[1] 曼瑟·奥尔森. 权力与繁荣 [M]. 苏长和，嵇飞，译. 上海：上海人民出版社，2005.

[2] 曼瑟·奥尔森. 国家的兴衰：经济增长、滞胀和社会僵化 [M]. 李增刚，译. 上海：上海人民出版社，2007.

[3] 曼瑟·奥尔森. 集体行动的逻辑 [M]. 陈郁，郭宇峰，李崇新，译. 上海：上海人民出版社，2011.

[4] 冯仕政. 当代中国的社会治理与政治秩序 [M]. 北京：中国人民大学出版社，2013.

[5] 戴维·赫尔德. 民主的模式 [M]. 燕继荣，等译. 北京：中央编译出版社，1998.

[6] 约翰·邓恩. 民主的历程 [M]. 林猛，等译. 长春：吉林人民出版社，1999.

[7] 帕特里克·邓利维，布伦登·奥利里. 国家理论：自由民主的政治学 [M]. 欧阳景根，尹东华，孙云竹，译. 杭州：浙江人民出版社，2007.

[8] 埃哈尔·费埃德伯格. 权力与规则：组织行动的动力 [M]. 张月，等译. 上海：上海人民出版社，2008.

十一、《不需暴力的权力——民族国家的政治能力》

[美] 罗伯特·W. 杰克曼　著

欧阳景根　译

天津人民出版社，2005 年

——【作者简介】

罗伯特·W. 杰克曼是美国加利福尼亚大学戴维斯分校著名的政治学理论教授，主要从事政治学理论与比较政治学方面的研究。

——【写作背景】

首先，第二次世界大战以后，反殖民主义和民族主义的盛行催生了一大批民族国家的建立。一方面为这些国家的自主性发展提供了重要机遇，另一方面，众多发展中国家在探索适合自身发展道路的过程中却又面临着政治整合能力不足、社会稳定性较为脆弱等问题，这些问题导致第三世界国家的社会发展面临停滞、混乱乃至长期内部冲突的形势。如何从政治发展的角度进行解释和解决上述问题，是政治学领域不同学者探索和思考的问题。

其次，比较政治学在 20 世纪 50 年代以后逐渐开始对不同国家的政治发展模式进行研究。尤其是面对众多第三世界国家在进行政治发展道路的抉择问题上，不同学者从不同角度进行了阐述。而如何维持政权合法性和推动制度建设问题是第三世界国家面临的普遍问题，杰克曼正是从政权合法性的角度出发，通过整合、汲取不同学者的研究成果，对国家的政治能力进行了研究和阐述。

——【中心思想】———————————————————————

全书包括 1 个序言和 7 章。作者指出："这本书的目标是要澄清一些关系到民族国家政治能力到底由什么构成的问题。这是一个紧迫的问题。……我的基本观点是制度是政治能力的关键。能力是一个程度的问题，但为了它的有效性，制度必须是建构在合法性的基础上。就这一点，我们可以从早期的发展研究中了解到很多东西。这些早期的发展研究提出的问题至少和它们已经解决的问题一样多。"[①] 传统的政治发展理论倾向于把政治发展的理论关注焦点集中在以竞争性选举、多党制为平台的宪政民主制度的建设上，而著名的政治学家塞缪尔·亨廷顿却从另一个角度把政治发展理解为高效的、能确保秩序和稳定的政治制度的创建。然而，如果说传统的政治发展理论对这些问题的理解具有强烈的种族中心主义的倾向与色彩，那么，亨廷顿的以政治参与和制度的调适能力、复杂性、自主性与内聚力为核心的政治制度化理论却又具有过于抽象且缺乏可操作性的缺陷。

与传统的政治发展理论和亨廷顿的政治制度化理论相比，作者在书中提出的考察研究民族国家政治发展的政治能力理论却更具有理论上的普遍意义与可操作性。他从政治能力这一特别的视角提出了研究民族国家政治发展水平的指标体系，提出了比较与评估民族国家政治发展的可操作性的依据，指明了民族国家政治发展的方向——那就是提高民族国家的政治能力。正如作者所言："我在此书中的目的是要探究政治能力的组成要素，并在存在一个可信的国家政治基础之时，来研究我们如何才可能得知和理解。因此本书的主题部分是阐明界定政治能力一般性概念的适当标准。这意味着我首先必须关注概念含义的澄清，而不是关注它的前因后果（当然我会在分析中对后者有所提示）。这也意味着我首先要关注的是理论问题。"[②] 围绕着这一核心内容，作者着重展开了三个方面的论证：

第一，政治能力是政治生活的一部分，是政治发展的核心问题。作者认为，要确定政治能力的概念，必须首先确定政治的概念是什么。传统的观点把政治看成是统治和控制，或者是利益分配，而在作者看来，政治是因利益

---

① 罗伯特·W. 杰克曼. 不需暴力的权力：民族国家的政治能力 [M]. 欧阳景根，译. 天津：天津人民出版社，2005：30.

② 罗伯特·W. 杰克曼. 不需暴力的权力：民族国家的政治能力 [M]. 欧阳景根，译. 天津：天津人民出版社，2005：1.

和价值分配引起的冲突，政治能力就是政府解决冲突的能力，政权用政治手段解决冲突的过程，也就是权力实施与贯彻的过程。

第二，在制度层次上指出了政治能力体现为制度的能力，这又具体表现为作为法律意义上的国家的实际年龄和实行宪政以来的代际更替年龄。作者认为组织生存的可能性会随着组织年龄的增加而增加。因为随着时间的推移，组织已经定型化，组织行为的一般模式得到稳定，个人和组织的角色被固定下来了。因此，作为法律意义上的国家年龄越长的国家，它对环境的调适性也就越强，因而它的生存能力和政治能力也就越强；组织的代际更替年龄越长的国家，它的政治能力也越强。因为，在作者看来，第三世界国家的领袖权威主要是克里斯玛型权威，而这一权威面临的首要任务是要把自己的权威制度化，但新秩序的制度化是一个艰巨的任务。他认为，第一届领袖的顺利继承和继承规则是至关重要的。在一个孕育成功的机制下，随着时间的流逝，领袖职位的继承将更可预见，日后的继承过程也将更加惯例化和制度化。因此，代际更替年龄越长的国家，由于这一惯例和制度已经深入人心，所以在领袖继承问题上会更加稳定。但是，代际更替年龄的前几年和最初的几次领袖继承的意义是最为重要的。

第三，阐述了政治能力的另一个重要方面即政治合法性。作者认为，政治生活的核心内容是权力的实施与贯彻。由于权力具有依存性、相关性的特点，因此，人们在关注组织意义上的制度之外，还必须关注政治领袖激发同意和服从的数量和能力。因为权力实施和贯彻是政治能力的核心，因此，合法性又体现在领袖和政权激发同意和服从的能力上。因为合法性的反面是积累起来的对政治秩序的挑战，而公民通过非正常渠道来挑战政治秩序表明，他们不相信正常渠道能为他们追求自己的政治利益提供一个有效的机制。根据理性人的假设，正常渠道外的挑战，意味着他们估计到他们有机会来获得更高的利益，以抵消非正规政治行为的高成本，而且这种行为说明了，在参与者看来，正常渠道的无效性恰恰表明政权对他们的挑战无能为力，政权也不堪一击。因此它的具体指标是国内冲突的多少。或者说，通过非正常渠道参与政治的程度（主要体现为暴力挑战既存政治秩序的程度）。这样，政权有效地使用政治手段解决冲突（即不需暴力就能解决政治冲突）的能力也就是政治能力的另一个核心问题。政府越依赖暴力手段来解决冲突，就越会损失自己的合法性，它的政治能力也就越低。

作者集中关注的是政治能力各组成部分之间的关系，反对把政治能力的不同要素平均化为一个总体能力的简单指标。因此，作者并没有去建立一个政治能力的分析模型，但是，在他的政治能力的每一个方面都可以建立一个不同的模型。

---【分章导读】---------------------------------------

第一章 政治能力研究的背景 作者对过去 30 年里不同学者关于国家政治能力的研究成果进行了介绍和分析。

首先，在"第一节 早期的发展文献"中，杰克曼认为，20 世纪兴起的反殖民主义运动催生了一大批民族国家。在 20 世纪 60 年代，比较政治学开始对非殖民化条件下各国的政治发展进行研究，并提出了一些新的观点。阿尔蒙德和科尔曼在《发展中地区的政治学》一文中提出了功能主义的研究方法。利普赛特则在《政治人》一书中对经济发展和民主进程之间的关系进行了结论性分析。杰克曼对亨廷顿在《变动社会中的政治秩序》一书中所表达的观点进行了详细评述。杰克曼认为，亨廷顿关于政治制度化的研究，尤其是对秩序和稳定的强调具有重要意义。20 世纪下半叶众多发展中国家建构的过程说明了政治制度的重要性。

其次，在第二节和第三节中，杰克曼对人们关于发展研究的批判进行了介绍和反思。杰克曼认为，一些学者反对在发展研究中对政治秩序的过分强调。政治秩序是必要的，但不能为了强调政治秩序而对其他如道德、经济发展的忽视。世界体系理论学派力图把民族国家放置于强弱国家相互联系的世界体系之中。杰克曼对不同学者关于政治发展的研究理论进行了分析，最后提出写作该书的目的就是为了探究民族国家政治能力的构成问题，认为制度是政治能力的关键，而制度必须以合法性为基础。

第二章 何谓政治能力 对政治能力的相关特性，以及作为合法性制度建立的政治能力进行了分析。杰克曼认为，政治与收入、权力、名望以及声誉等价值性资源分配有着密切关系，而暴力虽然在政治中发挥着重要的作用，但成功的政体并不与暴力有必然的关系。政治能力与制度构建有着重大的关系，制度为权力关系提供了一个运行结构，其以合法性为前提。

第三章 最近的国家和政治能力的研究 对政府规模和国家自主性两个角度对国家力量进行了分析。首先，作为政府规模的国家力量，杰克曼对卡诺伊和鲁滨孙关于国家能力与公共部门规模的关系进行了评述。卡诺伊把国家定义为公共部门，国家力量等同于政府规模，政府规模则是由公共部门进行界定和衡量。杰克曼认为与卡诺伊相比，鲁滨孙"把政府制定规则和控制经济活动的能力与国家力量等同起来"①。杰克曼对世界银行提出的、萨默斯和赫斯顿提出的以及美国军控和裁军委员会提出的三种度量公共部门规模的方法进行了介绍。他通过对不同国家的公共部门规模进行分析，最终得出国家能力与公共部门规模并不具有一致性的结论。其次，关于作为国家自主性的国家力量，杰克曼认为其源于马克思和韦伯等人的观点，在这类观点中，国家是产生政治冲突的舞台。

第四章 制度与政治能力 着重界定与这一问题相关的制度的特定组成部分。杰克曼认为组织年龄有两个组成部分：实际年龄和代际更替年龄，并认为与组织年龄紧密相连的惯例化是政治能力的关键要素，而且组织年龄也需要根据实际年龄和代际更替年龄的标准来加以考察。

杰克曼对韦伯关于组织的观点进行了分析。韦伯认为规则是组织的核心，尽管组织牵涉行为的规律性或"社会行动的规范化"问题，但是组织的内涵并不这么简单。组织由深深植根于一套规则中的规律性和稳定性组成。从行为者认可了这些规则的价值这一意义上说，组织是有效率的。韦伯认为"当大多数行动者认可了规则的价值时，社会秩序可以说是具有合法性的②"。在韦伯的视域下，国家政治能力指人们对国家法律秩序和规则的接受程度。韦伯总结出三种权威形态，即合理合法权威、传统权威、克里斯玛型权威。

随后，作者具体论述了关于组织的实际年龄和代际更替年龄，对老的组织和新的组织进行了考察，认为假定环境是相对稳定的，那么随着组织年龄的增长，组织将形成一个集体性的记忆。这将为组织提供一整套组成技巧的惯例。

杰克曼认为"代际更替年龄是指政治秩序中占据最高领导位置的具体的数字"③，代际更替年龄更多的是对领袖个人的关注。在一个国家的政治秩序中，领袖个人与政治制度、政治秩序有着非常紧密的联系，这种个人领袖权威的政治形态构成了克里斯玛型权威，这种权威处于不稳定的状态，面临的一个重大问题是如何实现制度化，进而建构新的政治秩序。

---

① 罗伯特·W. 杰克曼. 不需暴力的权力：民族国家的政治能力 [M]. 欧阳景根，译. 天津：天津人民出版社，2005：65.

② 罗伯特·W. 杰克曼. 不需暴力的权力：民族国家的政治能力 [M]. 欧阳景根，译. 天津：天津人民出版社，2005：95.

③ 罗伯特·W. 杰克曼. 不需暴力的权力：民族国家的政治能力 [M]. 欧阳景根，译. 天津：天津人民出版社，2005：110.

最后作者做了小结，指出组织年龄对国家政治制度能力如何施加影响，这种施加影响的方式有何重要性，并且表明了自己的研究在总体上是借用韦伯对组织的研究成果基础上来展开的。他认为，"代际更替年龄的意义源于制度化对于政治能力的中心地位和这一事实：它是一个把我们的学术注意力重新引向领袖职位继承过程的惯例化和制度化的东西"[①]。

第五章 合法性和政治能力 作者指出，既然组织年龄能减少但并不能消除组织的脆弱性，我们就需要扩大我们对国家政治能力的认识。这种认识的扩大包括对政治能力其他因素——合法性——的明确关注。杰克曼认为，"合法性是政治生命力的根本性、决定性的因素，因为它反映了那些寻求统治（也就是说，实施权力）的人为被统治者接受和认可的程度。它限定了统治者和被统治者之间的关系的性质"[②]。杰克曼把合法性置于政治能力的中心地位。合法性表现为一个社会中的大多数人对某一政权的大规模服从，它体现了公民对政治秩序的认可和信任。杰克曼认为，民族主义是现当代国家政权合法性的重要来源，而对民族身份的诉求导致许多国家民族认同的脆弱性和松散性，从而对国家制度的合法性构成了一定的威胁。因此，"总体上来说，种族是国家政治能力问题的核心，尤其是合法性问题的核心"[③]。杰克曼认为在民族主义高涨的形势下，合法化包括合法性的创造以及合法性的灌输两个方面。在不同国家向现代社会转型过程中，新的国家共同体认同逐渐代替了旧的地域性忠诚观念。这一取代的过程是艰难的，因为会遇到顽固的种族因素的束缚。第二次世界大战以后，民族主义作为反殖民主义的意识形态和实践诉求，在为众多国家带来政治独立的同时又埋下了种族分裂、国家内战的种子。杰克曼认为社会流动对于种族政治而言也极为重要。尤其是随着电子媒体的发展，社会流动能力的增强为政治动员提供了极大的动力。总之，民族主义是许多国家政权的合法性的重要来源，它促使了民族政治的合法化，并标明政治合法性与价值有重要关系。而由于国家内部不同集团利益的冲突，政治合法性的构建是一个不断变动和持续的过程。在关于物质暴力的使用上，杰克曼认为国家具有使用暴力等强制手段的能力，他通过对不同学者思想的阐述，

---

① 罗伯特·W. 杰克曼. 不需暴力的权力：民族国家的政治能力 [M]. 欧阳景根，译. 天津：天津人民出版社，2005：120.

② 罗伯特·W. 杰克曼. 不需暴力的权力：民族国家的政治能力 [M]. 欧阳景根，译. 天津：天津人民出版社，2005：122 - 123.

③ 罗伯特·W. 杰克曼. 不需暴力的权力：民族国家的政治能力 [M]. 欧阳景根，译. 天津：天津人民出版社，2005：130.

对国家的物质暴力手段进行了归纳概括，并提出国家的政治能力与使用暴力的程度是反比的关系，暴力并不是国家权力和权威的外在表现，一旦国家对暴力使用产生长期和连续的依赖性，表明国家开始丧失其权力的合法性。由于"合法性的反面包括积累起来的对政治秩序的挑战"①，杰克曼对政治秩序的挑战进行了两个层面的分析，一方面，对现有政治秩序的挑战来源于内部政权的内部，而且在政权主导者不对挑战者进行镇压的条件下，这种挑战是合理的、有效的。另一方面，来源于正规的政治制度之外的挑战则具有"非正规、不合法"的形式，其包括非暴力的抗议活动乃至全方位变革的革命行为。杰克曼对第二种挑战形式的原因、意义等进行了分析。

第六章　国家政治能力的度量　这一部分，作者认为，组织年龄与政治合法性有着密切的关系，而且组织年龄是可以度量的，杰克曼对制度的实际年龄和领导人的代际更替年龄进行了分析。杰克曼首先采用了布莱克和拉斯托选定的国家的组织年龄的估计的表格，从两个角度进行了分析。"拉斯托的那些标准就是从法律意义上来界定的，而布莱克采用国家现代化领袖巩固这一进程对国家进行分析，是把国家当成一个政治单位来分析的。"② 杰克曼认为这种区分是重要的，"因为作为法律实体的国家具有明显的持久性，但这并不等于它的宪政秩序也有着相同的寿命"③。作为法律实体的国家是作为政治实体的国家的前提条件，但是二者并不是等同的。法律意义上的国家的建立意味着政治秩序的逐步完善，这为其以后的重大政治转型提供了必要的连续性，而这种连续性在新型民族国家那里是不足的。杰克曼认为，"对民族国家实际年龄的度量应该包含两个反映它们的年龄的组成部分，即法律实体意义上的实际年龄和宪法政治意义上的实际年龄"④。杰克曼通过整合不同学者的观点，对不同国家的实际年龄以及作为民族国家的年龄进行了分析。杰克曼接着对国家政治领袖的代际更替年龄做了度量，对领导职位的继承问题，特别是对新兴国家的这个问题做了集中的研究。接下来，杰克曼总结了制度年

① 罗伯特·W. 杰克曼. 不需暴力的权力：民族国家的政治能力 [M]. 欧阳景根，译. 天津：天津人民出版社，2005：147.

② 罗伯特·W. 杰克曼. 不需暴力的权力：民族国家的政治能力 [M]. 欧阳景根，译. 天津：天津人民出版社，2005：162-163.

③ 罗伯特·W. 杰克曼. 不需暴力的权力：民族国家的政治能力 [M]. 欧阳景根，译. 天津：天津人民出版社，2005：163.

④ 罗伯特·W. 杰克曼. 不需暴力的权力：民族国家的政治能力 [M]. 欧阳景根，译. 天津：天津人民出版社，2005：165.

龄数据的特征，通过几个不同的图表认为法律年龄和代际更替年龄的差别对于组织能力的评估有着关键的作用。

杰克曼对合法性做了度量，对于政府而言，一旦行使了物质暴力手段便意味着其政治能力的削弱。杰克曼对测量官方使用暴力的方法以及暴力挑战者的度量进行了探讨。在处理数据如何反映官方的暴力使用和对权威挑战的严重程度时，杰克曼提出必须重视几个问题，即可靠性、有效性、数字集成和可能的资料标准化问题。

第七章　结论　对整个研究做了一个大体的总结和梳理，强调如果人们真的关注政治能力，那么他就会发现控制战略将产生相反的结果。相反，对于新兴国家而言，合法性倒是一个需要迅速最大限度地予以加强的东西。决定使用压制手段是政权可用的基本方法，而最大限度地扩大合法性则意味着它们可以避免物质强制手段的使用①。它提醒我们，大多数国家的政治秩序是脆弱的，而这有助于解释当今许多国家政治衰弱的原因。

── 【意义与影响】────────────────────────────

该书共计 19.5 万字，中译本由天津人民出版社于 2005 年 5 月出版。作为一本比较政治学和政治经济学方面的学术著作，该书是密歇根大学出版社出版的"政治的分析视角"丛书中的组成部分，其意义和影响主要表现在以下几个方面：

首先，该书是比较政治学自 20 世纪 70 年代以来最具启发意义的著作之一，为人们研究国家政治能力提供了一个新的研究视角和研究方法。国家政治能力是一个现代社会是否能够实现稳定、持久和健康发展的重要支撑。杰克曼通过对不同学者的思想进行比较和分析，认为国家政治能力问题的核心是合法性和制度构建，并对国家的制度年龄以及为维持统治所采取的手段进行了分析。这一思想为人们认识和把握不同国家在政权构建过程中所遇到的问题及解决途径提供了必要的思考。

其次，该书集中关注了政治能力各组成部分之间的关系，反对把政治能力的不同要素平均化为一个总体能力的简单指标。作者的逻辑性非常强，在此书中给了我们一种观察政治与分析政治的全新启发。把政治能力当成政治

───────────────────

① 罗伯特·W. 杰克曼. 不需暴力的权力：民族国家的政治能力［M］. 欧阳景根，译. 天津：天津人民出版社，2005：209.

发展的核心内容，这有利于纠正国内外政治学者把政治发展等同于或者简化为民主化的片面性的理解。并且事实上为广大的新兴国家的政治建设提供了重大的理论支持，单凭这一点，他的这一著作就是一部值得政治学从业者与爱好者仔细阅读的具有重大理论意义的学术著作。但是杰克曼以政治能力为基石的政治发展理论也同样有着许多理论欠缺，比如他在观察政治能力时，把政治能力等同于政权层次特别是中央政府层次上的政治能力，而完全忽视了社会层面上的政治能力，没有社会层面上的政治能力支撑的政府的政治能力是不完全的政治能力。他的这一理论欠缺也就完全暴露出了他的政府中心主义的理论倾向，对社会的漠视其实在某种意义上不能不说是对作为个体的"市民"与作为政治人的"公民"权利的漠视。但无论如何，本书仍然是一本非常成功的学术著作，在比较政治学乃至政治哲学领域做出了很大的贡献。

最后，该书为我们从其他视角分析和思考政治事务提供了新思路。人们观察和分析政治事务有很多的切入点和观察问题的视角。从不同的角度观察同一对象，得到的就是该对象的不同层次、不同侧面的图景。作为一个从政治能力分析政治事务的视角，应当说是新颖的和具有开创性的。但如果作为一个学者，作为一个探究事物真理的探路者，更应该思考是否还有其他视角全面系统地分析政治事务。只有这样，才能不断发现真理，才会不断推动社会前进。这也是该书给予当代学者的重要启示。

── 【原著摘录】 ──────────────────────

第一章　政治能力研究的背景 P1－31

P22　对二战后政治发展研究的简要回顾让我得出了一个完全不同的结论，那就是我们的研究兜了一个圈子。尽管很少有人承认，当前对国家的研究与60年代对政治发展的早期研究有着许多共同点（Binder，1986有相近的结论）。特别是国家中心（State-centered）而非社会中心（Society-centered）的观点与亨廷顿对政治制度自主性的强调有着惊人的相似之处。

第二章　何谓政治能力 P32－59

P46　暴力尤其是在局势危急的时期能发挥明显的作用……这些时期使用暴力有着显著的不同，也就是说，它们是在出现政治权威模糊不清或没有得到明确的情况下才使用的。在类似的情境中，使用暴力可能有助于促成问题的政治解决。但是，借助军事手段来解决问题并不自发形成问题的长期政治解决。

P46　尽管权力和暴力之间的基本区别相对简单，但这一区分并没有使人们对政治能力有多深的了解。许多学者置代议制、民族自决权已成为证明现代民族国家合法的意识形态的核心要素这一事实不顾，仍过于强调暴力在当今政治中的作用。

P50　我们并不认为仅仅因为暴力在现代国家的建构过程中发挥了重要的作用，它在现代国家的统治和发展时期暴力依然会发挥同等重要的作用。面对着那些能成功地实施权力或权威的政体，当今的民族国家到处面临着扩大政治参与的挑战。权力和暴力的区分是一个简简单单的区分，但它对政治生活的意义和影响却是广泛的而又深远的。

P53　如果政治只是指物质暴力的使用，那么合法性的论题也就毫无意义。但是一旦我们承认权力是政治的中心，承认权力必定是相关性的（Relational），那么很明显，制度只有在它们被普遍认为是合法的情况下才能取得成功。……对合法性的分析才是问题的关键，因为它把我们的注意力引向这种关系的实质。此外，如果我们认为成功制度的要素之一是这一制度的长期稳定，那么合法性也必须具备稳定性。

P59　许多早期的研究的主要缺点是发展的定义过于宽泛。……这种无所不包的观点的危险在于政治发展这一概念成了一个一无是处的钝器。我对政治能力能被简化为一个单向度的概念深表怀疑。如果要使这一问题变得容易些，我们就需要有一个化约的、限定更为严格的研究方法。

第三章　最近的国家和政治能力的研究 P60—93

P65—66　即便如此，这一概念仍然遗留两个主要的问题。其一，如果我们承认公共部门的规模是国家力量的体现，那么在选择可行度量标准之时还有很大的实际困难。其二，更为根本的是，它将导致在公共部门和私有部门之间做出区分的更大的困难。

P76　公共消费和私域消费的区分很难继续下去，甚至我们把注意力限定在那些最容易做出这种区分的经济形态中也是如此。

第四章　制度与政治能力 P94—121

P96　由于政治权力的相关性、依存性（Relational），它与政治暴力有着较大的差别。然而权力最终要借助暴力（最少是含蓄的暴力威胁）来维持，暴力的运用又引起权力的损失。当权力被广泛视为具有合法性的时候，权力的实施也要容易些。在这种情况下，包含了对违规行为实施惩罚的法律同时制约着各个组织，但是，如果人们把那些法律视为合理的"惯例和习惯"，法律也就更为有效。然后，在惯例得到法律的支持的前提下，政治组织把规则内化为惯例和习惯。

P102 从整体的层次上讲，韦伯对克里斯玛型权威的探讨又将我们的注意力引向了发展的时间（Timing）问题。我已经指出，韦伯的合理合法型权威和传统权威的一个基本的特性是这种权威需要漫长的时间才能创建。这说明国家政治制度的实际年龄（Chronological Ages）是测量这些权威类型效用的一个主要标尺。同样，克里斯玛权威这一概念也使我们必须关注新秩序下的领导权力继承和制度建设的问题，鉴于新兴民族国家的绝对数字，这一问题关系非常。

P120 由于克里斯玛型权威强调个人因素，这样，它与惯例化、程序化形成鲜明的对比。于是，在创建新秩序上，克里斯玛型权威最为重要，但这种权威生来就注定短命。当克里斯玛型权威演变成世袭性的统治时，刚刚形成的惯例和制度仍然保留有个人基础。

第五章　合法性和政治能力 P122－157

P123 当我们扩大我们的研究范围，把国家当成是一个拥有不同程度的国内政治能力的政治单位时，年龄对合法性的影响就会变得更不明确了。

P128 民族主义只是种族身份的其中的一种形态。二者都是一种边界不定的、一定认识和意识层次上的集团，任何一方都不比另一方更为具有任意性和传统性。因为民族边界的变化不定以及所有的民族国家在不同程度上说都是多种族的，国家政治制度的合法性问题常常是一个持续性的问题。

P130 但是民族主义不只是一种种族的体现形态。很早以前，民族主义就像今天一样获得了它们的政治意义。

P132－133 在民族国家背景中，合法化进程包括合法性的创造和在普通居民中对它进行灌输。

P137 我并不是说种族性是民族国家冲突的唯一基础。本世纪发生的一些主要的革命运动都是清楚地受其他因素所驱动。民族主义只不过是种族性的一种形态，仅仅在寻求象最高共同体（指主权国家）那样的终极最高认可的意义上，它才显得比较特别，这一事实有助于解释为何在近期的政治史中，种族冲突那么突出。这一事实还告诉我们，作为国家政治制度合法性的关键所在的国家认同，只不过是种族认同的一种特殊的情况。在涉及归属问题的原始情感这一基础上，创造传统和合法化传统（即价值观念的灌输）的矛盾明显会使这一进程坎坷曲折、充满风险。

P138 对于新兴国家来讲，必须形成一种"有共同的过去的认识"。在很多情况下，非殖民化运动通过创造本土的政治领袖和政治组织——这在独立后又成为民族主义的、一党制的基础，本身就为自己提供了部分必备的共同历史。或许更重要的是，非殖民化运动对确定共同的外部威胁很有帮助。外部威胁，当然强化了"我们对他们（Us-versus-them）"的感情，而这种感情是种族集团和初生国家——它们正是通过排他性原则和区别原则才与其他集团划清界线——的特征（Armstrong，1982，chap.1）。这些东西是帮助建立"政治宗教"（Political Religion）的基础和关键，这一"政治宗教"通过把政治秩序象征为一个全体性的实体，通过区别"善良的"和"丑恶的"，通过认定现任领袖是好领袖并把他们和作为总体的政治秩序联系在一起，总之，这一政治宗教通过以上种种手段使得国家合法化。

P139 并非所有的对政治秩序合法性的挑战都建立在种族基础上。但是，种族挑战成为现代民族国家（大多数仍然保留有多种族）的一个持续性的特定问题。把民族主义视为种族性的一种形态，正是为了强调和突出政治合法性的关键的组成部分。

首先，合法性不是一个极端性的东西。……合法性是一个持续性的过程。

P140 民族主义和种族性之间的关联告诉我们，合法性总是与价值有关。特别的是，国家政治秩序被视为可靠可信的程度取决于它们被国民接受的程度，取决于相关人口认同它们的程度。既然政权能够采用各种策略来使自己合法化，这些价值的形式和内容在各种情况下也可能发生很大的变化。这样，一个政治秩序的合法性就不能根据这个政治秩序的形态——民主的、社会主义的或民族主义的——来作出判断。

P140 既然政治指的是权力或权威的实施，那么随着和平、平静地解决问题的能力的加强，合法性也就得到加强。这样，政治体制的合法性就应根据解决它们冲突的能力来判断，这种冲突的解决应该是对实际的或潜在的对手不使用暴力手段，同时不动员别人来反对或抵制自己的竞争对手。

P147 为追求政治目标（尽管有些政府使用这一策略比其他的政府更为频繁），很少有政府会完全放弃物质强制策略的使用。但是这只是用另一种方式来表明这一观点：合法性总是一个程度的问题，而且永远不能被理解为一个极端性的东西。

第六章 国家政治能力的度量 P158—199

P162 作为被理解为法律单位的国家，在近年来它已被证明是非常持久的（也就是说，它们总的一直持续存在，它们的边界也纹丝不动），缺乏政治能力或许是它们最显著的特点，但即使在这种情况下，它们也是同样具有持久性的。

P165 对民族国家实际年龄的度量应该包含两个反映它们的年龄的组成部分，即法律实体意义上的实际年龄和宪政政治意义上的实际年龄。

P166 测量法律实体意义上的国家的实际年龄，我采用拉斯托的新颖的观点（Rustow，1967，P292－293）。如果按照他的观点，那些在1775年之前就已取得政治主权的国家被单独看成是一个团体，并且好像1775年就是它们取得独立的时间。……对那些在1776年到1966年（拉斯托研究期限的最后一年）之间取得独立的国家，我一般采用拉斯托的数据。

P167 我对当前的政治秩序年龄的数值——或者用杰克逊和罗斯伯格的话来说，经验上的国家的年龄（Jackson，Rosberg，1982a）——是指在1985年年底前宪政形式被有效推行的那个年份。

P187－188 对暴力或挑战严重性的度量，它的最好的单一的变量只能是政治暴力的死亡人数。这一方法至少有三个优点。第一，单一变量比复合变量更具有解释力。死亡人数的统计更不易于变得模糊起来（上文分析的），因为它们体现了集体事件的严重程度和明确的政治意义。虽然死亡人数中有些人是死于集团间的暴力，但他们的大多数是因官方或非官方的政府代理人而死。其次，如果我们把暴力挑战想象成一种对参与者来讲具有很高潜在成本的行动，那么死亡人数是实际支付成本中的最直接有效的数字。最后，从更为现实的意义上来说，有各种证据表明，因为死亡人数的可见性，它们比其他在希布兹看来更为特别的事件（比如暴乱和武装进攻等）更具有新闻价值。因此它们常常得到更为完全的报道。

P197 简单地概括，有关合法性的资料可以用不同的方式来加以处理。特别的是，应该采取什么最佳方式来对这些资料进行综合将取决于特定的分析目标。不管是通过人口规模还是先前的合法性程度来实现，对资料的标准化、规范化的问题也是如此。尽管他们难免有误差和错误，但是这些资料表明了那一时期民族国家政府及其挑战者的暴力使用情况。

P198 许多早先关于发展的研究方法，并没有以一种易于进行系统性的度量的方式来进行，而当今关于国家力量（Strength）的研究已经巧妙地避免了这样一个度量上的问题。我的观点是建立在这一看法的基础上：这样一种策略会产生相反的结果。以一种持续的方式来衡量一个概念（或者根本不是衡量它）是准确的，但它更容易导致一种虚假的认识并得出一个虚假的结论。

─【参考文献】────────────────────

[1] 罗伯特·W. 杰克曼. 不需暴力的权力：民族国家的政治能力 ［M］. 欧阳景根，译. 天津：天津人民出版社，2005.

[2] 顾关福. 战后国际关系（1945—2010）［M］. 天津：天津人民出版社，2010.

[3] 弗里德里希·梅尼克. 世界主义与民族国家 ［M］. 孟钟捷，译. 上海：上海三联书店. 2012.

[4] 埃里克·霍布斯鲍姆. 民族与民族主义 ［M］. 李金梅，译. 上海：上海人民出版社，2006.

[5] 安东尼·史密斯. 民族主义：理论、意识形态、历史 ［M］. 叶江，译. 上海：上海人民出版社，2011.

[6] 戴维·米勒. 论民族性 ［M］. 刘曙辉，译. 南京：译林出版社，2010.

[7] 塞缪尔·亨廷顿. 文明的冲突与世界秩序的重建 ［M］. 周琪，译. 北京：新华出版社，2010.

[8] 弗兰克·J. 古德诺. 政治与行政：一个对政府的研究 ［M］. 王元，译. 上海：复旦大学出版社，2011.

十二、《硬权力与软权力》

［美］约瑟夫·S. 奈 著

门洪华 译

北京大学出版社，2005 年

——【作者简介】——

约瑟夫·S. 奈生于 1937 年，1958 年于普林斯顿大学获公共事务学学士学位，1960 年获英国牛津大学哲学—政治学—经济学硕士学位，1964 年获哈佛大学政治学博士学位，毕业后留校任教。1977—1979 年出任卡特政府的助理国务卿。1993—1994 年任克林顿政府的全国情报委员会主席。1994—1996 年任美国助理国防部长。现任哈佛大学肯尼迪政府学院院长，他在国防、外交、情报部门和学术单位之间几进几出，在政界、学界都有重大影响，被公认为顶级的国际政治理论家和教育家。

约瑟夫·S. 奈的主要著作有《软权力：世界政治制胜之道》（2004 年）、《权力游戏：华盛顿新篇章》（2004 年）、《权力与相互依赖》（1977 年，与罗伯特·基欧汉合著）、《注定领导：变化中的美国实力特性》（1990 年）、《理解国际冲突：理论与历史》（2000 年）、《美国实力的悖论：为何世界唯一超级大国不能一意孤行》（2002 年）、《核伦理》（1986 年）、《全球化世界的治理》（1999 年，主编）、《冷战之后：1989—1991 年的欧洲国家战略与国际制度》（1993 年，主编）等。

──【写作背景】──────────────

本书是国际关系领域著名学者约瑟夫·S. 奈过去近 20 年撰写的主要论文的结集。

约瑟夫·S. 奈对软实力的重视由来已久，他最早提出这一概念可追溯到 1989 年。当时美国的学术界、思想界和舆论界正在就"美国是否走向衰落"这一命题进行一场规模浩大的论战。在为数众多的参与者中，最引人注目的是观点和立场针锋相对的两个重量级学者：耶鲁大学的历史学家保罗·肯尼迪和哈佛大学的国际关系理论家约瑟夫·S. 奈。辩论的导火索源于保罗·肯尼迪于 1986 年出版的《大国的兴衰》。在这本为他带来了世界性声誉的著作里，他详细考察了自从威斯特法利亚和约以来，四百多年的国际关系发展史，特别是大国兴衰史，得出了一个规律性的结论：大国会因为"过度扩张"而最终走向衰落。16 世纪的葡萄牙如此，17 世纪的荷兰如此，18 世纪的法国如此，19 世纪的英国还是如此。他在书中不无忧虑地指出，今日的美国也难逃这一历史定律。时值《广场协议》之后，日元大幅度升值，掀起日本"购买美国"的狂潮，美的制造业正面临着来自日本和德国的强大竞争压力，肯尼迪的预言在当时的美国刮起了一股"美国衰落论"的旋风。

然而，三年之后的 1989 年，一直在默默关注这场讨论的约瑟夫·S. 奈出版了《注定的领导》一书，对"美国衰落论"进行了有力的回击。他认为，即便是承认美国的相对实力确实不如二战刚刚结束之时，但美国仍然拥有世界上最强大的教育和科技体系，最具有吸引力的多元文化、民主制度和意识形态，这种新型的软权力是美国在未来世界政治中制胜的法宝，21 世纪的美国仍将"注定领导世界"。正是在这本书中，约瑟夫·S. 奈首次提出了"软权力"的概念，以此来分析国际政治中权力性质所发生的变化。就在《注定的领导》出版不久，国际格局经历了一场前所未有的变革：苏联解体，东欧剧变。与此同时，日本从 1993 年开始陷入了泡沫破灭之后的经济泥淖之中，而西欧经济也因为德国发动机的失灵，一度步履蹒跚。相反，曾被预言正在走向"衰落"的美国却迎来了"克林顿繁荣"，美国新经济在信息高速路上扶摇直上，纳斯达克成为度量世界经济发展的新的指标。

──【中心思想】──────────────

全书的中心内容主要包括以下几个方面：约瑟夫基于冷战以来的美国国

际政治实践，提出美国在冷战以后可以在发挥强大的政治、经济和军事力量的基础上，继续发挥美国所特有的大众文化和高尚文化等软实力，在推动国际政治制度建设的过程中维护全球的利益，充分发挥美国的国际政治影响。

首先，作者最早明确地提出并论述了软权力思想，他所说的软权力主要包括文化吸引力、意识形态或政治价值观念感召力及塑造国际规则和决定政治议题的能力。软权力思想的基本内涵在约瑟夫·S. 奈 1990 年出版的《注定领导世界》中已经得到了比较清晰的表述，他后来所发表的相关文章和著作基本上都是在重复 1990 年提出的观点，但是对此也有所补充和扩展。特别是他在 2004 年出版的新著《软权力：在世界政治中获得成功的途径》一书中，除对过去阐述的有关软权力思想进行比较系统的梳理和更为清晰的表述外，还就其他行为体所拥有的软权力及软权力的量化分析等新的问题做了一些阐述与分析。软权力思想提供了一种分析国家在国际舞台上的权力地位之重要思路，它引导人们关注那些抽象和非物质性的权力因素，有助于人们克服那种过于依赖物质性权力来界定国家权力的物质主义和简单化的倾向。软权力思想既有创新意义，在一定程度上也是对传统权力思想的继承，因为传统权力思想既重视具体和物质性权力因素，也关注抽象和非物质性权力因素。

其次，作者认为当代社会很多事情并不是靠硬权力就能够解决的。在作者看来，硬权力主要指军事实力和经济实力，硬权力可用于要求他者、改变自己。软权力是有吸引力的文化、政治价值观和政治制度、被视为合法的或有道义威信的政策等，吸引民众，而不是迫使他们改变，使他们做你期望他们做的事情。实质上，很多事情靠硬权力不仅不会得到解决，而且会有很大的副作用和后遗症，2003 年的伊拉克战争对美国来说就是如此。

最后，作者阐释了科技革命对于社会政治的影响，如何在全球化背景下使硬权力与软权力相得益彰，更好地发挥国家的主导作用。一个世纪之前，新出现的廉价电力促使真正的大众传媒和广播的到来，随即造成了巨大的社会和政治影响。这一历程为当今信息革命可能的社会和政治影响提供某些借鉴。它开创了大众文化的时代。大众传播和广播（不包括电话）有着集中化的政治影响。而信息更为扩散，即使对处于媒体地方化时代的民族国家而言，信息也更容易受到权力中心的影响。但在全球信息化时代的今天，软权力相比过去而言更加重要。

作者指出，成功不仅有赖于国际机制和均势，还取决于那些有可能破坏国际体系的国家的国内政治发展。国际关系最引人深思的问题之一是国家如何学习，通过对昔日大战的剖析，探究我们时代大战的根源及其预防。

───【分章导读】───────────────────────────

全书分为引论和 3 编共 4 部分。首先，在引论中，作者对自身的学术生涯进行了简单回顾，并阐述了软实力在国家发展中的重要作用，"概言之，作者强调了理论与实践密切结合的重要性、国际关系研究继承与发展的辩证关系、昔日探索对促进国际关系研究的重要意义"[①]。

第一编　超越现实主义　包括第一、二、三、四章。

第一章　新现实主义与新自由主义　首先阐述了 20 世纪七八十年代国际形势的变化、现实主义与自由主义的传统争论，指出学者们过分强调了现实主义与自由主义之间分歧的尖锐性，而实际上两种理论的研究方案是互补的。作者认为，自由主义关于区域一体化、国际机制的研究并没有受到应有的重视，肯尼恩·华尔兹所著《国际政治理论》重申现实主义，对相互依赖文献的重要性明确表示怀疑。正是在这样的背景下，明确遵从自由主义传统的《贸易国家的兴起》和对新现实主义进行批评的《新现实主义及其批判》两本著作的出版，给比较和评判新现实主义、新自由主义提供了范例。

同时，作者概述了新现实主义代表人物肯尼恩·华尔兹的主要观点、新自由主义等流派学者对他的批评以及罗伯特·吉尔平等其他新现实主义学者的新观点，并以此为基础剖析了自由主义的复兴。在作者看来，国家通过对其环境的结构变化做出反应来学习；依照博弈理论的术语，它们改变自己的行为，以适应报偿矩阵的变化。当相互利益或长期的未来预示着合作带来巨大回报之时，国家也可能为追求利益而采取新战略。在这种情况下，现实主义者承认合作可以通过学习达到。尽管它有时就国家行为变化做出了令人满意的简洁解释，但却常常不完整，因为它极少关注利益本身如何形成或重新界定。它并没有说明为什么相继政府或不同领导人以完全不同的方式看待同样的情势。国家按照自我利益采取行动的说法不过是一种赘述而已（或将"变化"仅仅视为手段的变化），除非我们能够为这些利益如何被认识和界定提供合理的解释。现实主义和自由主义都有益于这样的解释[②]。罗斯克兰斯著作包含着自由主义的启示，但没有提出与华尔兹的新现实主义相比肩的自由

───────────────

① 约瑟夫·S. 奈. 硬权力与软权力［M］. 门洪华，译. 北京：北京大学出版社，2005：1.

② 约瑟夫·S. 奈. 硬权力与软权力［M］. 门洪华，译. 北京：北京大学出版社，2005：17.

主义理论。在此基础上，作者强调有必要更加关注自由主义与现实主义相关联的途径，认为新现实主义或许是结构层次最适宜的体系理论；而新自由主义则常常在进程层次开花结果。当前恰逢超越国际政治现实主义理论和自由主义理论传统对立的时机。每一种理论都对研究议程有所贡献，并增进对国际行为的理解。作者还准确地预见到 20 世纪 90 年代两种理论传统的融合。

第二章 昔日战争与未来战争：关于战争根源及其预防的探索 这一部分，通过对政治学和历史学视角的比较，对几篇关于战争根源及其预防的文章进行评述。约瑟夫认为，"历史学研究的是仅仅出现一次的各种事件；政治学则是对这些事件的概括"[①]。无论是历史学家还是政治学家，他们力图通过不同方式对过去战争根源的概括，进而实现对未来战争的预测。约瑟夫对华尔兹、麦斯奎塔、吉尔平、列维、杰维斯、奎斯特等人的理论进行了评述，认为历史学家和政治学家对战争根源及其预防的理论具有互补性。

第三章 伦理与外交政策 作者认为，美国的外交政策具有道德伦理性。这种道德伦理性招致了褒贬不一的评价。在国际政治领域，伦理行为的界定和执行更为困难，由于国际制度和秩序的虚弱性，因此，人们应该避免简单地把适用于个人的伦理道德施加于国际政治领域。而在对道德观点进行判断的，普遍存在"单向度伦理"的情况，这"容易达成共识的是，从三个方面对一个行为道德质量的优劣做出判断：邪恶的动机、顽劣的手段和顽劣的结果"[②]。因此，在国际领域中的道德推理，其目标、手段和结果都是非常重要的，人们应该重视道德伦理与外交政策的关系。约瑟夫力图从政治家、公民等角度对国家对外干涉的道德推理进行研究，他对现实主义、国家道德主义和世界主义三个思想流派进行了比较研究，提出把现实主义和自由主义的观点有效结合，进而避免国际政策中道德推理的单一性。

第四章 冷战后的冲突 约瑟夫首先指出，现实主义和自由主义都对战争的起源进行了解释，这种解释对于理解战后的冲突有重要意义。现实主义把战争的根源归结为权力转移、均势失衡以及对盟友、领土和其他权力资源的竞争，而自由主义者则力图从国内结构、价值观念、认同、文化以及国际制度等方面探寻战争的根源。为二者都有一定的道理，他基于二者的分析，提出全球政治在冷战之后是处于一定的均势的。同时，在这一均势环境下，

[①] 约瑟夫·S. 奈. 硬权力与软权力 [M]. 门洪华，译. 北京：北京大学出版社，2005：31.
[②] 约瑟夫·S. 奈. 硬权力与软权力 [M]. 门洪华，译. 北京：北京大学出版社，2005：50.

权力转移导致了中国与俄罗斯两大国的不确定性。而真正对国际政治有影响的冲突则在于地区国家冲突、种族独立。约瑟夫对对立种族之间冲突的可能性及其后果进行了分析，认为由于美国拥有强大的经济、军事实力以及先进的民主制度，因此，美国在预防与制止冲突必须发挥关键性作用。

第二编　美国的硬权力与软权力　包括第五、六、七、八章。

第五章　软权力　作者认为，随着冷战的结束，世界政治权力发生了很大的变化，大国不能仅仅依靠军事力量和征服来实现自身的国际政治目标，技术、教育和经济增长因素在国际权力中的作用愈加重要。"美国要面临的问题与其说是另一个大国日益增长的挑战，还不如说是权力的普遍扩散。"[①] 随着全球政治出现多元化的趋势，美国一方面不能放弃对军事力量均衡关注的传统，另一方面则要依托相互依赖理论，在相互合作中维护自身的国际政治地位。约瑟夫对导致冷战之后世界权力分散的因素如通信和交通的发展，跨国公司的发展，核武器等新军事武器的出现进行了分析，提出在国际政治中，"新的权力资源——如有效交流的能力、发展和运用国际制度的能力等也许会更为重要"[②]，国际权力正在向软权力和无形化发展。而国家凝聚力、普世性文化、国际制度以及信息资源等软性的同化权力与硬性的指挥权力一样重要。同化权力就是软文化，即文化与意识形态的吸引力。约瑟夫把同化权力定义为"是一个国家造就一种情势、使其他国家仿效该国发展倾向并界定其利益的能力"[③]。跨国公司、美国文化等共同构成了美国的软文化实力。

第六章　世界权力性质的变迁　首先对权力、均势和霸权等几个术语进行了概念界定。约瑟夫认为权力是难以衡量的，有学者提出用其他人的行为变化作为衡量权力的标准，在这一标准下，对权力的把握关键在于资源，而资源转化为有效影响力的过程是负责的，尤其是随着历史的发展，在不同社会发展阶段，权力资源具有差异性，如农业社会的人口资源，民族意识觉醒下的民族主义情感以及19世纪以后科学和技术的发展等都构成了权力资源的不同形态。约瑟夫认为明确界定权力与特定资源的关系是非常困难的，他对权力分配模式——均势和霸权——的历史变迁进行了阐述。而现代意义上的霸权并不是普遍性霸权，因此，无论是英国还是美国，其霸权都是地区性的、具体问题上的霸权。约瑟夫对霸权稳定和霸权转移理论进行了分析，认为二

---

① 约瑟夫·S. 奈. 硬权力与软权力 [M]. 门洪华, 译. 北京：北京大学出版社, 2005：99.
② 约瑟夫·S. 奈. 硬权力与软权力 [M]. 门洪华, 译. 北京：北京大学出版社, 2005：105.
③ 约瑟夫·S. 奈. 硬权力与软权力 [M]. 门洪华, 译. 北京：北京大学出版社, 2005：107.

者并不能预测美国的未来。

第七章　凝视未来　本章指出，"预测性情报的作用就是：帮助决策者解释所掌握的事实依据，并据此提出可供选择的方案，就某些可能后果的有效范围与相关迹象做出有理有据的评估"①。约瑟夫以冷战时期美国国家情报预测的成功与失误为例，说明了情报预测对于决策者极为重要。而在当下的世界，权力的结构呈现复杂化的趋势，不确定性是无处不在的，对于决策者而言，需要了解的神秘更大于秘密。为了应对不确定性，国家情报机构也在尝试改进情报搜集和呈报方式，预测的最终目的是为了给决策者提供未来路径最有可能发生的情况。

第八章　信息革命与美国的软实力　本章认为，随着信息技术尤其是因特网的发展，权力变得更加分散，政府机构的控制力和垄断力受到极大的削弱，世界政治充满着复杂化。在新的世界政治中，网络的发展导致了公民身份与归属的重叠。人们对国家主权的争论逐渐高涨。私有组织、学术团体等在国际政治中的作用越加明显，约瑟夫认为美国人必须意识到"因特网早就新传播、赋予个人和非国家行为体权力、增强软权力的作用等途径的重要性"②。他把信息分为三个维度，即新闻、统计等数据的流动；竞争态势下优势的获取；获知竞争对手的策略计划。在全球信息时代，由于软实力对信誉具有依赖性，因此，软实力的相对重要性在逐步增加。在约瑟夫看来，美国的软实力包含大众文化和高尚文化，而且为了避免其他国家对美国软实力的抵制，美国必须避免其傲慢和单边主义的行为。

第三编　相互依赖、全球化与治理　包括第九、十、十一、十二、十三章内容。

第九章　中国的复兴与亚太的未来　本章认为，随着中国复兴的到来，美国必须正确调整其亚洲政策，在维持亚洲均势中发挥必要的作用。约瑟夫认为中国经济力量的快速发展是不可避免的，而随之而来的是军事力量的增强，这促使美国必须正确地面对中国这一新生力量。约瑟夫对中国的政治与外交政策进行了探讨，提出中国未来发展的几个情势，即东亚式发展、民主改革、"皮诺切特式的中国"、联邦式的封建主义、停滞等，随着与其他地区与国家关系的发展，中国必然会重新界定其自身的国家利益。约瑟夫提出美

---

① 约瑟夫·S. 奈. 硬权力与软权力［M］. 门洪华，译. 北京：北京大学出版社，2005：131.
② 约瑟夫·S. 奈. 硬权力与软权力［M］. 门洪华，译. 北京：北京大学出版社，2005：151.

国在亚太地区政策的四个选择："撤出亚太地区，追求仅以大西洋（和/或半球）为目标的政策""造就当地的均势""创建地区安全制度""创立遏制中国的联盟"。总之，约瑟夫认为，由于美国仍然是世界上最强大的国家，因此，在还没有其他安全制度的情况下，美国应该利用各种资源，维持自己在东亚的存在和影响力。

第十章　当新罗马帝国遇到新野蛮人　本章指出，冷战结束以后，世界的权力分配和权力本质发生了很大变化，国家实力可以从"三维棋局"的角度进行考察。首先，在最上面的棋局，是美国拥有单极的军事实力；在中间的经济实力棋局，则是由美国、欧洲、日本以及中国等组成的多极并存；在下面的棋盘，则是超越政府的各种跨国领域，其特征具有复杂和多样化。对于美国而言，在信息革命和全球化条件下，其实力的真正挑战来自于其自身的单边主义政策导向。美国必须谨慎地实施一意孤行的做法，在推动国际联盟的过程中应对全球的各种挑战，同时，为了保护自身和全球的利益，美国在必要的时候也可以实施单边主义行动。

第十一章　美国国家利益和全球公共物品　本章提出，在冷战结束以后，美国大多数人对国际利益显得漠不关心，这导致美国对国家利益的界定走向狭隘化，并诉诸于单边主义行动，忽略了对国际公共利益的关注。在与世界其他国家相处的问题上，美国对单边主义还是多边主义选择上有一定的异议。约瑟夫认为，传统意义上的国家核心利益是重要的，但是并不能局限于这一点，在保障生存的基础上，国家利益应该是多元和宽泛的，其中人权、民主等价值观是国家利益的重要组成部分。约瑟夫认为，在全球信息时代，由于权力分配的"三维棋局"特性，美国必须认识和理解自身实力的本质和局限，并充分发挥硬权力和软权力的优势，从而维护美国和全球的利益。基于此，美国的大战略"首先必须确保美国的生存，其次是必须聚集于提供全球公共物品，我们从这种战略中获得的是双重收益：从全球公共物品本身获得收益；我们的实力被其他国家视为合法的"[①]。因此，美国可以借鉴19世纪英国的经验教训，制定正确的国际战略，包括维持地区均势和挫败运用武力改变国界的动机，推进开放的国际经济体系的建立和发展，以及保障航海自由。约瑟夫认为美国、英国把国际发展置于更为优先的地位，而且它们可以作为国际秩序的维护者和调解人。

---

① 约瑟夫·S.奈. 硬权力与软权力［M］. 门洪华，译. 北京：北京大学出版社，2005：198.

第十二章　全球化的民主赤字：如何使得国际制度更加负责任　本章提出，在全球化条件下，如何应对民主带来的困难是一项重要挑战。虽然当前的国际制度是脆弱的，但是人们可以增进国际治理的合法性，并在清晰的民主、对责任感充分地理解以及付诸实践方面做出自己的努力。

第十三章　伊拉克战争之后的美国实力与战略　本章认为，人们不能仅仅从军事角度看待美国在世界中的地位，尤其是随着"9·11"事件的爆发，美国开始改变国际政治策略，转而需求国际合作。约瑟夫认为这种转变具有积极的意义，因为在信息革命的时代条件下，"技术民主化"与"战争私有化"的趋势促使跨国事务越加繁多，非政府组织在世界政治格局中发挥着越加重要的作用。就美国国内而言，在如何制定国际政治战略问题上，大家众说纷纭，并形成了不同派别，这表现为威尔逊主义、杰克逊单边主义者和传统现实主义者之间的争论。约瑟夫认为，在国际政治三维棋盘格局中，纯粹的多边主义或单边主义的主张都是不可取的。美国需要把自身的硬权力和软权力有效结合，只有建立在硬实力之上的自由民主等软权力才对其他国家有吸引力。

───【意义与影响】───────────────────

该书共计 25 万字，中译本于 2005 年 10 月由北京大学出版社出版。第一，约瑟夫·S. 奈教授是国际关系理论中新自由主义的代表人物，关注国际关系中的相互依存、国际制度和传统均势理论。约瑟夫·S. 奈的这本著作更准确的应该说是一本文集，是一本集其主要研究成果汇编而成的个人思想概述，其一方面给了我们一个快速全面了解作者思想的途径，但另一方面也会给读者带来过于繁杂，同时一定程度上又流于泛泛而谈的感受。不过综观这13 章节，其主线比较清晰，之间的关联也比较紧密，再加之作者将章节划分为了 3 个编目，这样也就大大减少了内容的繁复感。这本书是作者将 1986—2003 年撰写并公开发表的 13 篇论文和 2004 年为专门编著本书撰写的《硬权力与软权力》一文整理而成的。这些文章以权力变迁和美国国家利益为核心，以软权力与硬权力的关系为重点，围绕现实主义与自由主义、权力与相互依赖、全球化与全球治理等问题展开，构成了理解美国国际战略的一条主线。本书还收录了门洪华博士撰写的《国际机制与美国霸权》一文，作为中国学者对约瑟夫·S. 奈学术研究的回应。

第二，该书作为一部研究国际政治关系的著作，为人们如何正确认识和处理全球化、信息化时代下的国际关系提供了研究思路和方法。该书以维护美国国家利益为出发点，从全球政治治理角度对国际政治关系的现实发展以及未来走向进行了分析。该书为人们提供了一种分析国家在国际舞台上的权力地位之重要思路，它引导人们关注那些抽象的和非物质的权力因素，包括文化的吸引力、意识形态或者政治价值观的感召力、塑造国际规则或决定国际议题的能力，等等。这样的分析视角，无疑有助于人们克服那种过于依赖物质权力来界定国家权力的物质主义和简单化的倾向，从而以更加全面的角度来判断和分析国际舞台上的权力地位。

第三，该书有助于我们去理解美国当代的国际战略，也有助于我们在全球信息时代尤其是多极化趋势日益加强的今天，对全球政治情形的一些现象的理解。美国许多国家关系理论家也对约瑟夫·S.奈教授提出的软权力思想说给予了高度重视、肯定及赞扬。他们认为传统的权力思想，包括经典现实主义思想，既重视具体的、物质性的权力因素，也关注抽象的、非物质性的权力因素，这同约瑟夫·S.奈主张软硬权力并重的思想是相吻合的。正是从这个意义上说，他的软权力思想其实也是对传统权力思想的回归。在硬权力解释国际现象处处碰壁的时下，软权力合情合理地推导出除了有形的大炮、坦克下的权力外，无形的价值、制度、文化和思想也成为无政府状态下国家间争斗的武器。这或许就是软权力思想说迄今已在西方主流国际关系理论中占有一席之地的原因所在。

但是，我们也要看到该书理论方面的不足。其一，作者把权力简单地一分为二，这使得其软权力思想不可避免地具有局限性。他无法阐述清楚软、硬权力之间的相互关系，软权力的大小也难以被测定和衡量。其二，约瑟夫·S.奈关于软权力的分析，明显着眼于美国政策的影响。他论证了美国应加强软权力，是为了尽可能保持美国的唯一超级大国的地位。他论述了欧洲的软权力和日本的软权力，是试图让美国的盟国帮助他维护世界强国的地位。

第四，随着中国社会主义市场经济的不断发展，中国社会融入全球化的趋势愈加迅速。冷战结束以后，国际政治趋向复杂化，约瑟夫提出世界政治的"三维棋局"特性，其为人们认识和看待国际政治、经济和军事关系提供了一种新视角。而在改革开放以后，我国对国际政治格局形成了明确的判断，进入21世纪以后，世界经济、政治、政治和文化等各方面日趋复杂化，在处理国际关系时，如何应对美国的单边主义行动，以及如何推进国际政治制度的建构，如何应对恐怖主义等非政府组织对国家利益的威胁等，该书在一定意义上给予人们必要的启示。

——【原著摘录】——

第二章　昔日战争与未来战争：关于战争根源及其预防的探索 P30－39

P31　冲突或许是人类行为的特有现象，而战争却有着社会组织的根源。关于战争根源的一般理论可能是误导的，"例如，假定人类行为中的某些事件可被合情合理地列入'战争'这一条目之中。这些事件具有可观察到的共同特征；一群人对另一群人实施有组织的暴力。但这一定义不过是接近于战争的共性范围而已"。

自欧洲确立现代国家体系至今已约四个世纪，其间将多数大国卷入并导致重大伤亡的全面战争共十次。某些战争在影响国家间体系的等级与结构方面尤为突出。吉尔平称之为霸权战争。历史学家并不同意政治学家关于全面战争的界定，但至少大多数历史学家都认为，三十年战争（1618—1648 年）、法国大革命和拿破仑战争（1792—1815 年）、20 世纪的两次世界大战（1914—1918 年，1939—1945 年）属于霸权战争。

P32　对社会科学领域的理论进行判断，存在诸多不同观点。由于没有实验室提供对不变因素的检验，人类的选择也并非完全可以预测，所以自然科学的某些模式并不完全适用。但是，我们可以确定不同理论的适用范围和解释力。适用范围较小的理论往往涉及较狭窄的领域或较短的时间段。其概括也往往在具体的界限之内。一个理论的解释力是更为复杂的概念，且关乎两个常常互相矛盾的维度：简洁性和描述恰当。简洁性是用片言只语对复杂事物进行解释的能力。它符合奥卡姆的剃刀原理，削去不必要的细节。但是，简洁只是解释力的一个方面。提出简洁的解释非常容易，而提出描述恰当的简洁解释则是颇为困难的。解释力往往意味着对行为的解释不存在反例。鉴于理论（根据定义）并非纯粹的描述，描述的恰当性是常常存在的一个问题。存在某些反例是不可避免的。最具有解释力的理论在对待反例时至少并不强求一致。相比其他理论而言，也包括更可证实的经验主义内容。

第三章　伦理与外交政策 P40－76

P51　相比正确与正确、错误与错误的程度而言，正确与错误往往不那么难以处理。相比秩序井然的国内政治而言，在国际政治领域就什么是正确的达成一致意见更难，行为后果也更难预测，以上问题也更加复杂。但是，我们必须再次强调，外交政策中的道德推理的困难并不能免除我们的遵循道德原则的责任，我们必须加倍努力，做得更好。

P51—52　思考伦理与外交政策的另一复杂性在于，如何清晰了解相关分析和关系的不同层次。当我们说一个国家的行为符合道德原则或不道德，我们常常指的是该国对其他国家公民的行为。它假定，一个国家对其公民负有道德义务。

P57　政治家的角度　由于政治家的制度角色，相比一般公民而言，政治家个人道德选择的实践，且不管按照正常规则的更高或更低标准，在外交政策中将受到更多的限制。这并不意味着道德在外交政策中不发挥任何作用。普通公民不会受到这样多的限制，也会要求自己的委托人在国家政策中表达受到广泛秉持的道德价值观。但是，政治家必须将审慎考虑纳入其中，以协调大众的倾向。

第四章　冷战后的冲突 P75—93

P86　技术变革具有超国家的、自相矛盾的影响。它导致了经济的全球化，但却使得政治更具有地方性。它拥有全球性的传播能力，造就了一个地球村。然而，"地球村"意味着共同体，但也意味着褊狭。国际劳工、货币和商品市场瞬息万变，个体的脆弱性更为暴露无遗。全球相互依赖导致国家主权遭受侵蚀，许多国家政府的政治效率与合法性更难保持。许多群体的认同和共同体意识受到经济混乱和共产主义衰弱的挑战。共产主义的衰微或全球经济的消长削弱了国家政府的权力，而政客们却依旧试图攫取国家权力，但是他们狭隘的政治呼吁受到了这些团体的质疑。在这样的情势下，前共产党高官摇身一变成为种族主义煽动家并无令人惊奇之处。这些蛊惑人心的政客利用现代技术，非常容易地向广大民众和特定团体宣传其充满仇恨的观点。

P88　国内政治及价值观影响着大国冲突的可能性，也对国内或国家之间的种族冲突有着巨大影响，并影响着其他地区内国家或大国卷入这些冲突的倾向性。对立种族间的冲突通常出现在面临合法性危机的国家，其相关原动力有两个：第一，在丧失合法性的国家里，既有的冲突协调已经失去效力，就像共产主义崩溃之后南斯拉夫轮流担任总统的惯例随即不复存在一样；第二，在丧失合法性的国家里，那些妄图攫取权力的野心家试图利用种族等认同，使之作为确立新合法性的手段。

第五章　软权力 P97—110

P99　未来的世纪将会看到美国继续处于主导地位，但世界政治中的权力之源有可能发生重大变化，后者将为所有国家之目标的实现设置新的障碍。对权力的考验不仅在于资源，还在于改变国家行为的能力。因此，美国面临的关键问题不在于它是否是 21 世纪拥有最充沛资源供应的超级大国，而在于他能够多大程度上控制政治环境，使其他任何大国都更难以控制政治环境。美国要面临的问题与其说是另一个大国日益增长的挑战，还不如说是权力的普遍扩散。19 世纪的英国面对新的挑战者，而 21 世纪的美国将面临新的挑战。

P100　就国家目标的实现而言，有时多国公司比其他公司都重要。这些公司的海外年产值都超过了国际贸易的总值。就地区层面而言，没有超级大国的介入，中东冲突简直就不算是冲突，但剖析中东冲突也绝不能对跨国宗教团体、石油公司和恐怖主义组织避而不谈。这不是国家、非国家行为体哪个更重要——国家通常更为重要。问题的实质在于，在现代，结果往往受到更复杂的联盟的影响。

P109－110　塑造国际权力的资源组合正在变化之中。但这并不意味着世界将迎来霸权冲突导致世界大战的恶性循环就此拉开序幕。相比其他国家任何国家而言，美国拥有更多的传统硬权力资源。它还拥有确保其在跨国相互依赖新领域之领导地位的意识形态、制度等软资源。从这一角度看，当前的情势与 20 世纪初英国面临的情况截然不同。勉强的历史类比和似是而非的宿命论政治理论比纯学术理论更为糟糕；它们可能会转移美国人的视线，使之无法认识到自己面临的真正问题之所在。与其说冷战后美国权力面临的问题是新的霸权挑战者，不如说是跨国相互依赖的新挑战。

第七章　凝视未来 P130－139

P138－139　作为一个过程，在预测报告公开前后，需要国家情报官员和决策者之间保持持续互动。这样的互动会招致公众对所谓政治化的愤慨，或有意或无意地越过客观分析与政策倾向声明的界限。国家情报组织必须对这样的危险保持警惕。有幸的是，反对侵入政策领域的晋级深深扎根于情报文化之中，不时会受到提醒。此外，预测者往往会提供不为人知的信息。如果某些特别敏感的预测泄露给媒体，则会给某个政策或外国领导人带来损害，国家情报委员会准备限制所需知道预测的人员数量，但不会改变这些结论的性质。

第八章　信息革命与美国的软权力 P140－158

P145－146　微观经济联系"造就了世界经济的非领土'区域'——一个没有中心却融为一体、实时运行的流动空间，与我们称之为国家经济的地理空间并存"。如果我们将自己的想象限定于台球般的国家，则必会忽视这一现实层次。

P151　期望获得迅速发展的政府会发现，它们不得不放弃某些关乎信息流动的壁垒，而后者曾是保护本国官员免于外部监管的屏障。政府如果期望高速发展水平，就难以向缅甸和朝鲜那样在金融和政治问题上进行暗箱操作。事实证明，主权的这类代价太高昂了。即使像美国这样拥有硬权力的大国也要与新的行为体分享舞台，在控制边界方面麻烦更多。网络空间不能取代地理空间，也不会消灭国家主权，但正像封建时代的城镇市场一样，它会与以上二者并存，并使得主权国家或强国的含义更为复杂。负责制订全球信息时代外交政策的美国人会更加意识到，因特网造就新传播、富于个人和非国家行为权力、增强软权力的作用等途径的重要性。

第十一章　美国国家利益和全球公共物品 P188－202

P196－197　在很大程度上，国际秩序是一种公共物品——人人可以消费而不会削弱别人获取此种物品的能力。一个小国可以与美国同时从本地区和平、航海自由、打击恐怖主义、开放贸易、控制传染病或金融市场的稳定中获益，而不会减少美国或他国可以获取的好处。当然，纯粹的公共物品是罕见的。有时候，我们眼里的好东西在其他人眼里可能是糟糕的。从过去狭隘的利益出发去使用公共物品会使强国形成自私自利的思想。这个告诫提醒我们，要同其他国家进行协商，而不是作为一条重要战略原则的理由，即帮助我们确定处理事务的轻重缓急，将我们国家利益与更广泛的全球目标协调一致。

第十三章　伊拉克战争之后的美国实力与战略 P209－220

P220　新威尔逊主义和杰克逊主义组成的新单边主义联盟低估了软权力和国际制度的作用，使华盛顿丢失了推行国家安全新战略的某些最重要工具。

P214　保持美国军事实力至关重要，纯粹的多边主义并不可行，从这方面看，单边主义者是正确的。但是，他们却犯下了诸多重要错误，终将彻底破坏新安全战略的推行。他们第一个错误是过分地紧紧依赖军事实力。美国军事力量对全球稳定至关重要，也是国际反恐力量的关键部分，但是战争的假象不应该让美国人无视如下事实：反对恐怖主义需要与其他国家在情报分享、警察工作、追踪金融流向、边界控制等领域开展持久而默默无闻的民间合作。

───【参考文献】────────────────────────

[1] 约瑟夫·S. 奈. 硬权力与软权力 [M]. 门洪华，译. 北京：北京大学出版社，2005.

[2] 罗伯特·基欧汉，约瑟夫·S. 奈. 权力与相互依赖 [M]. 3 版. 门洪华，译. 北京：北京大学出版社，2002.

[3] 邢悦. 文化如何影响对外政策：以美国为个案的研究 [M]. 北京：北京大学出版社，2011.

[4] 兹比格纽·布热津斯基. 大棋局：美国的首要地位及其地缘战略 [M]. 中国国际问题研究所，译. 上海：上海人民出版社，2007.

[5] 塞缪尔·亨廷顿. 文明的冲突与世界秩序的重建 [M]. 周琪，译. 北京：新华出版社，2010.

[6] 倪世雄. 当代西方国际关系理论 [M]. 上海：复旦大学出版社，2009.

[7] 平野健一郎. 国际文化论 [M]. 张启雄，冯青，周兆良，等译. 北京：中国大百科全书出版社，2011.

[8] 朱光磊. 当代中国政府过程 [M]. 天津：天津人民出版社，2008.

[9] 李辽宁. 执政软权力研究 [M]. 北京：中国社会科学出版社，2011.

[10] 龚铁鹰. 软权力的系统分析 [M]. 天津：天津人民出版社，2008.

十三、《国家理论——经济权利、法律权利与国家范围》

[美] 约拉姆·巴泽尔　著

钱　勇，曾咏梅　译

上海财经大学出版社，2006 年

───【作者简介】───

约拉姆·巴泽尔 1931 年 9 月出生于耶路撒冷，1950—1956 年就读于希伯来大学，1957—1961 年就读于芝加哥大学。从 1967 年开始，巴泽尔一直在华盛顿大学任经济学教授。他在新制度经济学界享有很高的声誉，是华盛顿大学学派的代表人物之一，曾担任西方经济协会的主席。他的研究范围包括应用价格理论、产权经济学和政治经济学。

巴泽尔在研究方面是一个多面手，他曾以计量经济学家的身份在华盛顿大学任职。如果注意到他在 20 世纪 60 年代的研究，就会发现他的主要方向是成本估计和生产函数，这些成果都在顶尖的杂志上发表。他的研究从他发表 1968 年关于革新的论文开始发生改变，到 1974 年他发表的关于等待配给的文章则表明他完全转入到了产权分析和交易成本。令人难以想象的是他在 40 岁的时候就完成了这些工作。

巴泽尔非常有影响力，他的论文被频繁引用，他的理念和想法渗透到很多人的写作之中。特别值得一提的是，他在 1968 年关于革新竞争和 1976 年关于关税的论文经常排在引用最多的论文中前 20 篇的位置。当人们谈论起产权理论的代表人物时，人们常会用 ABC 表示，其中 A 和 C 指阿尔钦和科斯，B 则是巴泽尔，而巴泽尔的成果则是这个领域的奠基之作。

巴泽尔是个超越时代的人。他关于交易成本可以消散的理论以及最小化这种消散的努力至今仍然没有被广泛地掌握。现在我们通常谈论多重任务机构的问题、多维度的产权、产品贡献，这些理念都被其他人广泛参考，这些理念都是巴泽尔在 20 世纪 70 年代和 80 年代早期的研究成果。

他的主要著作有《产权的经济分析》（1989 年）、《生产力变革：公共物品与交易费用》（1995 年）、《国家理论》（2002 年）等，发表的文章有《交易成本与合约选择》（2002 年）、《公司：其内在结构与尺寸》（2006 年）。

——【写作背景】

近代以来，随着亚当·斯密的《国富论》《道德情操论》等经济学著作的出现，西方经济学在实际发展过程中逐渐形成了不同流派。其中，与主张在经济运行过程中充分发挥市场的调节作用、反对人为干预为核心的古典经济学派相伴随的是制度经济学派的不断发展。与古典经济学较为不同的是，制度经济学派力图把影响经济运行因素扩展到社会各个方面，以凡伯伦为代表的旧制度经济学家认为：心理、法律等因素对经济生活起着决定性的影响。随着时代的发展，世界各国的经济制度趋向多元化。第二次世界大战以后，以苏联为代表的社会主义国家在推进社会经济发展过程中给人类展现了一条与传统西方经济学迥异的发展思路。与此同时，日本、新加坡等亚洲国家和地区，以及巴西等拉丁美洲的国家和地区，在探索适合自己的发展道路过程中创新出各具特色的发展模式，并带来了经济和社会的快速发展。西方经济学家在这一时期也在不断地进行研究，他们在对现实各国经济发展反思的基础上不断提出新的经济学理论。20 世纪 50 年代以后，以加尔布雷思、科斯、诺斯等为代表的新制度经济学派开始在经济学领域崭露头角，并逐渐演变为西方经济学的主要流派之一。他们一方面秉承了旧制度经济学的研究思路，立足于对影响经济发展的因素进行多元化考察；另一方面，他们则汲取了时代发展的成就，以整体性研究方法为基础，从社会组织、国家建构等不同角度考察作为动态的、因果过程的资本主义制度的内在演进规律。正是在此背景下，作为新制度经济学派的一员，巴泽尔立足于产权经济理论，从交叉学科的角度对经济运行、制度构建以及法治国家的形成进行了考察，为人们提供了一条具有新制度经济学派特色的研究思路。

─── 【中心思想】────────────────────────────────

《国家理论——经济权利、法律权利与国家范围》全书 16 章共计 32.9 万字，分为 3 个部分，分别阐述了保护的出现及第三方、法律制度的诞生以及国家的特征。该书主要的议题是关于合约、合约实施以及如何控制暴力实施者，即考察了一个社会是如何向法治国家演进的过程。

巴泽尔以西方政治经典理论——霍布斯的"自然状态"思想——为基础，从产权经济学的角度，对法治国家演变的过程进行了研究。巴泽尔认为，在人类社会发展的一定阶段，个体为了保护自己的财产而产生了对保护者即第三方实施的需求，第三方实施不仅包括国家，而且也包括宗教组织等非暴力组织。个体作为委托人，出让自身的一部分权力给予第三方实施者，力图形成一定的规模经济效应，减少个体的不必要成本开支。由于第三方实施者尤其是国家所拥有的权力具有不确定性，而且有转化为独裁者的危险，因此，作为委托人的个人为了保持力量的平衡而建立了集体行动机制，这种机制与第三方实施者相互约束，从而实现社会的稳定。巴泽尔认为国家作为第三方实施的出现促进了市场交易的发展，而且国家的规模和范围越大，其对交易和协议的促进作用就越大，这也在一定意义上解释了历史上许多国家为何进行扩张和合并。巴泽尔对国家的特征进行了阐述，他认为合并与自治是作为委托人的个人保护自身财产的不同实践诉求。在独裁国的制度形式下，独裁者为了维护自身的利益而对交易和财富的创造实行抑制，而法治国则推动着社会财富的创造。总之，巴泽尔认为法治国家的形成是一个长期的过程。

─── 【分章导读】────────────────────────────────

1 引言 该部分阐明了本书的写作目的、研究方法及主要内容。作者开宗明义地指出："本书试图解释'国家'一开始是如何出现的，并试图描述那些在历史进程中使之成型的力量。我大量的借助于产权理论工具，提出了一个观察国家的独特视角。本书侧重于研究后来成为法治国的那些国家的历史路径。我所使用的模型的起点开始于社会化出现之前，那时，社会特征尚不存在。"[①] 在

────────────────

① 约拉姆·巴泽尔. 国家理论：经济权利、法律权利与国家范围 [M]. 钱勇，曾咏梅，译. 上海：上海财经大学出版社，2006：3.

这个模型中，巴泽尔认为国家的出现是与个体（后来是团体）的保护需求紧密相连，国家的一个基本特征就是协议实施（但是国家不是唯一的实施者），其范畴也是由实施的协议之间的差异决定。

在讨论的方法上，巴泽尔基于霍布斯主义的研究思路，提出以集体行动机制来约束统治者由于追逐个人的利益而侵害公民利益。而且为了有效发挥集体行动机制约束作用，巴泽尔力图以新制度经济学派的产权理论构建一种模型。最后，他对各章的内容和要点进行了简单的介绍。

第一部分　保护的出现及第三方实施　包括第2、3、4、5、6、7、8章内容。

2　国家与协议实施　本章对国家的不同特点进行了初步的讨论。巴泽尔以人类社会之初的"自然状态"为理论起点，提出在人类社会发展的最初阶段，个体之间是相互独立的，个人运用智力或体力实现自我的最大效用。在这一时期内，由于法律制度尚未完善，个人可以通过武力等各种途径获得自己的经济权利。而当人们认为可以从相互联系中获取有利于自身的时候，人与人之间就会发生相互作用，这种相互作用表现为合作尤其是交易的形式。在合作的过程中，信息对交易行为有着重要的作用。

巴泽尔认为权力就是一种"加强成本的能力"。由于权力所有者与受害者在相互作用的过程中评估双方的成本，从而形成了协议。协议是需要双方共同遵从的，这凸显了承诺和守信的重要性。巴泽尔认为从排他性权力角度对国家进行定义是具有一定局限性的，因为排他性权力只适合于独裁国家，而在法治国家中，权力具有分散性，这种分散性使国家委托人和受委托人之间形成一定的相互制约，从而促使国家权力的平衡。巴泽尔从国家作为权力维系中第三方实施地位的角度对国家进行了定义，即"国家包括以下两个部分：(1) 一群个体，这些个体臣服于一个使用暴力执行合约的单一的终极第三方；(2) 一个疆域，这是这些个体居住的地方，也是实施者权力所及的范围"[1]。在这一定义中，权力具有分散性和非排他性。巴泽尔从经济学的合约角度，把国家范围局限于"暴力维系的第三方所实施的协议价值与一国境内总产品的价值之比"[2]。国家范围受到个体为维护自身利益选择的达成协议方式限制。

---

① 约拉姆·巴泽尔. 国家理论：经济权利、法律权利与国家范围 [M]. 钱勇，曾咏梅，译. 上海：上海财经大学出版社，2006：31.

② 约拉姆·巴泽尔. 国家理论：经济权利、法律权利与国家范围 [M]. 钱勇，曾咏梅，译. 上海：上海财经大学出版社，2006：32.

在国家运行过程中，集体行动机制为约束暴力实施者乃至独裁者提供了保证。一些组织如家庭、企业、宗教甚至犯罪组织都可能扮演第三方实施者的角色。巴泽尔最后对国家和市场的关系进行了探讨。

3 第三方实施和国家 对第三方实施的性质，两种第三方实施模式的共性和差异，自我实施和第三方实施的范围，第三方实施过程中使用的暴力和不使用暴力范围等方面进行了阐述。巴泽尔认为，个人间的相互关系分为短期和长期两种，考虑到成本的因素，人们更多地倾向于选择长期的相互关系，而长期的相互关系是需要在名誉上进行投资的，从而产生了监督的成本。在人处理相互关系即达成协议之时，自我实施是人类社会最初的选择方式，而随着时代的发展，第三方实施成为必要的选择，而且第三方实施受到需求和供给力量的制约。第三方实施并不等同于国家，巴泽尔把实施的权力定义为惩罚的能力，亦即加强成本的能力，而暴力形式对于加强成本并不是必需的，加强成本可以使用暴力的形式，也可以通过长老与部落成员之间的长期关系等形式来实现，而这取决于加强成本所依赖的东西。因此，第三方实施的形式是多样化的，即间接实施和直接实施。在间接实施的过程中，由于实施者对滥用实施权力而导致的长远实施能力受到损坏的坏处，实施者的权力受到自我约束。而当出现暴力实施者的时候，被实施者可以运用"用脚投票"的手段对实施者的行为进行警示和惩罚。巴泽尔认为，第三方实施的权力来源于委托人对权力均衡的考量，而第三方实施权力的形成有其经济性和非经济性的一面。由于委托者作为个体对第三方实施者有两个方面的期望，即"（1）对有争议的权利的界定清晰，而且没有偏见；（2）成功地得到服从"①。实施者的权力被运用主要由于实施者与委托人之间对双方评价误差的扩大。一般而言，作为第三方实施者的国家会评估自身实施权力与收益之间的差别，它会运用监督、威胁等各种巧妙的手段，来促使个体遵守协议。巴泽尔以偷窃为例，提出"个人财产的可分离性将影响他们对雇佣独立保护者和共同保护者的选择"②。第三方实施者使用武力的一个重要特点是领土问题，由于个体会选择躲避实施来逃避第三方实施的约束，领土越大，个体躲避实施的机会就越小，实施者实施的成本也因此减少。巴泽尔对社会风俗等其他实施方式

① 约拉姆·巴泽尔. 国家理论：经济权利、法律权利与国家范围 [M]. 钱勇，曾咏梅，译. 上海：上海财经大学出版社，2006：64.

② 约拉姆·巴泽尔. 国家理论：经济权利、法律权利与国家范围 [M]. 钱勇，曾咏梅，译. 上海：上海财经大学出版社，2006：72.

进行了探讨，提出国家并不是唯一的第三方实施者，国家固然在一些计算成本上占据着优势，但是在意识形态等方面，其他第三方也同样可以在事实上拥有一些优势。使用暴力的第三方对委托者的财产形成了巨大的威胁，委托者可以形成联合的约束力。

4 协议实施形式的选择 巴泽尔认为，协议既可以是自我实施型的，也可以是第三方实施型的。而第三方实施型又划分为非暴力实施型和暴力实施型。巴泽尔认为，自我实施协议主要是运用于小型协议，而随着参与个体数量的增加，自我实施协议的难度会越来越大，这意味着第三方实施的必要性。巴泽尔对影响人们选择实施协议类型的因素进行了分别论述，首先，在收益的时间路径上，自我实施协议主要用于人们收益各方为正的协议，而第三方实施则可以在各方的收益并不总是正值的时候。其次，在信息数量的获取方面，由于协议的实施是在不同人之间形成的，自我实施协议具有"隐性合约"的性质，主要局限于两个人之间，而第三方实施则可以出现数量众多的人之间。再次，在长期的寿命因素中，巴泽尔以婚姻争议中的裁决为例，提出第三方实施在人们长期的相互作用中的地位。在第三方实施的手段上，暴力的使用是具有一定的比较优势的，但是又是耗费巨大的。委托者为了防范实施者的暴力诉求，他们会制定必要的程序和标准。巴泽尔对非暴力的第三方实施者如关系紧密的团体、教会、犯罪组织、企业等进行了分析，他以税收等形式来阐述了国家提供的保护与实施之间的关系。

5 匿名交易、混合型实施及纵向一体化 巴泽尔首先对协议和合约的内涵进行了界定。巴泽尔认为，国家的范围与订立条约的范围是成正比的。国家只是实施了个别的合约。巴泽尔对瓦尔拉斯模型的匿名性基本假设即信息零成本和约束市场范围的条件进行了阐述。巴泽尔认为声誉下的交易适合于单次交易，而合约下的交易则适合多次重复交易。由于对信息成本考察的不同，匿名交易可以采取买者自慎和有明确的未来交割交易或现金交易两种类型。由于现代社会专业化程度的提高，商品的再交易次数也会增加，商品的再转让能够在国家帮助下实现。巴泽尔通过对期货合约与远期合约进行比较，说明了协议所管理的内容和再转让问题。巴泽尔认为协议的实施过程中的司法权问题会随着交易物理距离的增大而凸现出来。对于商品合约而言，地域性规模经济具有重要意义，在地域性条件下，商品交易能够获得合约以及第三方实施的约束。巴泽尔对纵向一体化进行了定义，即"一种状态，企业或其他组织的剩余拥有者，对两个或多个纵向运营承担责任"①。最后，巴泽尔得出结论，提出国家作为第三方实施需要地域性的连续性，在国家范围内实施的交易也受到地域规模经济的影响。随着成本的降低，企业纵向一体化的趋势和重要性将下降，而合约以及国家将获得进一步发展。

6 司法权问题　本章中，巴泽尔认为并不存在两个完全相同的第三方实施者，这也是第三方的排他性，国家即是如此。外国人作为一个特殊的群体，国家给予了他们不同于本国人的实施方法。集体行动机制是委托人为了防范和反抗实施者而形成的组织，巴泽尔认为集体行动机制必须能够学会应对不同形式的权力，包括国家、教会、跨国组织等。巴泽尔对地方自治权及其程度进行了概念界定，地方自治权的形成和发展能够使实施者更加明晰其职权，而这也导致了官僚机构的扩张。总之，巴泽尔认为实施者具有一定的权力，对于委托者而言，更换实施者的代价是巨大的。国家作为实施者的地位是不能重合的，但是除了国家之外可以存在其他类型的实施者，地方自治作为处理国家事务的重要形式，它的形成是一把双刃剑。

7 集体行动与集体决策　巴泽尔对集体行动机制建立的必要性及其内容进行了分析。巴泽尔认为，"集体行动是许多个体同时采取的行动"②。防止保护者演变为独裁者并没收被保护者的财产，这是集体行动机制建立的初衷。在集体行动机制中，人们可以通过驱逐、罚款等手段对未履行集体协议的个体进行惩罚。在集体行动组织与专职保护者的权力之间，巴泽尔认为二者必须保持一定的平衡，而且要注意防范独裁者对集体行动组织权力的接管，巴泽尔从选票分配和绝大多数原则的角度对集体行动决策进行了探讨，他反对关于"寻租"的概念，并探讨以独立和共存的军事力量等为特点的"分权"代替集体行动机制。巴泽尔认为国家之间的合并是人们寻求集体行动机制并取得规模经济效应的重要表现。

8 捆住攫取之手：臣民与保护者之间的协议　本章中，巴泽尔认为，由于激活集体行动机制需要极大的代价和成本，因此，委托者可以运用多种措施来限制保护者的权力。巴泽尔认为，对于极权独裁者而言，榨取委托者的剩余是其维护自身统治的重要步骤。而极权独裁者最初是以保护者的身份出

---

① 约拉姆·巴泽尔. 国家理论：经济权利、法律权利与国家范围［M］. 钱勇，曾咏梅，译. 上海：上海财经大学出版社，2006：129.

② 约拉姆·巴泽尔. 国家理论：经济权利、法律权利与国家范围［M］. 钱勇，曾咏梅，译. 上海：上海财经大学出版社，2006：156.

现的，为了防止保护者向极权独裁者转化，委托人可以与保护者订立条约，并用工资等雇佣保护者，同时，要对保护者的任期、武力等进行限制。巴泽尔对独裁国与法治国之间关于权力限制的不同，以及对企业这一类似于国家的组织形式进行了比较。

第二部分　法律制度的诞生　包括第 9、10、11 章内容。

9　**法律权利**　本章中，巴泽尔首先对法律权力进行了定义，他认为"法律权力是资产的索取权，它是由国家以特定个体或机构的财产来进行界定的"①。巴泽尔把专职保护者为防止偷盗而提供的保护分为三种，即明确且直接的"纯"保护；自我实施性协议；专职保护者同时对潜在的受害者和盗贼提供保护。在保护与威胁类型的界定方面，巴泽尔把国家的保护行为分为两种，一种是对大规模掠夺者的防范，另一种是对小型偷盗行为的防范。为了防范掠夺者等外部势力，国家在保护工作上立足于成本的考量而对所要保护的财产进行估量和建设性引导。巴泽尔认为，法律制度是保护者为了界定何为其保护的财产，以及达成监督管理的目的。特异性资产是财产私人所有者与国家等公权机关二者估值所形成的差额。巴泽尔把法律界定分为合约界定和登记界定，其中，登记界定包含了国家对协议的认可，并构成了法律判决的依据。由于对相同财产索取权的争议，裁决成为必要的手段。在条件具有统一性的时候，国家通过合约制定出了统一性的标准，从而为争议的解决提供了范本，而且国家以财产税等形式为裁决提供费用，而且刑事裁决也在一定意义上提高了财产的界定。巴泽尔对国家与其他第三方的权利界定之间的差异进行了比较研究，这种差异重要表现为服务的数量以及服务的手段之上。

10　**国家对市场交易的提高**　巴泽尔认为，人们以等级、物理性质认定、初始位置和目标位置认定等方法确定商品的法律界定，在这一过程中，国家范围随之增加。国家拥有着促进合约交易的各种手段，其中，道路和市场是这一手段的重要表现。由于个体的商品出售需要通过运输来实现，道路因而把个体的关系连接起来了。巴泽尔认为国家通过对道路的管制而应用着第三方实施的权利。同时，国家也通过实施必要的统一标准对协议进行规范。而地图的出现也为国家进行法律界定提供了便利。巴泽尔最后认为当国家通过合并来利用标准的规模经济优势之时，人们可能会选择地方自治来维护自身

---

① 约拉姆·巴泽尔. 国家理论：经济权利、法律权利与国家范围［M］. 钱勇，曾咏梅，译. 上海：上海财经大学出版社，2006：215.

的多元化。

11　国家规模和国家范围　巴泽尔指出，国家规模和国家范围主要有"保护和第三方实施"两组因素决定的。巴泽尔认为地理环境等因素影响着国家的规模，而没有专职保护者的社会一般只存在于隔绝状态之中，而且这种社会会为了避免被其他国家剥削，并随着隔绝状态的削弱而形成国家。国家具有订约成本的优势，巴泽尔对制约合约文件能力的三个因素，即书写的发明、书写材料的可得性以及共同的预言等进行了阐述。由于合约的交易能够为作为第三方实施者的国家提供利益，因此，国家积极地运用各种手段鼓励合约的形成。这导致了国家的和平扩张，甚至诉诸武力和建立帝国。

第三部分　国家的特征　包括第 12、13、14、15、16 章内容。

12　合并与地方自治　巴泽尔对独裁国家和法治国家的合并问题进行了阐述。由于独裁国家要考虑合并之后独裁的唯一性，以及合约的有效性问题，因此，合并对于独裁国家而言并不现实。而对于法治国家而言，巴泽尔认为它们进行合并的一个重要理由在于拓展它们的贸易，而且合并对于法治国家也并不是在任何条件下都是可行的，法治国之间的合并需要考虑福利差距等问题。法治国之间合并的一个较好结果是联邦国家的建立，在这一个国家中，地方自治权获得很大的发展，法治建设不断完善，从而促使合并之后的国家向符合条约要求的方向发展。

13　"合法"国家与"罪恶"国家的差别　巴泽尔对犯罪组织在与国家的角色异同进行了比较。巴泽尔对犯罪组织尤其是团队犯罪进行了分析，犯罪组织一般从事的是国家所禁止的活动，而根除它们的代价是高昂的。犯罪组织与国家是并存的，犯罪组织也会进行权利界定，并且与国家在一定范围内保持着力量均衡。

14　权力、暴力冲突和政治演进　巴泽尔指出，在 Umbeck 的模型中，权力是人们财富分配的基础，而且由于权力是已知和透明的，因此财富的分配并不会引起人们的异议。但是，巴泽尔认为，权力具有一定的不确定性，这种不确定性引发着内部冲突。这种内部冲突源于委托者与专职保护者之间的力量失衡。战争的爆发则是由交战双方对各自力量评估的差别引起的。由于国家行为的可预见性与自我实施性的协议有重要联系，因此，巴泽尔对影响国家行为可预见性的几个因素进行了阐述，即"（1）统治政权拥有权力的时间有多长；（2）这种信息搜集的难易程度；（3）法治的范围；（4）在独裁制度下，独裁者的背景；（5）军事技术的变化速度"①。而战争的后果是一方面导致了对生命和财产的毁坏，另一方面引起财富的不均衡以及法治建设的弱化。

15　独裁国和法治政权下变化的时间路径　巴泽尔着重阐述了外部的冲击对集体行动机制的影响。巴泽尔认为，委托人与保护者之间必须形成一定的权力平衡。而"冲击是指：导致权力均衡的变化以及与之相伴的不确定性的任何事物"②。冲击分为一般冲击和严重冲击，一般冲击会损害委托人建立的集体行动机制，而严重冲击则会导致集体行动机制的毁灭。巴泽尔以纳粹独裁和意大利城邦法治为例对冲击导致的不同后果进行了阐述。巴泽尔对法治国和独裁国演进进行了分析，独裁国是独裁者占有着全部剩余所有权，他为了维护自身的利益而导致国家发展的停滞以及法治的不健全，而法治国则能够促进社会财富的增长以及法治建设的完善。在独裁国家中，其他第三方实施的行为受到极大限制，而法治国家则显现出社会全面的进步。

16　总结与结语　巴泽尔对该书进行了总结。巴泽尔力图在该书中提供一个国家向法治国家演进的路径模型。这个模型以协议的实施为特征，以产权经济学或交易成本经济学为基础，以霍布斯的"自然状态"为理论依据，对国家作为第三方实施者的逻辑演进进行了阐述。

──**【意义与影响】**────────────────────

本书共计 32.9 万字，中译本于 2006 年 7 月由上海财经大学出版社出版发行。第一，该书对国家的诞生以及使之定型的力量进行了建模。一个新的理论框架就是从人力资本的私产性质入手来理解国家的起源。这是经济学家对社会理论的一个贡献。专职保护者——统治者——是有效率的，亦是自利的。只有当个体创建了控制统治者的机制之后，才会配备统治者。有组织的保护所滋生出来的枝叶，就是法律体系和决策程序（包括投票）。因此，初始的"自然国"就会渐渐演进为一个法治国。

第二，巴泽尔的国家理论是在科斯的产权理论框架下，运用博弈论的基

────────────────

① 约拉姆·巴泽尔. 国家理论：经济权利、法律权利与国家范围 [M]. 钱勇，曾咏梅，译. 上海：上海财经大学出版社，2006：333.
② 约拉姆·巴泽尔. 国家理论：经济权利、法律权利与国家范围 [M]. 钱勇，曾咏梅，译. 上海：上海财经大学出版社，2006：343.

本分析方法对新制度经济学国家理论的进一步发展。这种崭新的研究国家理论的视角是对以往国家理论的一种突破。该书对国家的经济模式进行了严谨的分析尝试，对国家的诞生以及使之定型的力量进行了探讨，为国家的起源提供了一种理性化的解释。巴泽尔是一位致力于产权和交易费用研究的新制度经济学家，毕其一生贡献于制度经济学的理论构建。在解释国家是如何起源的以及阐述法治国家产生的演变路径等方面，巴泽尔大量地借助于产权理论工具，并汲取和借鉴了西方政治学的基本理论，提出了一个观察国家的独特视角，对国家的诞生以及市制定型的力量进行了建模。他运用对产权分析的深厚功力，提出了国家起源和演变的三个重要的洞见：（1）国家是一种第三方实施的暴力机制，它在一定程度上比其他机制更有利于契约的实施；（2）人们只有当暴力实施者滥用权力的倾向能被有效制约时，才会使这种实施机制（国家）出现；（3）国家愿意实施的法律权力取决于对界定权力与调解纠纷的交易成本的比较。因此，独特的研究视角，交叉学科的研究方法为人们研究问题提供了重要启示。

第三，该书为当下中国社会进行的全面深化改革实践提供了一定理论启示。在中国，党的十八届三中全会提出全面深化改革的总目标，就是完善和发展中国特色社会主义制度、推进国家治理体系和治理能力现代化。党的十八届四中全会对全面依法治国进行了总体规划。学习、借鉴和反思西方国家的法治理论，并在此基础上实现创新和超越，可有助于推动中国特色社会主义法治建设的完善。

第四，该书作为西方学者关于法治国家建设的研究方法和研究视角的突出体现，为人们提供了一个崭新的理论研究视角。值得注意的是，由于各国国情的迥异性，尤其是由于不同国家的历史传统和风俗习惯的不同，在理论指导实践的过程中，亦即各国在建设法治国家的实践过程中，必须把矛盾的普遍性与特殊性有机结合，坚持理论与实践相统一，走出一条适合自身发展的法治建设道路。

──【原著摘录】────────────────────────────

第一部分　保护的出现及第三方实施

2　国家与协议实施 P19－45

P22　经济权利：是一个预期性的术语，是个体直接消费某一资产服务的能力，或通过交换间接消费这种服务的能力。

P23　个体可以通过使用暴力或其他智慧和技能——如欺诈和预谋能力——来获取新资产的经济权利并保护已有资产的经济权利。他们投资于自己的技能——包括体力。

P35　使用不同实施方法的成本也因环境而有所不同，而且，运用这些手段而产生的规模经济也差异巨大。因此，每一种这样的手段，在不同的环境下具有一定的比较优势，而且，没有某一种在所有的时间内都偏好于其他所有手段。

P43　合约交换：是国家所实施的交换，在交换过程中，有关的转移品构成了所有权的合法转移。

市场：合约交换中的个体之间或组织之间的平台。

3　第三方实施和国家 P49-77

P52　当项目价值在协议存续期间对某一方是负值时，第三方促使当事人履行。在这种情况下，即使一方的直接收益为负，他也会履行协议。这很好理解。因为如果他违约，第三方会强加给他更大的惩罚，这是他所不愿意的。因此，第三方实施的成本有时会低于双方自我实施的成本。还有一个事实似乎没有被认识到，即第三方能通过提供给当地人某些履约的激励（即能生产比他们独立获得的财富更多的共同财富），以一种完全不同的方式促使协议的履行。

P59　当委托人认为实施者在滥用权力而不是实施他所承诺的事情时，他们担心下一个会轮到他们。那么他们会采取行动来保护自己以免受到这种滥用的侵害。这样的行动对实施者的影响取决于他强加于被实施者的成本是直接的还是间接的。

P65　获得信息是有成本的，获得准确信息的成本是高得令人不敢问津。双方在评估相对权力上的误差将影响权力的最优水平，将导致权力被真正使用，而且会影响双方获得的权力类型。

P67　在开始时，服从是不完全的。随着实施者相对权力的提高，他和那些以前不服从的委托人之间权力的差距会缩小。因此，关于他们的相对权力的模糊性扩大了，冲突的机会也增加了。……服从的分布像正态分布一样在尾部变细，这是合理的。以相对较低的实施权力开始，实施者从提高他的权力中的利益开始增加，但最终下降，这似乎也非常合理。权力的最优水平应远离分布的中心。

P68　他实施的大概只有那些收益（包括他从做他同意做的事情上所得到

声誉上的收益）大于实施成本的协议，而不是所有他"能够"实施的协议。根据委托人不会完全服从的逻辑可以得出实施者不会完全实施的结论。

4 协议实施形式的选择 P81－104

P90 大体而言，暴力使用者在不依赖他与委托人之间的持久关系时，他将强加巨额直接成本上具有比较优势。另一方面，长期关系实施者，将需要一定的时间来对其他人强加巨额成本，而且，他自己的费用也是很大的。然而，因为委托人认识到暴力实施者比非暴力实施者更易于实施没收，所以，他的优势就被削弱了。因此，控制了暴力实施者的委托人就会施加约束。其中，当委托人的争议被裁决时，他们就会要求暴力实施者所采用的程序比其他实施者更仔细、更清楚。

P96 交易者可以采用非国家实施型交换的一种方法，就是利用纵向一体化组织。有时，难以保证交易者相互传输的产品或服务的数量和质量。因此，界定交易就代价不菲了。如果交易者相互独立地运行，那么，就可能会产生争议。通过纵向一体化，交易者将成为某个组织的组成部分，而且，可以避免进行交易，同时，极大地避免了他们之间的争议，或者当争议发生时他们可以经济地进行内部解决。理由在于：当一个在组织内运行时，交易者对某行动不具有完全的剩余索取权，而且，不太会在界定得不清楚的权利属性上发生争议。

5 匿名交易、混合型实施及纵向一体化 P107－135

P112 如果检查的最佳时间不是交易时间，特别是当交易双方所想得到的东西不能同时获得时，那么买者自慎交易就是成本高昂的。另外，有一些商品和大部分服务是由检查行为来进行消费的。如果这些商品在协议订立之前就进行了检查，那么，在买者自慎条件下，买者没有激励进行支付。如果支付在检查之后，销售者就没有激励提供高品质的商品。可以建立长期关系来克服这些问题。

P119 协议再转让的能力加强了交易双方权利和义务的流动性。专业人士的协议再转让能力越强，交易价值就越大。

P124－125 可以采取两种完全不同的组织方式，在一个交易链上传递一个商品，同时还能避免某些检查成本。一种方法就是：使用一个唯一性合约，它适用于整条链。这里的一个问题就是：最终交易方和中间商必须处于一个实施者之下（即处于一个国家之中）。另一种方法，这些协议——最少部分地——处于连续的两两交易商之间的长期关系的监控之下。

P125　那些不尊重彼此合约的、位于不同国家的个体，不能使用国家来实施他们的交易。这些交易商或者可以构建直接的长期关系，或者可以在企业内部运营。

6　司法权问题 P139－151

P143　国家在采取第三方实施服务时很少对边缘人收费。这些服务的成本，通常是由一般纳税人所承担的，一般而言，这些纳税人就是本国公民，而不是外国人。国家有时会对非公民强加限制，像土地所有权或其他资产所有权的限制。这些受限制的所有权，使得需要国家裁决的冲突机会降低了。假设这种限制使得承受这些成本的公民的额外负担消失了。一个结论就是：一类资产越容易引起诉讼，那么，强加给外国人的此类资产所有权限制的可能性就越大。

P148－149　任何第三方都可以拥有一个隶属于它的地方自治的第三方。如果一个社区拥有法庭和警察机关来实施了它的裁决，而且，如果它的最高级裁决部分的结果不能上诉，那么，将视之为拥有自治权的社群，就是合理的。……当权力可分性相对易于界定的情况下，可以授予地方自治权。每个个体在其法律顾问的帮助下，对何者属于地方司法权和何者属于国家司法权的问题发生争议的情形频繁，可分性条件就越不能满足。条件越不能满足，法律权利的界定就越不清楚。如果两个权力机构对于相同权利的界定不相一致，那么人们就会花费资源，以获得未明确界定的权利。我认为，随着这些困难变得越来越严重，更高层的权力机构的司法权就会扩张。

7　集体行动与集体决策 P155－185

P168　稳定性有利于自我实施中所必需的长期关系。随着稳定的环境变成主流形式，对没收的抵御将更长时间地发挥作用，从而降低保护者没收的机会。理由在于：随着时间的推移，委托人在控制保护者权力方面得到了经验。

P183　小国彼此之间会试图进行合作，从而避免被大国征服。国家之间的协议必须是自我实施的，违约的诱惑有时肯定会很强烈。降低违约的诱惑有时肯定会很强烈。降低违约的可能的一种方法就是进行合并，在这种情况下，个体国家服从于合并后的新国家的权力。……对于合并中的国家来说，一个主要的关心问题就是合并后的国家中可能会发生的没收问题。他们可以通过合并他们的集体行动机制来避免没收，与个体建立集体行动机制一样，它们通过构建绝大多数投票这样的程序，从而可以显著地降低没收的可能。

8 捆住攫取之手：臣民与保护者之间的协议 P189－209

P200 组织保护的有效方法就是使用大规模的保护性军事力量来为整个国家服务。另外，要求组织大型化。然而，这种组织会对委托人形成威胁。委托人主要是将保护者作为固定工资雇员来雇用，从而部分减轻这种威胁。

P203 因为保护者仅是他们行为的部分剩余索取者，他们的利益与委托人的利益就不完全一致了。他们也就不太会实施所有的可以产生联合现值为正的项目。……因此，我们认为他的臣民们会执行程序来评估可能的战争项目，并指示保护者来实施那些他们认为必要的战争。

第二部分 法律制度的诞生

9 法律权利 P215－249

P225 对于没有得到法律界定的、极为不同的其他类型的资产，个体选择将这些资产保留在自己的掌控之中。这些资产的交易，是由自我实施协议来管理的，不受制于第三方裁决。另一个问题与专职保护者在便利交易中所扮演的角色有关。通过阶界定资产，专职保护者向所有者提供了额外的好处，即使交易更加容易。

P232 为了降低其服务的过度使用，国家除了交换条件的要求之外，还要对合约交易施加其他的限制。最严厉的限制就是全部取消某些交易。在交易者冲突具有共性的地方，因而也就是交易双方作为这种为国家服务的大量使用者的地方，这时，进行禁止似乎具有吸引力。

P236 为争议解决机制进行融资的费用有两个组成部分。一个是直接的，它施加于期待裁决的双方身上，与期望成本紧密相关——尽管小于该成本。另一个是间接的，采取了一般财产税的形式。

11 国家规模和国家范围 P271－290

P274 构建集体行动机制的初始成本和国家合并的成功可能性，与它们的集体行动机制一道，似乎也对国家规模造成了影响，尽管这种影响方式很复杂。想利用保护的规模经济，就首先要采取步骤以避免被保护者制服。这里的主要预防措施就是建立一个集体行动机制。群体的规模越小，创建这样一种机制就越容易。但是，如果建立这种机制的群体规模小于保护最优规模的话，那么，来自保护的规模经济的收益就很大，因此，来自于群体合并的潜在收益也就很大了。

P275 没有专职保护者的社会，是存在于相对隔绝的状态中的。只要外部的威胁很低，那么，拥有专职保护者的激励也就很低了。……然而，当几个国家或几个社会彼此相邻时，无政府主义的存在状态就不会是一个稳定状态。理由在于：那些没有专门化暴力机制的社会，会使自己成为那些拥有专门化暴力机制的社会的温驯猎物。

P276　因为清楚详细说明协议的成本降低了，所以，第三方实施的优势就增加了。其理由在于：第三方所应实施的内容变得更加清楚了。在一个国家实施这种行为的需求越大，国家从第三方实施中所得的利润就越大。相反，当难以对资产或行为进行详细的界定时，自我实施型关系得价值就增加了，而且，国家制度的优势就下降了。

第三部分　国家的特征

14　权力、暴力冲突和政治演进 P326－339

P330　在每一种情形下，如果双方对环境的评价方法是一样的，那么，认为自己较弱的一方，就会同意另一方的要求。然而，错误的估计，是不可避免的。当然，即使他们对环境的评估不一样，只要双方都没有显著地高估自己的实力，那么，他们就不会诉诸暴力。

15　独裁国和法治政权下变化的时间路径 P343－362

P357　我不认为独裁者所发展出来的法律制度，拥有与法治国所发展出的法律制度一样的范围。独裁者是国家收入的主要剩余索取者，而且，大部分臣民并不拥有很多东西。给定它们的臣民的贫穷状态，那么，他们之间就没有多少争议的余地了，这些争议的法律裁决是要经济地解决的。另外，臣民们也不愿在争议中使用独裁者的法律资源。其理由是：因为他们的统治开始之初的实质，独裁者不会拥有公开的美名。因此，独裁政权中的法律制度的服务需求，就是很低的了。反过来，独裁者投资于法律制度的激励也是很微弱的。

── 【参考文献】 ────────────────────

[1] 约拉姆·巴泽尔. 国家理论：经济权利、法律权利与国家范围 [M]. 钱勇，曾咏梅，译. 上海：上海财经大学出版社，2006.

[2] 道格拉斯·C. 诺斯. 制度、制度变迁与经济绩效 [M]. 杭行，译. 上海：上海人民出版社，2008.

[3] 道格拉斯·C. 诺思，约翰·约瑟夫·瓦利斯，巴里·R. 温格斯特. 暴力与社会秩序：诠释有文字记载的人类历史的一个概念性框架 [M]. 杭行，

王亮，译. 上海：上海人民出版社，2013.

[4] 道格拉斯·C. 诺斯. 经济史上的结构和变革 [M]. 厉以平，译. 北京：商务印书馆. 1992.

[5] 乔尔·S. 米格代尔. 社会中的国家：国家与社会如何相互改变与相互构成 [M]. 李杨，郭一聪，译. 南京：江苏人民出版社，2013.

[6] 艾伦·麦克法兰. 现代世界的诞生 [M]. 管可秾，译. 上海：上海人民出版社，2013.

[7] 弗朗西斯·福山. 政治秩序的起源：从前人类时代到法国大革命 [M]. 毛俊杰，译. 桂林：广西师范大学出版社，2012.

[8] 约瑟夫·R. 斯特雷耶. 现代国家的起源 [M]. 华佳，王夏，宗福常，译. 上海：上海人民出版社，2011.

[9] 贾恩弗朗哥·波齐. 国家：本质、发展与前景 [M]. 陈饶，译. 上海：上海人民出版社，2007.

[10] 王方玉. 经济权利的多维透视 [M]. 北京：知识产权出版社，2009.

后　记

　　本书在丛书主编南开大学杨谦教授、阎孟伟教授的精心组织策划下，全体参编人员经过不懈努力，三易其稿，终于完成了还算满意的版本。当然，作者们多年的关于权利与权力问题经典著作研读与理解能够最终与读者见面，要特别感谢广西人民出版社社长温六零先生、副总编白竹林女士、副总编罗敏超女士以及编校、装帧设计人员的大力支持和辛勤努力！

　　权利与权力问题历来是政治、法律领域的核心议题，学界对其的研究从不同的领域展开。在政治共同体中，权利与权力表征着个体与国家之间的一种互动关系。人们通常在法律意义上使用"权利"概念，在政治意义上使用"权力"概念。实际上两者存在密切的联系：一方面，权力以法律上的权利为基础，以实现法律权利为目的，权利作为一种法律上的资格又制约着权力的形式、程序、内容及过程各个方面；另一方面，某些法律上权利的实现依赖一定的权力的行使。因而二者之间存在着一致性，如都以追求一定的利益为目的；都有相应的法律上的规定和限制要求。运用法制划定二者之间的界限，明确各自的职责，是现代社会依法治国的关键所在。随着民主化大潮中现代市民社会的崛起，辨析权利与权力，既有利于国家完善权力建设、改进治理模式，也有利于社会主体理性参与政治生活，更好地保障自身的利益和自由。和谐的社会是权利和权力之间关系和谐、平衡的社会，不管是自由主义还是马克思主义理论，都特别强调常态社会的个人权利与国家权力关系的正常状态，这是保障社会能够健康和谐发展的关键。

在全球视野中，经济、政治、文化等诸多因素都在影响着国际格局的分化与重组，但毫无疑问，作为政治主体的各个民族国家，权利与权力一直是各国关注的核心价值。国际社会中各主权国家、国际组织以及各种政治力量相互之间的关系及其矛盾运动过程，表征着权利与权力在更广阔的范围内的运行机制，从而形成特定历史阶段的国际政治格局。在这种宏观的背景下对于权利与权力核心内容的澄明，有助于我们运用政治和法律等途径更好地处理国际关系，维护本国合法权益，最终推动世界和谐发展。

本书的主要议题是介绍西方学者对现代社会中个体权利、公共权力及主权国家政治权力的研究成果。按照著作中文版出版时间的先后，精选了当代西方学者关于权利和权力问题研究的 13 本著作，并紧紧围绕这些代表性研究成果进行了简要点评，以便读者清晰把握、进一步研究权利和权力问题的内涵、运行机制、各种观点及问题域等。

本书适合大学本科生、研究生作为从多维视角全面了解个人与国家之间关系、作为民族国家主体之间权力博弈等问题的研究参考书，同时可以作为从事法理学、社会学、政治学、经济学、思想史、学术史研究者的重要参考资料。

本书的整体框架由杨谦教授设计，并组织选择了书目和资料及其初稿的筛选。参与本书前期部分资料整理的有南开大学研究生刘秋妹、张彦喆、杨春、王压非、杨元华、鲁敏、张陈帅、孙娜、廉静、徐光阳、白晶晶、牟建平、郭佳佳等同学，天津博物馆的尹学梅承担了本书初稿的校对工作。本卷由杨晓东编辑整理和写作，杨谦教授、阎孟伟教授通读了本卷并提出重要的修改意见。由于编者水平和能力有限，错讹在所难免，敬请专家学者批评指正。

2017 年 10 月

勘误表

页码	行数	误	正
4	正数 7 行	规则、原则与道德	规则、原则与行为
12	倒数 9～10 行	《弗吉尼亚人权宣言》	《弗吉尼亚权利宣言》
12	倒数 6 行	无论被承认与否认	无论被承认与否
13	正数 10 行	耽搁	单个
13	倒数 3 行	规则、原则与道德	规则、原则与行为
14	正数 6 行	权利	权力
14	正数 10 行	遵守规则和依照原则的区别	在遵守规则和依照原则行事之间有一个重要区别
15	正数 9 行	原则、规则都是	原则、规则和美德都是
15	倒数 4 行	不受专横干涉的自由	"不受专横干预的自由"
16	正数 19 行	在完完全全的奉献意义上	在完完全全的奉献和名义上
16	倒数 11 行	P88	（在前一行插入）4.2 意识形态 P87－97
17	倒数 8 行	既遵从习俗的义务，同时授予每个人以使习俗	既遵存习俗的义务，同时授予每个人以相应的使习俗
18	倒数 7 行	推论而来的	推论出来的
19	倒数 7～8 行	豁免权和权力所组成的	豁免权和权力权所组成的
20	正数 10 行	有必要对侵犯人权和	有必要对侵犯人权权和
20	倒数 7 行	与共同体的团体权利相关的	与共同体的团体权力相关的
20	倒数 3 行	委托行使共同体的团体权利	委托行使共同体的团体权利权
31	正数 1 行	但管制叛徒的权力	但管治叛徒的权力
35	正数 10 行	激动情绪往往是人们盲从	激动情绪往往使人们盲从
37	正数 13 行	自然个人	自然各人
37	正数 13 行	因为这是服从	因为这时服从
37	倒数 9 行	强制权利	强制权力
38	倒数 4 行	是受舆论为限制的	是受舆论的限制的

页码	行数	误	正
39	正数 3 行	但经济权力是向心权力	但经济权力是向心的。权力
39	正数 3 行	权力如此集中就是公司	权力如此集中就使公司
40	正数 5 行	效果之所以能够存在	小国之所以能够存在
40	正数 7 行	虽然是幅员辽阔	虽然使幅员辽阔
40	正数 8 行	严密地控制边缘行省的总督	严密地控制边远行省的总督
40	正数 14 行	公民对独立自主的喜爱和管理对	公民对独立自主的喜爱和官吏对
40	正数 16 行	则管理	则官吏
41	正数 7 行	除非是和过往的利益	除非和国王的利益
41	正数 12 行	不但以尽量增加	不单以尽量增加
41	倒数 5 行	在它是普通公民发生兴趣的情况之下	在它使普通公民发生兴趣的情况下
43	正数 8 行	个人仅是国家的不可缺少的成分	个人仅是组成国家的不可缺少的成分
51	正数 16 行	有一个很有限的人群	由一个很有限的人群
54	正数 1 行	自由和道德	自由和道德主义
58	正数 18 行	那么是公平	那么什么是公平
58	倒数 9 行	5. 法律权利 P143－63	5. 法律权利 P143－163
79	正数 17 行	超出常规规模经济	由超常规规模经济
90	正数 10 行	作为认为	作者认为
93	正数 12 行	冲突的国家化最显著的表现之一	冲突的国际化最显著的表现之一
101	正数 11 行	主权则作为	主权原则作为
105	正数 6 行	政治格局发生的巨大变大	政治格局发生的巨大变化
109	正数 21 行	联系具有过低功能性	联系具有高度功能性
109	倒数 2 行	货币政治常常直接近于复合相互依赖	货币政治常常更接近于复合相互依赖

页码	行数	误	正
110	正数 2 行	各殖民地是英镑力量强大的一个圆圈	各殖民地是英镑力量强大的一个源泉
110	正数 8 行	以及按照登记顺序排列这些问题	以及按照等级顺序排列这些问题
110	正数 18 行	自上而下	自下而上
111	正数 4~5 行	加美关系为给予联盟、经常磋商	加美关系是基于联盟、经常磋商
111	正数 7 行	政治和文化制度的鼓励前哨	政治和文化制度的孤立前哨
112	正数 18 行	数量呈集合级数增长	数量呈几何级数增长
116	倒数 9 行	非官方的经营提供	非官方的精英通过
116	倒数 6 行	调整国家政策时	调整国内政策时
116	倒数 5 行	分期和松散	分歧和松散
117	正数 16 行	和扩过联盟的发展	和跨国联盟的发展
119	正数 7 行	遵守或使他们统一那些能够产生预期行为的专责或制度	遵从或使他们同意那些能够产生预期行为的准则或制度
119	正数 15	结束依赖	结束以来
119	正数 20	资本羁绊随	资本及伴随
140	正数 6 行	诸如争议之类的根本	诸如正义之类的根本
149	正数 2 行	第一章 上层阶级	第一章 上流社会
150	倒数 1 行	所掌握的决策权额成为名流显贵	所掌握的决策权而成为名流显贵
153	倒数 10 行	主要关注点是美国的国会，它的主要任务都是国会议员	主要关注焦点是美国的国会，它的主要人物都是国会议员
160	倒数 7 行	任何一级一比高低	任何阶级一比高低
176	倒数 8 行	同一运动的两个反面	同一运动的两个方面
191	倒数 8 行	当其他人员已支付公共物品时	当其他人愿意支付公共物品时

页码	行数	误	正
201	正数 17 行	不等于它的宪政秩序	不等于它的宪法秩序
204	正数 5 行	统治和发展时期暴力依然会发挥	统治和发展时期依然会发挥
205	正数 3 行	韦伯的合理合法型权威	韦伯的法理型权威
205	正数 7 行	这一问题关系非常。	这一问题也就成了一个关系重大的问题。
205	倒数 8 行	仅仅在寻求象最高共同体	仅仅在寻求像最高共同体
207	正数 3 行	宪政政治意义	宪法政治意义
207	正数 11 行	宪政形式被有效推行的那个年份	宪法开始生效的那个年份
207	倒数 7～8 行	还是先前的合法性程度来实现，对资料的标准化、规范化的问题也是如此	还是通过先前的合法性程度来实现——也是取决于特定的分析目标
215	正数 14 行	因特网早就	因特网造就
221	倒数 9 行	反对侵入政策领域的晋级	反对侵入政策领域的禁忌
222	正数 4 行	就难以向缅甸	就难以像缅甸
222	正数 9～10 行	因特网造就新传播、富于个人和非国家行为权力	因特网造就新传播、赋予个人和非国家行为体权力
222	正数 16 行	从过去狭隘	从过于狭隘
222	正数 18 行	而不是作为一条重要战略原则的理由	而不是作为抛弃一条重要战略原则的理由
228	倒数 4 行	个人财产的可分离性将影响他们对雇佣独立保护者	个体财产的可分离性将影响他们对雇用独立保护者
235	正数 16 行	通过提供给当地人某些履约的激励（即能生产	通过提供给当事人某些履约的激励（即能产生